W0465118

Margaret Starbird

Die Frau mit dem Alabasterkrug

Margaret Starbird

Die Frau mit dem Alabasterkrug

Das Geheimnis der Maria Magdalena

Vorwort von
Rev. Dr. Terrance A. Sweeney

Aus dem Amerikanischen
von Sabina Trooger und
Vincenzo Benestante

Allegria

Die amerikanische Originalausgabe erschien 1993
unter dem Titel
THE WOMAN WITH THE ALABASTER JAR
bei Bear & Company, Inc., Santa Fe, New Mexico, USA.

Allegria ist ein Verlag der Ullstein Buchverlage GmbH, Berlin.
Herausgeber: Michael Görden

ISBN 3-7934-2003-5

© der deutschen Ausgabe by Ullstein Buchverlage GmbH, Berlin 2005
Alle Rechte vorbehalten
© der Originalausgabe by Margaret Starbird, 1993
Published by Arrangement with Inner Traditions International Ltd.,
Rochester, Vermont, USA.
Gesetzt aus der Sabon bei LVD GmbH, Berlin
Druck und Bindearbeiten: Clausen & Bosse, Leck
Printed in Germany

Für Ted und unsere Kinder
und für die Gemeinde Emmanuel

INHALT

VORWORT

In einer der aufschlussreichsten und dramatischsten Begegnungen der Menschheitsgeschichte sagte Jesus zu Pilatus: »Dazu bin ich geboren und in die Welt gekommen, dass ich der Wahrheit Zeugnis ablege. Wer auf Seiten der Wahrheit steht, der hört auf mich.« Pilatus' Antwort darauf war: »Wahrheit? Was ist das?«

Pilatus wusste, dass Jesus unschuldig war, dennoch verurteilte er ihn zur Kreuzigung. Die »Wahrheit«, Jesu Unschuld, sprang Pilatus ins Auge, doch er ignorierte sie. Stattdessen zog er die Mächte in Betracht, mit denen er es zu tun hatte – die Macht Cäsars und die Macht des Tempels. Pilatus opferte Jesu Leben ebenso wie die Wahrheit, um sich vor den religiösen und politischen Machthabern zu schützen, die ihn bedrohten.

Diese Begegnung birgt eine schwierige, aber ungeheuer wichtige Lektion für uns: Wahrheit wird weder durch politische Macht noch durch religiöse Schuldsprüche definiert. Jesus war nicht schuldig, obwohl der Tempelvorstand und Pilatus' Gerichtsurteil das behaupteten, ebenso wenig wie die Sonne sich um die Erde dreht, obwohl die katholische Kirche das jahrhundertelang verkündete. Wahrheit entsteht weder durch Wünsche noch durch die Gerichtsbarkeit. Wahrheit entsteht, wenn Herz und Verstand mit dem in Einklang sind, was wirklich ist.

Diese Dinge müssen immer wieder betont werden, da allzu oft Macht, die öffentliche Meinung oder bestimmte traditionelle Auffassungen automatisch als Synonym für Wahrheit aufgefasst werden. Ein gutes Beispiel sind die Lehren der römisch-katholischen Kirche über die Heilige Familie. Diesen Lehren zufolge hat Joseph niemals mit seiner Frau die Ehe vollzogen, Maria gebar nur *ein* Kind, nämlich Jesus, und blieb bis zu ihrem Tod jungfräulich; und Jesus war nie verheiratet.

Mir wurde diese Auffassung über die Heilige Familie zwölf Jahre lang auf katholischen Grundschulen und Gymnasien, danach weitere dreiundzwanzig Jahre lang als Jesuit und während meiner Ausbildung zum Priester unterbreitet. Eingebettet in diese Tradition und bestärkt durch die Empfindung, dass »mit Gott alles möglich ist«, akzeptierte ich diese Darstellung gern, da sie mit der Einzigartigkeit göttlicher Offenbarungen übereinzustimmen schien. Aufgrund dieser Glaubenssätze hielt ich jegliche Zweifel an der Unberührtheit von Maria, Joseph und Jesus für eine schwere Provokation. Ähnlich wie Margaret Starbird, die die These, Jesus sei verheiratet gewesen, entsetzte und bis ins Mark erschütterte, hatte auch ich die Lehren der Kirche über die Keuschheit der Heiligen Familie als unantastbare »Wahrheit« aufgefasst.

Doch nachdem ich zehn Jahre lang die historischen Ursprünge des kirchlichen Codex einer zölibatären Priesterschaft erforscht hatte, begriff ich endlich, dass die kirchliche Einstellung zum ehelichen Vollzug von extremer Voreingenommenheit, um nicht zu sagen neurotisch geprägt ist. Diese Voreingenommenheit, die auf Gnostizismus und Manichäismus zurückgeht, enthält die eindringliche Botschaft, dass ehelicher Vollzug bestenfalls tolerierbar ist, schlimmstenfalls aber dem sündigen Fortbestand des Bösen in der Welt dient.

Marcion, einer der wortgewandtesten christlichen Gnostiker, gestattete die Taufe und das Abendmahl nur Jungfrauen, Witwen und verheirateten Paaren, die übereingekommen waren, sexuelle Enthaltsamkeit zu üben. Marcioniter betrachteten die Natur als böse und enthielten sich der Ehe, da sie die Erde nicht mit noch mehr Bösem überschwemmen wollten. Julius Cassianus, ein weiterer Gnostiker, behauptete, dass Menschen durch sexuelle Beziehungen fast zu Tieren würden und dass Jesus auf die Erde gekommen sei, um die Menschen an der Paarung zu hindern. Der heilige Ambrosius hielt die Ehe für eine »unerträgliche Bürde« und empfahl allen, die sich mit dem Gedanken an eine Heirat trugen, dringend, sich die Gebundenheit und Knechtschaft ehelicher Liebe vor Augen zu führen. Tatianus hielt sexuelle Beziehungen für eine Erfindung des Teufels und fand, dass »das christliche Leben außerhalb jungfräulicher Schranken undenkbar« sei. Augustinus verkündete, nichts »könne den männlichen Geist schneller von den Höhen seines Gedankenfluges hinabreißen als die Zärtlichkeit einer Frau und die Vereinigung der Körper, ohne die man keine Ehefrau haben kann«. Justinian dem Märtyrer war ehelicher Verkehr so verdächtig, dass er sich nicht vorstellen konnte, Maria habe Jesus auf sexuellem Weg empfangen; stattdessen behauptete er, Maria müsse als Jungfrau empfangen haben. Origenes, der glaubte, dass Jesus völlige Keuschheit gelobt hatte, entmannte sich selbst.

Diese Diskriminierung des ehelichen Verkehrs war so tief verwurzelt, dass die Kirche vom vierten Jahrhundert an Gesetze erließ, die verheirateten Priestern sexuellen Verkehr mit ihren Ehefrauen untersagten und es ihnen verboten, Kinder zu zeugen. Gegen verheiratete Priester, die sich weigerten, diese unchristlichen und unethischen Gesetze zu befolgen, wurden zunehmend schwere Sanktionen verhängt: darunter Geldstrafen, öffentliche Prügel, Gefangenschaft, Ausschluss aus der Priesterschaft, Annullierung aller Priesterehen und päpstliche Erlasse, Frauen und Kinder von Priestern als Sklaven der Kirche gefangen zu nehmen.

Als mir diese Sexualneurose in der Kirchenlehre und im Kirchengesetz bewusst wurde, war ich tief verstört. Hatte diese verzerrte Einstellung zur ehelichen Sexualität womöglich die Kirchenlehre über die Heilige Familie in fundamentaler Weise geprägt? Hatte die Abneigung der Kirche gegen sexuellen Verkehr etwa zu einer unwahren Darstellung von Jesus, Maria und Joseph geführt? Was, wenn Jesus in Wirklichkeit gar nicht das einzige Kind war, das Maria zur Welt gebracht hatte? Wäre es in diesem Fall nicht eine persönliche Kränkung Marias, sie als jungfräuliche Mutter eines einzigen Kindes zu betrachten? Würde man damit nicht ihre anderen Kinder verleugnen und die Wahrheit ihrer innigen Liebe zu ihrem Ehemann mit Füßen treten? Hätte man so nicht dem christlichen Glauben einen ungeheuer schlechten Dienst erwiesen?

Im Matthäusevangelium steht: »Als Jesus noch zu der Menschenmenge sprach, siehe, da standen seine Mutter und seine Brüder draußen und verlangten, mit ihm zu sprechen.« Markus 3:31 erzählt: »Und seine Mutter und seine Brüder kamen und standen vor dem Haus und schickten jemanden hinein, um Jesus herauszurufen.« Lukas 8:19 berichtet: »Dann kamen seine Mutter und seine Brüder, doch wegen der großen Menschenmenge konnten sie nicht zu ihm gelangen.« In Matthäus 13:55–56 steht: »Ist nicht seine Mutter eine Frau mit Namen Maria und sind nicht Jakobus und Joseph und Simon und Judas seine Brüder? Leben nicht auch alle seine Schwestern hier bei uns?« Und in Markus 6:3 steht: »Ist das nicht der Zimmermann, der Sohn von Maria und der Bruder von Jakobus und Joses und Judas und Simon, und leben nicht seine Schwestern hier bei uns?« Der heilige Paulus schreibt im ersten Korintherbrief 9:5: »Hätten nicht auch wir das Recht auf die Gemeinschaft mit einer Frau, so wie die anderen Apostel und die Brüder des Herrn und Kephas?«

Die nicht auf der Heiligen Schrift basierende Behauptung der Kirche, dass Joseph und Maria abgesehen von Jesus keine Kinder hatten und dass ihre Ehe keusch blieb, ist angesichts dieser Indizien aus der Heiligen Schrift schwer zu glauben.

Maria ist nicht die jungfräuliche Mutter eines Einzelkindes, nur weil die Kirche das lehrt. Über ihre Nachkommenschaft und ihr eheliches Verhältnis zu Joseph existiert eine Wahrheit. Nur indem man sich zu dieser Wahrheit bekennt, erweist man seine Achtung. Wenn Maria tatsächlich mehrere Söhne und Töchter hatte, wie es die Heilige Schrift offenbart, dann erweisen wir ihr keine Achtung, wenn wir glauben oder behaupten, dass sie nur *ein* Kind zur Welt brachte und als Jungfrau starb.

Ebenso wenig ist Jesus keusch, nur weil die Kirche das lehrt. In der Heiligen Schrift finden sich weder Beweise dafür, dass Jesus verheiratet war, noch steht irgendwo in der Bibel, dass Jesus unverheiratet war oder dass er einen Eid oder ein Gelübde ablegte, unverheiratet zu bleiben.

Der jüdische Gelehrte Ben-Chorin legt eine »indirekte Beweiskette« vor, um seine Annahme, dass Jesus verheiratet war, zu untermauern. Zu der Zeit, als Jesus auf Erden lebte, galt die Ehe im Judentum als Erfüllung von Gottes Gebot: »Seid fruchtbar und vermehret euch.« Lukas 2:51–52 erzählt, dass Jesus, als er noch unter der Vormundschaft seiner Eltern lebte, »in Weisheit, an Jahren und an Wohlgefallen vor Gott und Menschen zunahm«. Ben-Chorin weist darauf hin, dass Jesu Eltern höchstwahrscheinlich, wie es der Sitte entsprach, eine passende Braut für ihn auswählten, die er auch geheiratet habe, wie es jeder junge Mann und besonders jene, die die Thora studierten, getan hätte. Auch hätten die Pharisäer, die Jesus als Feind betrachteten, ihm ganz sicher eine schwere Unterlassung vorgeworfen, wenn er nicht verheiratet gewesen wäre. Und als der heilige Paulus gute Gründe für den Wert der Keuschheit aufzählte, hätte er zweifellos Jesu Lebensweise mit angeführt, wenn er keusch gelebt hätte. Das tat der heilige Paulus jedoch nicht. Demnach, schlussfolgert Ben-Chorin, muss Jesus verheiratet gewesen sein.

Andererseits muss man natürlich fragen: Wenn Jesus verheiratet war, warum wird dann diese Tatsache oder der Name seiner Frau nirgendwo in der Heiligen Schrift erwähnt? Margaret Starbird antwortet darauf, dass dies aus gutem Grund unterblieb: Wäre ihr Name in irgendwelchen zeitgenössischen Schriften erwähnt worden, hätte dies das Leben seiner Frau in Gefahr gebracht. Das ist eine sehr einleuchtende Erklärung, besonders wenn man an die schrecklichen Verfolgungen denkt, denen die ersten Anhänger von Jesus ausgesetzt waren. Sie fährt fort: »Ich kann nicht beweisen, dass Jesus verheiratet war oder dass Maria Magdalena die Mutter seines Kindes war … Doch ich kann darlegen, dass dies die Glaubenssätze eines im Mittelalter weit verbreiteten Ketzerglaubens sind; dass sich in zahllosen Kunstwerken und Schriften Überreste dieses Ketzerglaubens finden; dass er von den Klerikern der etablierten römischen Kirche heftig angegriffen wurde und dass er trotz gnadenloser Verfolgung überlebt hat.«

Es kann sehr schwierig und geradezu beängstigend sein, die eigenen Glaubenssätze in Frage zu stellen, besonders wenn es um die gefühlsmäßig stark besetzte Frage der sexuellen Identität der Heiligen Familie geht. Es ist wesentlich einfacher, die offiziellen Lehren und Überlieferungen als die einzige Wahrheit zu akzeptieren. Zwar hat die katholische Kirche zahlreiche, ungemein positive Beiträge zur Entwicklung des menschlichen Geisteslebens und der Zivilisation geleistet, doch ihre Einstellung zur menschlichen Sexualität weist eindeutig schwere Mängel auf. Falls diese Mängel zu einem unwahren Bild von Jesus, Maria und Joseph geführt haben, dann ist es die Pflicht gewissenhafter Christen, alles in ihrer Macht Stehende zu tun, um die Wahrheit über die Heilige Familie herauszufinden. Auf einer solchen Suche muss man natürlich Opfer bringen, der Suchende wird Angriffen ausgesetzt und der Lächerlichkeit preisgegeben. Auf dieser Pilgerfahrt sind Mut und großer Respekt für die Wahrheit notwendige Tugenden, denn die Reise ist voller Gefahren, Versuchungen und Täuschungen.

Dieses Buch ist die mutige Untersuchung einer äußerst heiklen Frage. Es versucht, die Bedeutung des Heiligen Grals zu entschlüsseln und Jesu verlorene Braut wieder einzusetzen. Ob Jesus verheiratet war oder nicht, bleibt noch zu beweisen, und die Autorin gibt selbst zu, dass ihre Ergebnisse, so aufschlussreich und bedeutsam sie auch sein mögen, ihre These nicht beweisen. Doch solange die Kirche nicht einen echten Beweis für Jesu Keuschheit erbringen kann, sollten wir diejenigen, die mit ganzem Verstand, ganzem Herzen und ganzer Seele die Wahrheit über Jesus und seine Familie suchen, nicht fürchten oder verachten, sondern anerkennen und bewundern.

Rev. Dr. Terrance A. Sweeney
Sherman Oaks, Kalifornien
Januar 1993

EINLEITUNG

Das institutionalisierte Christentum, das die westliche Zivilisation seit fast zweitausend Jahren prägte, wurde vielleicht auf einem fundamentalen dogmatischen Fehler aufgebaut – sozusagen auf einem theologischen Sankt Andreasgraben: auf der Verleugnung des Weiblichen. Jahrelang hatte ich das unklare Gefühl, dass irgendetwas Grundsätzliches mit meiner Welt nicht stimmte, die das Weibliche schon viel zu lange verachtet und abgewertet hatte. Doch erst 1985 stieß ich auf dokumentierte Beweise für einen verhängnisvollen Bruch in der Geschichte des Christentums. Auf Empfehlung eines engen Freundes, der mein großes Interesse für jüdisch-christliches Schrifttum und die Ursprünge des Christentums kannte, las ich im April 1985 ein Buch, das in den USA unter dem Titel *Holy Blood, Holy Grail* erschienen ist. Ich war entsetzt.

Mein erster Eindruck von *Holy Blood, Holy Grail* war, dass sich die Autoren Michael Baigent, Richard Leigh und Henry Lincoln irren mussten. Ihr Buch schien mir an Gotteslästerung zu grenzen. Das Herzstück war die Vermutung, dass Jesus mit der »anderen Maria«, die in den Evangelien auftaucht, verheiratet war. Sie ist diejenige, die man »Magdalena« nennt, die Frau, die in der westlichen Kunst mit einem Alabasterkrug abgebildet wird – jene Heilige, die die Kirche als reumütige Prostituierte bezeichnet. Diese Unterstellung schockierte und erschütterte mich. Falls das stimmte, wie war es dann möglich, dass die Kirche es nie erwähnt hatte? Eine solch schwerwiegende Behauptung konnte nicht während der gesamten zweitausendjährigen

Kirchengeschichte übersehen worden sein! Doch die Anhaltspunkte, die die Autoren des Buches *Holy Blood, Holy Grail* zusammengetragen hatten, sprachen für eine rigorose, jahrhundertelange Unterdrückung der Wahrheit durch die Inquisition.

Als getreue Tochter der römisch-katholischen Kirche nahm ich zwar an, dass die Autoren des ketzerischen Buches sich irrten, doch ihre zentrale These – dass Jesus verheiratet gewesen war – ließ mir keine Ruhe. Sie verfolgte mich. Was, wenn es stimmte? Was, wenn Maria Magdalena, die Ehefrau, irgendwie aus der Geschichte gestrichen worden war, und was, wenn die junge Frühkirche sich dann ohne ihre sanfte Gegenwart weiterentwickelt hätte?

Es wurde mir unerträglich, über diesen schrecklichen Verlust für die Kirche und die ganze Menschheit nachzudenken. In Tränen betete ich über dieser ketzerischen Version des Evangeliums. Ich wusste, dass ich die Wahrheit herausfinden musste. Bewaffnet mit einem akademischen Werdegang in vergleichender Literaturwissenschaft, mittelalterlichen Studien, Linguistik und Studien der Heiligen Schrift, trocknete ich meine Tränen und begann mit Nachforschungen über diese Häresie. Ich ging davon aus, dass ich bald in der Lage sein würde, die ketzerischen Glaubenssätze zu widerlegen. In dem Buch gab es viele Berührungspunkte mit meinen speziellen Interessengebieten und Sachkenntnissen: Religion, mittelalterliche Zivilisation, Kunst, Literatur und Symbolik. Ich hatte seit Jahren Bibelstudium und Religion unterrichtet und kannte das Terrain.

Anfangs dachte ich, es sei ein Leichtes, der Ketzerei die Spitze zu nehmen. Ich beschäftigte mich mit den Gemälden jener Künstler, die die Autoren des Buches *Holy Blood, Holy Grail* als heimliche Anhänger der Gralshäresie bezeichneten. Ich untersuchte die Symbolik dieser Werke und verglich sie mit den Wasserzeichen der Albigenser (Ketzer, die ihre Blütezeit ca. 1020–1250 n. Chr. in Südfrankreich erlebten), die ich Jahre zuvor in dem unbeachteten Werk *The Lost Language of Symbo-*

lism von Harold Bayley gefunden hatte. Als ich entdeckte, dass die Werke dieser mittelalterlichen Künstler die Gralshäresie mit eindeutigen Anspielungen *unterstützten,* war ich bestürzt. Da ich meine Widerlegung der Ketzerei nicht auf ihre Werke stützen konnte, setzte ich meine Suche fort.

Meine Forschung führte mich schließlich tief in die europäische Geschichte, Heraldik, die Rituale der Freimaurer, mittelalterliche Kunst, Symbolik, Psychologie, Mythologie, Religion und die hebräischen und christlichen Schriften. Wo ich auch suchte, überall fand ich Beweise für die Tatsache, dass das Weibliche in der jüdisch-christlichen Tradition verloren ging oder unterdrückt worden war, und für die vielen Versuche, der Braut ihren einst ehrenvollen Platz wiederzugeben. Je tiefer ich in die Materie eindrang, desto deutlicher erkannte ich, dass den in *Holy Blood, Holy Grail* vorgelegten Thesen tatsächlich Fakten zugrunde lagen. Und allmählich begann ich, die zentralen Glaubenssätze der Gralshäresie, die ich ursprünglich widerlegen wollte, selbst anzunehmen.

Bei der Stoffsammlung für dieses Buch bin ich von der Annahme ausgegangen, dass da, wo Rauch ist, meist auch ein Feuer brennt. Wenn sich so viele Indizien aus so vielen verschiedenartigen Quellen zusammentragen lassen, um eine einzige Hypothese zu untermauern, dann gibt es gute Gründe, diese Hypothese ernst zu nehmen. Es könnte durchaus ein wahrer Kern in den Gerüchten stecken, die sich seit zweitausend Jahren hartnäckig halten und die erst kürzlich wieder vor aller Augen in Filmversionen wie *Godspell, Jesus Christ Superstar* und *Die letzte Verführung Christi* auftauchten; Filme, die das Verhältnis zwischen Jesus und Maria Magdalena als besonders intim und bedeutsam darstellten.

Natürlich kann ich nicht beweisen, dass die Glaubenssätze der Gralshäresie wahr sind – dass Jesus verheiratet war oder dass Maria Magdalena die Mutter seines Kindes war. Ich kann nicht einmal beweisen, dass Maria Magdalena die Frau mit dem

Alabastergefäß war, die Jesus in Bethanien salbte. Doch ich kann darlegen, dass dies die Glaubenssätze eines im Mittelalter weit verbreiteten Ketzerglaubens sind; dass sich in zahllosen Kunstwerken und Schriften Überreste dieses Ketzerglaubens finden; dass er von den Klerikern der etablierten römischen Kirche heftig angegriffen wurde und dass er trotz gnadenloser Verfolgung überlebt hat.

Die Ketzerei, die diese andere Version von Jesu Leben substanziell erhielt, wurde skrupellos verfolgt, verdammt und zur Vernichtung verurteilt. Doch die Geschichte vom Heiligen Bräutigam/König von Israel erwies sich selbst für die Inquisition als zu vital. Sie tauchte immer und immer wieder auf, wie ein robustes Rebengewächs, das sich unterirdisch ausbreitet, bevor es an die Oberfläche kommt. Sie erschien überall, wo die Inquisition und die Machthaber sie nicht ausmerzen konnten – in den Volksmärchen Europas, in der europäischen Kunst und Literatur –, immer verborgen, oft symbolisch verschlüsselt, doch allgegenwärtig. Sie hielt die Hoffnung der Abstammungslinie Davids aufrecht, die oft als »Weinstock« bezeichnet wurde.

Was die Häresie einer Ehe anbelangt, gibt es verschiedene, gleichermaßen plausible Möglichkeiten. Vielleicht ist sie wahr und überlebte, weil ihre Anhänger nicht nur an sie glaubten, sondern *wussten*, dass sie stimmte (möglicherweise aufgrund irgendwelcher Beweise in Form authentischer Dokumente oder Artefakte, zum Beispiel aus dem berühmten »Schatz der Tempelritter«); oder vielleicht wurde sie auch verbreitet, um das verlorene weibliche Prinzip wieder in das christliche Dogma zu integrieren, das allzu einseitig das Männliche hervorhob.

Diese Wiederherstellung des Gleichgewichts zwischen den Gegensätzen – das Fundament klassischer Philosophie – wurde offensichtlich als Notwendigkeit für das Wohlergehen der menschlichen Zivilisation begriffen. In der Provence des zwölften Jahrhunderts blühte der Weiblichkeitskult. Zeitgleiche Versuche der jüdischen Kabbalisten, die »Frau Matronit« als verlorene Gefährtin Jahwes wieder in die jüdische Mythologie zu integrieren, beweisen, dass man eine Wiederherstellung des Weiblichen für wichtig und sogar für dringend erforderlich hielt. Heute existiert in der westlichen Welt eine ähnliche Bewegung, die sich aus der Jung'schen Psychologie, dem asiatischen Verständnis des Yin/Yang-Prinzips und dem Bewusstsein der Göttin speist. Bedeutsam sind auch die zahlreichen Erscheinungen der Jungfrau Maria in jüngster Zeit – »Unsere Herrin, Friedenskönigin«, die einzige Darstellung der Göttin, die im Christentum erlaubt ist –, deren Abbilder in christlichen Kirchen auf der ganzen Welt vor Zeugen Tränen vergossen haben. In den letzten Jahren berichteten die Medien häufig über solche Phänomene. Die Kirche kann nicht behaupten, dass darin keine Botschaft enthalten sei. Selbst die Steine schreien! Das verachtete und vergessene Weibliche fleht darum, in unserer modernen Zeit anerkannt und angenommen zu werden.

Der Verlust des Weiblichen hatte einen verheerenden Einfluss auf unsere Kultur. Am Ende des zweiten Jahrtausends christlicher Zeitrechnung sind sowohl das Männliche als auch das Weibliche schwer verwundet. Weibliche Begabungen wurden selten akzeptiert und gering geschätzt. Zugleich ist auch das Männliche frustriert, da es seine Energien nicht im Einklang mit einer ausgereiften Weiblichkeit kanalisieren kann. So stützt sich seine Führungsrolle weiterhin auf den Schwertarm, rücksichtslos immer neue Waffen schwingend und oft gewaltsam und zerstörerisch um sich schlagend.

In der Antike erkannte und ehrte man das Gleichgewicht gegensätzlicher Kräfte. Doch in unserer modernen Welt dominieren männliche Eigenschaften und Einstellungen. Von der Anbetung der Macht und Herrlichkeit des männlichen/solaren Prinzips ist es nur ein kleiner Schritt zur »Anbetung des Sohnes«, ein Kult, der allzu oft verwöhnte und unreife Männer hervorbringt – zornig, frustriert, gelangweilt und oft gefährlich. Ist es dem Männlichen unmöglich, sich mit seiner »anderen Hälfte«

zu vereinigen, wird es sich schließlich sinnlos verausgaben. Als Endresultat führt eine Entwertung des weiblichen Prinzips nicht nur zu Umweltvergiftung, Egozentrik und allgegenwärtigem Verbrechen – sondern zum Holocaust.

Dieses Buch erforscht die Häresie des Heiligen Grals und plädiert, gestützt auf bedeutende Indizienbeweise, für die Wiedereinsetzung von Jesu Ehefrau. Es ist auch eine Suche nach der Bedeutung der verlorenen Braut in der menschlichen Psyche und es gibt der Hoffnung Ausdruck, dass ihre Rückkehr in unsere Definition der Ganzheit dazu dienen wird, das Ödland wieder fruchtbar zu machen.

Ich habe in diesem Buch die Ergebnisse meiner persönlichen Suche nach der verlorenen Braut in der christlichen Geschichte aufgezeichnet. Ich habe versucht zu erklären, wie es zu dem Verlust kam und wie katastrophal die Folgen für die westliche Zivilisation sind. Und ich habe versucht zu folgern, was geschehen könnte, wenn die Braut wieder in das Paradigma aufgenommen würde.

Die Jahre, die ich mit der Erforschung dieses Materials verbrachte, hatten ihren Preis. Ich habe es mir bei der Geschichte nicht leicht gemacht und mit dem Material dieses Buches gekämpft und darum gerungen, ihm Gestalt und Substanz zu geben. Die Geburtswehen waren lang und schmerzhaft. Manchmal hatte ich Angst, mein Innerstes würde nach außen gekehrt. Dogmen, an die ich fest geglaubt hatte, musste ich entwurzeln und beseitigen, und an ihrer Stelle musste ich neue Glaubensinhalte aussäen und warten, bis sie ihre eigenen Wurzeln gebildet hatten. Das gesamte römisch-katholische Glaubensgebäude meiner Kindheit musste demontiert werden, um den verhängnisvollen Fehler im Fundament freizulegen; ein neues Glaubenssystem musste sorgfältig errichtet werden, nachdem der Spalt versiegelt worden war. Dieser Prozess dauerte sieben Jahre. Irgendwann gab ich es auf, Dogmen apologetisch zu verteidigen, und machte mich auf die Suche nach der Wahrheit. Ich bin mir äußerst schmerzhaft bewusst, dass meine Schlussfolgerungen unorthodox sind, aber das bedeutet nicht, dass sie falsch sind.

Vielen Menschen wird immer bewusster, dass zwischen den Entdeckungen moderner Bibelforscher und der Version des Christentums, die von den Kirchenkanzeln gepredigt wird, ein Abgrund klafft. Ich hoffe, dass dieses Buch dabei helfen kann, diesen Abgrund zu überbrücken. Als ich 1988 und 1989 an der Vanderbilt Divinity School in Nashville, Tennessee, studierte, stellte ich fest, dass auf den Regalen der Bibliotheken viele aufschlussreiche Werke von Gelehrten und Bibelforschern verstauben, die teils aufgrund ihres trockenen Stils nie gelesen oder auch nur bemerkt werden. Deshalb habe ich beschlossen, in normaler Umgangssprache zu schreiben. Wenn es nötig war, habe ich Fußnoten eingefügt, doch im Prinzip ist die Geschichte in einer Form erzählt, die sich leicht aufnehmen und verdauen lässt. Ein Freund hat mir einmal gesagt, dass ich beim Speiseopfer den Leuten mein Korn kiloweise in den Schoß werfe, statt das Getreide vorher zu mahlen und zu backen. Beim Schreiben dieses Buches habe ich versucht, das Getreide nicht nur zu mahlen, sondern einen nahrhaften Brotlaib daraus zu backen.

Ich habe mir in diesem Buch die Freiheit genommen, bestimmte Passagen in verschiedenen Bibelübersetzungen zu vergleichen und dann jeweils den Wortlaut auszuwählen, der das, was ich ausdrücken wollte, am besten vermittelte. Ich selbst benutze seit Jahren die *Saint Joseph New Catholic Edition* von 1963, und die meisten meiner Zitate stammen aus dieser Bibelausgabe, einfach deshalb, weil sie mir am besten vertraut war. In manchen Fällen habe ich jedoch den Text der *New International Version (NIV)* von 1978 gewählt und dies jeweils angegeben.* Was die

* Anm. d. Übers.: In der Übersetzung haben wir die jeweiligen Bibelzitate aus dem Buchtext ins Deutsche übertragen und mit der deutschen Lutherbibel und der deutschen »Gute Nachricht Bibel« verglichen. Letztlich haben auch wir, um die Autorin zu zitieren, »den Wortlaut gewählt, der das, was sie ausdrücken wollte, unserer Meinung nach am besten vermittelte«.

Titel und Nummerierungen der einzelnen biblischen Bücher und Psalmen angeht, habe ich mich darum bemüht, konsequent dem protestantischen Bibelkanon zu folgen, da dieser am weitesten verbreitet ist.

Ich hoffe, dass dieses Buch andere dazu inspirieren wird, ihre eigene, ganz persönliche Suche nach dem kostbarsten Schatz des Christentums zu beginnen, jener »wertvollsten Perle«: dem Heiligen Gral.

PROLOG

Miriam im Garten

In dieser erdachten Erzählung von der verlorenen Braut werden die hebräischen Namen Yeshua, Miriam und Yosef anstelle von Jesus, Maria (der Schwester des Lazarus von Bethanien) und Joseph von Arimathea verwendet.

Sie zitterte und zog den Umhang enger um ihren schlanken Körper. Jetzt war es kühl. Die sengende Sonne war hinter der Gartenmauer, jenseits des Tempels auf dem Berg Zion, untergegangen. Die Düfte des Gartens lullten sie ein und beruhigten ihre angespannten Nerven, als sie sich auf die Steinbank unter den Mandelbaum kauerte. Der abnehmende, silberne Mond warf Schatten auf den Pfad. Sie wühlte ihren Zeh in den weichen Staub und formte sanfte Hügel in der lockeren Erde.

Leichte Schritte auf dem Pfad ließen sie erschreckt auffahren. Sie versuchte, die Gestalt zu erkennen, deren Gesicht im Schatten lag und deren Körper von einem dunklen Umhang verhüllt war. Einen Augenblick lang betrachtete der Mann sie schweigend. Wie ein Vogel, dachte er – so verletzlich. Er sprach leise, um ihr die Angst zu nehmen. »Friede sei mit dir, Miriam. Ich bin es, Yosef.«

Beim Klang seiner vertrauten Stimme entspannte sich die schlanke Gestalt vor ihm sichtlich. »Oh, Yosef.« Ihre Stimme brach. Mitfühlend sah er sie an. Sie war bleich und aufgewühlt, von Sorge überschattet. Er streckte seine Hand aus, eine unwillkürliche Geste, um die duftende Dunkelheit zu überwinden, die sie im mondhellen Garten voneinander trennte.

»Yosef«, flüsterte sie, »ich weiß nicht, ob ich es ertragen kann. Er hat versucht, mich zu warnen, und ich dachte, ich hätte verstanden.« Sie zitterte und bebte in der Dunkelheit.

Yosef nahm ihre Schultern und hielt sie fest. Bis zu diesem Augenblick hatte er die Tiefe seines eigenen Schmerzes noch nicht begriffen. Ihr langes, dunkles Haar schimmerte im Mondlicht, in ihren Augen glitzerten Tränen.

»Miriam«, sagte er leise. Er zögerte. War ihre Verzweiflung nicht schon groß genug? Aber er hatte seinem Freund versprochen, dass er sie beschützen würde. Und dazu gab es nur eine Möglichkeit: Sie mussten sofort im Schutz der Dunkelheit aufbrechen. Niemand wusste, wann die Obrigkeit anfangen würde, nach ihr zu suchen.

»Miriam, man hat mich gewarnt. Wir müssen Jerusalem verlassen – heute Nacht noch. Wenn du hier bleibst, bist du in Gefahr. Pilatus und Herodes Antipas suchen vielleicht nach dir.«

Sie wandte sich ab und starrte in die Schatten. Langsam drehte sie sich wieder um und sah ihn an. »Du meinst, ich muss wirklich fliehen?« Ihr Flüstern war fast unhörbar.

Er zögerte. »Ja, Miriam. Es ist die einzige Möglichkeit. Ich habe Yeshua versprochen, dass ich dich mit meinem Leben beschützen werde. Es gibt keine andere Wahl.«

Sie nickte. »Ja, Yosef. Ich weiß. Er hat mir die Worte des Propheten Micha vorgelesen. Ich verstehe. Es geht um das Versprechen. Ich werde tun, was du vorschlägst. Aber was ist mit Martha und Lazarus?«

Yosef schüttelte den Kopf. »Ich habe nicht einmal ihnen anvertraut, wohin wir gehen. Sie wissen nur, dass ich dich in der Stadt verstecken werde. Bis die Gefahr vorüber ist, darf niemand ahnen, dass wir fort sind. Vorerst werden sie hier bleiben. Sie werden sagen, dass du krank bist, dann vermisst dich vielleicht niemand. Wir werden später jemanden zu ihnen schicken.«

Yosef hatte alles genau geplant: Sie würden als Vater und Tochter reisen und so wenig Aufmerksamkeit erregen wie möglich. Niemand durfte die wahre Identität der jungen Frau erraten, die mit ihm reiste. Die Obrigkeit würde annehmen, dass sie über das Meer flohen, also waren die Häfen am gefährlichsten. Stattdessen hatte er beschlossen, über Land durch die Wüste zu fliehen. Er hatte nur das Notwendigste für die Reise eingepackt und musste sich darauf verlassen, dass seine Freunde am Ziel für sie sorgen würden. Sie würden nach Ägypten fliehen – nach Alexandria.

Er lächelte matt. Ihre Jugend und Schönheit waren anrührend. Die Magdal-eder, die Tochter Zions, »der Wachtturm der Herde«. Sie musste auf dem freien Feld wohnen und ins Exil gehen, genau wie der Prophet Micha es vorausgesagt hatte. Und doch würde eines Tages durch sie die Herrschaft Zions wieder aufgerichtet werden. Wieder dachte er voll Bewunderung an seinen Freund, der ihnen die Verse in Michas Prophezeiung gezeigt hatte, die dieses Exil und die letztendliche Rückkehr und Wiedereinsetzung des Königshauses Davids voraussagten. Ihm, Yosef von Arimathea, war die Verantwortung für ihre Sicherheit auferlegt worden. Er würde seinen Freund nicht enttäuschen.

»Wir brechen sofort auf«, sagte er leise zu ihr. »Unsere Esel sind am Tor angebunden. Ich habe mit Lazarus und Martha gesprochen. Sobald die Gefahr vorüber ist, werden wir jemanden zu ihnen schicken. Das verspreche ich dir.«

Sie wusste, dass er Recht hatte. Den ganzen Tag hatte sie gewusst, dass sie vor dem eifersüchtigen Hass von König Herodes Antipas würde fliehen müssen, der sich seines Thrones so unsicher war, dass er keinen Rivalen duldete. Und auch vor den Römern, die einen Aufstand des jüdischen Volkes befürchteten. Der Hass der Juden gegen die römische Besatzungsmacht war groß, und ihre Liebe und Bewunderung für den Sohn Davids, der so erbarmungslos hingerichtet worden war, konnte jeden Moment eine Revolution entfachen. Es war besser, zu fliehen, ehe die Gerüchte über den verschwundenen Leichnam in einem selbstmörderischen Kampf des Volkes mit der Macht der römischen Legionen kulminierten. Sie verstand das – trotz ihrer Jugend. Ihr Mann hatte ihr alles erklärt und sie danach sanft umarmt, während sie ihre Tränen an seiner warmen Schulter begrub. Er hatte versucht, sie zu trösten, und um seinetwillen hatte sie sich bemüht, tapfer zu sein. Doch es war ihr nicht gelungen, und sie hatte in seinen Augen die Qual gesehen, die er ihretwegen empfunden hatte.

»Ich bin bereit, Yosef. Gehen wir.« Schweigend sah sie sich im Garten um und atmete den Duft der Limonen und Lilien genauso intensiv ein wie die staubige Luft. Ich verlasse meine Heimat, dachte sie – wahrscheinlich für immer. Meinen Bruder und meine Schwester, das Haus, in dem wir aufgewachsen sind, den Garten, in dem wir gespielt haben. Den Garten, in dem ich meinem Herrn zum ersten Mal begegnet bin. Unser umschlossener Garten. Sie hielt inne, als sie sich erinnerte.

Yosef nahm Miriam bei der Hand und sie gingen langsam auf das Tor zu. Durch ihre offenen Sandalen spürten sie den kühlen Staub des Pfades an den Füßen. Er half der Witwe seines Freundes in den Sattel des wartenden Esels und band das Tier los. Seinen Stab in der Hand, führte er die Esel langsam von der Villa fort. Ab und zu warf er Miriam einen Blick zu. Sie schien sich in eine eigene, innere Welt zurückgezogen zu haben und ihn nicht mehr wahrzunehmen. In schweigendem Einverständnis ging er neben ihr her und führte sie die gewundene Straße hinunter, aus dem Dorf hinaus, fort von ihrem Elternhaus, fort von Bethanien und dem Ölberg, und schließlich auf einem mondhellen Pfad hinaus in die Wüste.

Miriam roch und schmeckte den Staub, den der Wüstenwind trug. Ihre Lippen waren ausgedörrt, ihre Augen brannten; zum Schutz vor der sengenden Sonne und dem brennenden Sand hielt sie sie halb geschlossen. Sie zog ihren Umhang enger, mit einem Kokon aus weißer Wolle schützte sie sich vor den feindseligen

Elementen. Schweigend und in Gedanken versunken wanderte Yosef neben ihr her, nur manchmal vergewisserte er sich, dass sie nicht zu müde oder zu durstig war. Er war sehr fürsorglich, obwohl er wusste, dass sie ihren Weg rasch fortsetzen mussten.

Sie hockte auf dem Rücken ihres Esels, wippte sanft vor und zurück und ließ ihre Gedanken wandern, wie sie es seit Tagen getan hatte. Da die Landschaft sich nie veränderte, lenkte kein äußerer Einfluss sie von ihren Tagträumen ab. Sie erinnerte sich daran, wie sie Yeshua kennen gelernt hatte, als sie allein auf der Bank im umschlossenen Garten ihres Hauses in Bethanien gesessen hatte. Ihr Bruder Lazarus hatte Yeshua in den Garten geführt und war mit ihm im kühlen Schatten spazieren gegangen, ohne ihre Anwesenheit zu bemerken. Natürlich hatte sie von diesem Yeshua gehört – wer hatte das nicht? Man feierte ihn in ganz Judäa. Sie wusste, wie sehr ihr Bruder ihn bewunderte. Und als sie ihn nun sah, fühlte auch sie sich zu ihm hingezogen. Er war überdurchschnittlich groß, mit langen, schlanken Gliedern und schönen Händen. Sein Haar und sein Bart waren gepflegt, seine dunklen Augen durchdringend. Doch das Bezwingende an dem Mann war sein ruhiges Selbstbewusstsein, die Ausstrahlung von Autorität und Charakterstärke, die seine ganze Erscheinung durchdrang.

Dann hatte Lazarus aufgeblickt und sie unter dem Mandelbaum entdeckt. Er hatte Yeshua zu ihr geführt und vorgestellt. Doch das war nicht wirklich nötig gewesen, denn als sie einander zum ersten Mal ansahen, hatte sie begriffen, dass er sie bereits kannte.

Er hatte gelächelt. »Friede sei mit dir.«

»Friede und Gesundheit.« Sie hatte seinen traditionellen Gruß erwidert und in seinem Blick erkannt, dass sie schön war. Sie fühlte es in seinen Augen. Da wusste sie, dass sie diesen Yeshua, den Freund ihres Bruders, immer lieben würde. Verwirrt hatte sie die Augen gesenkt und war errötet, ihre langen dunklen Locken fielen nach vorn und verbargen ihr Gesicht.

»Ich suche Martha. Wir bereiten eine kleine Stärkung für dich vor«, hatte sie gemurmelt. Dann war sie aus dem Garten geflohen und in ihrer Eile beinahe gestolpert.

Einige Monate später hatten sie geheiratet. Jetzt lächelte sie bei der Erinnerung an ihre Überraschung, als Lazarus ihr die große Neuigkeit überbracht hatte, dass er den galiläischen Fremden als Schwager angenommen hatte. Als Landerbin eines Gebietes, das an Jerusalem grenzte, würde sie die Braut Yeshuas von Nazareth sein, dessen Abstammungslinie bis zu König David zurückreichte.

Die Ehe hatte eine dynastische Bedeutung, denn sie vereinigte die Sippen jener beiden wahren Freunde – David, der Sohn Jesses, und Jonathan, der Sohn Sauls. Seit Jahrhunderten erzählte man sich in jedem jüdischen Haushalt die Geschichte ihrer Freundschaft. Ihre Hochzeit mit Yeshua war von politischer Bedeutung, wie Lazarus ihr erklärt hatte, und gleichzeitig war sie die Erfüllung einer Prophezeiung. Lazarus und seine Freunde, die Zeloten, waren davon überzeugt, dass die herodianischen Tetrarchen, die mit den Römern kollaborierten, sich den Thron Davids widerrechtlich angeeignet hatten. Außerdem waren sie überzeugt, dass Gott ihnen einen Messias aus dem Haus Davids senden würde, der das Volk von der römischen Tyrannei befreien und – wie die Propheten es verheißen hatten – ein neues Zeitalter des Friedens und Wohlstandes bringen würde. Der Fremde aus Galiläa hatte die richtige Abstammung; und war er nicht außerdem ein Wundertäter und Heiler, der Kranke gesund machte und Dämonen austrieb? Ganz offensichtlich hatte Gott ihn auserwählt. Nun musste er sich seine Braut in der Sippe Benjamins suchen, denn im ersten Buch der Thora stand geschrieben, dass der Silberkelch in Benjamins Sack verborgen war. Ihren erleuchteten Lehrern zufolge bedeutete dies, dass eine Frau aus dem Stamm Benjamins als Werkzeug der Versöhnung und Heilung Israels dienen würde.

All dies kümmerte Miriam nicht. Die Ältesten konnten ihre

Entscheidung begründen, wie sie wollten. Sie hörten nicht, wie das Blut in ihren Adern sang, sie hörten das stumme Lied ihres Herzens nicht: Es ist gleichgültig, warum er mich wählt; es zählt nur, *dass* ich erwählt bin!

Sie hatte sich in den umschlossenen Garten zurückgezogen, um auf der schattigen Bank unter dem Mandelbaum über all dies nachzudenken. Später hatte Yeshua sie dort gefunden. Er hatte schweigend vor ihr gestanden und seine Hand ausgestreckt. Sie hatte aufgeblickt und gezögert, um dann die dargebotene Hand voller Scheu zu nehmen. In diesem Augenblick heilten alle Wunden, die ihr je zugefügt worden waren.

Sie hatten ihre Hochzeit im Haus von Simon, dem Aussätzigen, gefeiert. Nur wenige enge Freunde und Familienmitglieder waren erschienen. Man hatte beschlossen, diese Ehe so geheim wie möglich zu halten, damit Herodes Antipas nicht herausfand, dass eine Erbin Benjamins mit einem Erben Davids vereinigt worden war. Es hatte Miriam nicht gekümmert, dass sie in der Öffentlichkeit nicht als Yeshuas Frau anerkannt wurde. Für sie zählte nur, dass sie die Braut jenes hoch gewachsenen Galiläers war, dessen dunkle Augen sie liebkosten, mit Freude erfüllten und heilten.

Die Hochzeitsgäste waren außer sich vor Freude gewesen, denn sie glaubten, dass die Blutlinie Davids nun wiederhergestellt und Zion befreit werden würde. Dann würden alle Völker nach Jerusalem strömen, um den Allmächtigen in seinem Tempel anzubeten, und Gottes Wort, das die hebräischen Propheten verkündet hatten, würde sich erfüllen. An diesem Tag wurden die steinernen Wasserbehälter des Judentums mit neuem Wein gefüllt – mit der Zukunftshoffnung des Messias.

Miriam hatte still an der Seite ihres Mannes gesessen, schlank und anmutig, die dunklen Augen strahlend. Zwar hatte sie die politischen Ziele ihres Bruders und seiner Zelotenfreunde verstanden, doch sie waren ihr unwichtig erschienen. Wichtig war nur der große, gut aussehende Gemahl, dem sie sich jetzt verpflichtet hatte. Tief im Herzen trug sie das Versprechen des Psalmendichters: »Fruchtbar wie der Weinstock soll deine Frau im Schutz deines Hauses sein.« Amen. Schalom.

In dieser Nacht hatte er sie umschlungen gehalten, sie »Geliebte« genannt und ihr Glück kannte keine Grenzen. Der Abendwind hatte den Duft der Limonen aus dem Hof in ihr Zimmer geweht und sie waren eingeschlafen.

Yosef unterbrach ihre Gedanken. »Miriam, Miriam. Hier, bitte trink etwas Wasser.« Plötzlich war sie wieder in der Gegenwart und strich sich vorsichtig den Sand von den Augenlidern. Yosef hielt ihr den Wasserbeutel hin.

»Danke, Yosef. Du bist sehr freundlich.«

Yosef lächelte sie an. Er empfand große Zärtlichkeit für seine Königin. Ihre Sicherheit war seine heilige Verantwortung. Das hatte er Yeshua versprochen. Es war ein Dienst, den er seinem Freund gern erwies. Durch sie, die Magdal-eder, würde die Herrschaft wieder aufgerichtet werden. Doch zunächst musste sie auf dem freien Feld wohnen und ins Exil gehen, wie es der Prophet Micha vorausgesagt hatte. Mitleid erfasste ihn. Sie war für diese Rolle auserwählt worden, doch wie viel einfacher hätte sie es ohne ihre Erwähltheit gehabt!

»Wir werden morgen Abend im Nildelta sein«, sagte er, um ihre Stimmung aufzuhellen. Seit Tagen hatte ihr Schweigen ihn beunruhigt, weil er befürchtete, dass sie an das Entsetzen jener letzten Tage in Jerusalem dachte. Lieber hätte er es gesehen, wenn sie mit Martha in Bethanien geblieben wäre, nachdem die Soldaten der Sanhedrin Yeshua abgeführt hatten, doch sie hatte darauf bestanden, den Schritten ihres Mannes den ganzen Weg bis nach Golgatha zu folgen.

Mehrere Frauen waren den ganzen Tag bei ihr geblieben, um sie zu stützen, während sie in der Nähe des Kreuzes stand. Dennoch hatte die Grausamkeit jener Hinrichtung bestimmt eine tiefe Wunde in ihr Herz geschlagen. Ebenso tief wie der Speerstich des Zenturios, der Yeshuas Seite durchbohrt und seinen Tod bewirkt hatte, dachte Yosef bitter. Seine Freunde hatten gehofft, ihn wiederbeleben zu können, nachdem sie ihn vor Sonnenuntergang vom Kreuz abgenommen hatten, aber es war zu spät gewesen. Hätte Jahwe nicht eingreifen können? Doch der hatte zugelassen, dass seine Pläne durch einen römischen Zenturio mit einem langen Speer durchkreuzt wurden. Oder waren nur die Pläne der Menschen durchkreuzt worden? Jedenfalls war Yeshua seinen Wunden erlegen. Nun ruhte ihre einzige Hoffnung auf ein Königreich Gottes auf Erden auf dieser erschöpften Frau, die auf seinem Esel ritt, aus seiner Lederflasche trank und sich bemühte, ihr Gesicht vor der sengenden Wüstensonne zu schützen. Sie ist die Hoffnung Israels, dachte er, denn sie erwartet sein Kind.

Miriam zog ihren Umhang enger und versuchte, Schutz vor den unbarmherzigen Sonnestrahlen zu finden. Sie schmeckte den Sand im Mund und fühlte sein Brennen auf der Haut. Ihre Lippen waren aufgesprungen und geschwollen.

Eine Welle der Zärtlichkeit überkam Yosef, als er sie ansah. Wie innig betete er darum, dass Gott diese Frau mit einem gesunden Kind segnen würde, der Frucht ihrer Ehe mit Yeshua. Eines Tages mussten sich die Verheißungen der Propheten erfüllen, dass der Herr den Thron des Hauses David wieder aufrichten würde. »Ein Spross aus der Wurzel Jesses«, wie Jesaja vorausgesagt hatte, ein gerechter und mitfühlender Herrscher würde das friedliche Königreich der Gottesherrschaft auf Erden herbeiführen. Wie groß war ihre Hoffnung gewesen! Was für ein Schock war es, als Yeshua vor ihren Augen zu seiner Kreuzigung geführt wurde und mit der schrecklichen Bürde des Querbalkens kämpfte, als er stürzte und wieder aufzustehen versuchte, um seinen Weg durch die Straßen Jerusalems fortzusetzen! All ihre Träume waren zu nichts zerronnen, als die römischen Soldaten den Sohn Davids ans Kreuz nagelten, und ihr Entsetzen war noch gewachsen, als der Zenturio seine Lanze schwang, Yeshuas Seite aufschlitzte und sein Herz durchbohrte. Nun ritt die Hoffnung der Nationalisten Israels auf einem Esel durch das ausgedörrte Ödland des Sinai, eingehüllt in tiefe Trauer und einen weißen Umhang.

»Miriam, du musst von dem langen Ritt erschöpft sein. Sollen wir nicht anhalten und rasten?« Yosef unterbrach die Stille.

Sie lächelte ihn schwach an, weil sie seine Sorge spürte, doch ihre körperlichen Beschwerden kümmerten sie kaum. Schmerz erreichte ihr Bewusstsein nicht mehr. Die verschiedenen Leiden ihrer langen Reise waren in einem einzigen, dumpfen, alles umfassenden Kummer aufgegangen.

Eingelullt vom beständigen, langsamen Schwanken der Eselsschritte durch die endlosen Dünen der Wüste, glitt Miriam zurück in ihre Tagträume. Sie hatte gewusst, dass ihre Ehe dynastische Tragweite besaß, aber nicht erwartet, dass Yeshua sie in einem anderen Licht sehen würde. Jetzt lächelte sie, als sie sich an seine Zärtlichkeit und an sein sanftes Verständnis für ihre Scheu erinnerte. Den bitteren Erinnerungen jener letzten Tage konnte sie jetzt nicht die Stirn bieten. Er hätte nicht gewollt, dass sie diesen Schmerz und das Entsetzen erlebte. Ihre Gedanken wanderten zurück. Sie hatten nicht oft die Gelegenheit gehabt, miteinander allein zu sein. »Ich kann nicht bleiben, Geliebte«, hatte er gesagt. »Die Menschen sind verletzt und unfrei. Sie sind verkrüppelt und blind. Sie glauben, dass Gott sie in ihrem Elend im Stich gelassen hat. Ich muss wieder auf die Straße, ich muss ihre Wunden verbinden und ihre gebrochenen Herzen heilen.« Und sie hatte ihn gehen lassen.

Anfangs war er anscheinend selbst von seinen Fähigkeiten als Heiler überrascht gewesen. Einmal hatte er ihr erzählt, er habe gefühlt, wie die Kraft ihn verließ, als jemand seine Kleider berührte. Damals hatte er verstanden, dass dies nicht *seine* Kraft war, sondern die Kraft Gottes, die durch ihn hindurchfloss. Sie erfüllte seine Worte, sie erfüllte sein Antlitz. Seine Ausstrahlung hatte seine Freunde fasziniert und die Massen angezogen.

Sie war zutiefst dankbar gewesen, wenn er nach wochen-, manchmal monatelangen Reisen durch entlegene Winkel Galiläas und Judäas nach Bethanien zurückkehrte. Es hatte ihr genügt, zu seinen Füßen zu sitzen, seine Worte und seine Gegenwart in sich hineinzutrinken und manchmal einen Blick oder ein Lächeln von ihm zu erhaschen. Sie konnte sich nicht losreißen, sondern saß stumm da und wärmte sich in seinem Licht. Einmal war ihre Schwester Martha ärgerlich auf sie gewesen, weil sie die ganze Organisation für ein Essen für die große Jüngergruppe hatte allein übernehmen müssen. Yeshua hatte Martha mit sanften Worten beruhigt, aber Miriam hatte ein schlechtes Gewissen bekommen und sich endlich losgerissen, um ihrer Schwester bei der Hausarbeit zu helfen.

In den letzten Monaten hatte Yeshua mehrmals mit ihr über seinen bevorstehenden Tod gesprochen. Das Volk hatte angefangen, ihn den lang erwarteten Messias, den Sohn Davids, zu nennen. Sie hatten sich auf den Straßen gedrängt und als Symbol der messianischen Prophezeiungen Michas und Jesajas Palmzweige geschwenkt. Er wusste, dass die römische Obrigkeit einen Massenaufruhr unmöglich dulden konnte und dass die Eruption unausweichlich war. Eine Konfrontation mit dem Tetrarchen und dem römischen Gouverneur würde zu einem Aufstand und zu Blutvergießen führen. Er musste sich den Römern ausliefern, bevor Straßenkämpfe ausbrachen, in denen vielleicht Unschuldige verletzt würden. Yeshua hatte mit Miriam über Jesajas Prophezeiung vom leidenden Diener gesprochen. Er hatte versucht, sie zu warnen. Dann hatte er sie in die Arme genommen, um sie zu trösten, und ihr Schmerz wurde gestillt.

Jetzt half etwas ihrem Gedächtnis nach. Der Psalm – natürlich! Jetzt erinnerte sie sich, warum der Anblick der römischen Soldaten, die das Los über Yeshuas Mantel warfen, während er sterbend am Kreuz hing, sie so entsetzt hatte. All dies stand in dem Psalm. Es war schon vor Jahrhunderten vorausgesagt worden. »Mein Gott, mein Gott, warum hast du mich verlassen? … sie haben meine Hände und Füße durchbohrt … und sie würfelten um mein Gewand.« Während sie sich an die Einzelheiten der Kreuzigung in Golgatha erinnerte, brannten die Worte in ihrer Seele. Ein Stöhnen entfuhr ihr, doch als Yosef aufblickte, hielt irgendetwas in ihrem Gesicht ihn vom Sprechen ab. Er wollte sich nicht aufdrängen. Sie schien ihm jenseits allen Trostes zu sein, sie hatte eine Grenze der Qual überschritten, hinter der niemand sie erreichen konnte.

Er wusste es, dachte sie. Er hat es immer gewusst. Darum hat er mir diese Abschnitte in der Heiligen Schrift gezeigt – ich sollte begreifen, dass die Prophezeiungen unseres Volkes sich in ihm erfüllten, damit wir alle ihn als Abgesandten Gottes anerkannten. Sie hatte es nie ganz verstanden, bis jetzt. In den Worten seiner Propheten erscheint Gott so oft verachtet und gequält. Gott ist verwundet: »Mit einer Rute schlagen sie dem Herrscher Israels ins Gesicht«, sagt Micha. Indem er die Kreuzigung durchlitt, hatte Yeshua ihnen eine ungeheure Dimension von Gottes Verletztheit gezeigt.

Oft hatte ihr Ehemann für sie aus dem Hohelied der Liebe zitiert, jener Hymne auf die Heilige Ehe. »Denn die Liebe ist stärker als der Tod«, erinnerte sie sich jetzt. Natürlich! In den uralten Ritualen ihrer Heimat stirbt der göttliche Bräutigam den Opfertod und wird begraben. Später, nach drei Tagen, ersteht er wieder auf, begrüßt vom Jubel seines Volkes, das seine Rückkehr erwartet hat. Er hat dem Land Fruchtbarkeit geschenkt und es durch Tod und Wiedergeburt erneuert.

Eines Abends, als Yeshua nach dem Essen mit seinen Freunden am Tisch saß, hatte Miriam ein Alabastergefäß mit flüssiger Narde genommen, das zu ihrer Mitgift gehört hatte, und ihn mit dem Nardenöl gesalbt. War nicht der Sohn Davids der Gesalbte, der wahre König Israels und Gottes auserwählter

Messias? Yeshua hatte nicht protestiert. Seine Jünger hatten missbilligend gemurmelt, dass Miriam das kostbare Salböl vergeudete, doch Yeshua hatte verstanden. Mit dieser Ölung hatte sie ihn sowohl zum König als auch zum Bräutigam erklärt. »Sie hat mich für meine Beerdigung gesalbt«, hatte er gesagt. Da hatte sie geweint, sich vor ihn hingekniet und mit ihrem Haar die Tränen von seinen Füßen getrocknet.

Sogar jetzt spürte sie die Sanftheit seines Blickes. Tränen stiegen ihr in die Augen und ihr Herz wurde schwer. Ich muss mich bemühen, nicht an die traurigen Dinge zu denken, dachte sie. Schließlich schlummerte sie wieder ein, immer weiter auf dem von Yosef geführten Esel reitend.

Nachdem sie fast einen Monat lang unterwegs gewesen waren, erreichten sie ihr Ziel, als die Schatten in der kosmopolitischen Stadt Alexandria schon länger wurden. Yosef führte den Esel durch die gewundenen Straßen der von Menschen wimmelnden Stadt und suchte das jüdische Viertel. Unendliche Erleichterung und Dankbarkeit gaben ihm neue Kraft. Endlich waren sie in Sicherheit. Niemand würde sie in dieser fremden Stadt erkennen, fern von den Netzen jener Machthaber, die sich den Thron Israels widerrechtlich angeeignet hatten, fern auch von den Hohepriestern des Tempels in Jerusalem und vom römischen Statthalter von Judäa. Hier würden die wahre Königin und ihr Sohn, der Thronerbe Davids, Zuflucht finden. Durch sie würde eines Tages die Herrschaft Zions wieder aufgerichtet werden, genau wie Micha es verheißen hatte. Vorerst war sie im Exil in Sicherheit. Das »Zepter« aus dem Stamm Jesses wurde bewahrt und die Linie setzte sich in ihrem Sohn fort. Schließlich würde der Erbe Davids nach Jerusalem zurückkehren und, seinem Geburtsrecht entsprechend, den Thron für sich beanspruchen. Seine Herrschaft würde errichtet werden, wie Gott es durch die Propheten verheißen hatte. Daran glaubte Yosef von Arimathea. Er fand die Straße, nach der er gesucht hatte, ging auf das Haus seines Freundes zu und klopfte an die Tür.

Ein hämmerndes Geräusch weckte Miriam. Es gellte in ihren Ohren wie das Hämmern der großen Eisennägel, die Yeshuas Handgelenke durchbohrten. »Nein! Nein!« Sie schrie und wandte sich im Halbschlaf heftig von dem Lärm ab. Um den Erinnerungen zu entfliehen, kämpfte sie darum, die Augen zu öffnen. Durch die Ritzen um die Tür drang Licht herein, das den Morgen ankündigte. Sie war dankbar. Nun war sie wach.

Ihr Körper trug schwer an dem Kind, doch ihre Arme und Beine waren immer noch dünn. Seit ihrer Reise durch die Wüste waren Monate vergangen. Yosefs Freunde hatten gut für sie gesorgt. Sie hatten sich bemüht, es ihr behaglich zu machen und sie über den Verlust ihrer Familie und ihrer Heimat hinwegzutrösten.

Meist suchte sie in ihren eigenen Gedanken Trost. Allein war sie am glücklichsten. Die Sehenswürdigkeiten und Düfte von Alexandria reizten sie nicht. Sie war damit zufrieden, im Garten zu sitzen, den kleinen Vögeln zuzusehen und die leuchtenden Blüten zu betrachten. Oft half sie beim Kochen und Weben häusliche Pflichten, die sie gern erfüllte. Sie war zufrieden und versuchte, nicht an Jerusalem und die traumatischen Tage vor ihrer Abreise zu denken. Es half nichts; es machte ihr nur das Herz schwer.

Ab und zu dachte sie über Yeshuas leeres Grab nach. Was das wohl bedeutete? Sie war noch immer verwirrt ... und verletzt. Sie hatte seinen Leichnam salben wollen, wie die Sitte es verlangte. Im ersten Morgenlicht nach dem Sabbat war sie zu dem Grab in Yosefs Garten gegangen, in das man Yeshuas gemarterten Körper gelegt hatte. Doch er war nicht dort gewesen. Entsetzt war sie vor dem leeren Grab geflohen.

In ihrer Verstörung war sie gestolpert und hingefallen. Als sie sich wieder gefasst hatte und aufblickte, hatte sie den Gärtner auf sich zukommen gesehen. Verzweifelt hatte sie ihm zugerufen und ihn angefleht, ihr zu sagen, wohin man Yeshuas gebrochenen Körper gelegt hatte. Doch dann hatte sie plötzlich begriffen, dass es Yeshua selbst war, der auf sie zukam! Mit einem glücklichen Aufschrei hatte sie sich in seine ausgebreiteten Arme geworfen. Er hatte ihr sanft auf die Beine geholfen und sie angelächelt, doch zugleich den Kopf geschüttelt. »Halte mich nicht zurück«, hatte er gesagt. Dann hatte er ihren Griff sanft, aber bestimmt gelöst und war mit einer Abschiedsgeste verschwunden, ebenso plötzlich, wie er aufgetaucht war. Sie war zurückgeblieben und hatte verblüfft in den leeren Garten gestarrt.

Das Kind in ihr bewegte sich. Sie blickte hinunter und lächelte. Jetzt würde es nicht mehr lange dauern. Ihr Sohn würde stark und schön sein, die Erfüllung der Prophezeiungen: ein gerechter und aufrichtiger Herrscher, der gesalbte Sohn Davids. Er würde ein ganz besonderer Sohn sein, die Hoffnung Zions. Sie würde geduldig darauf warten, dass sich Gottes Worte erfüllten. Mühsam stand sie von ihrem Bett auf und kleidete sich für den kommenden Tag an, sicher in ihrem Glauben.

Miriams Geburtswehen waren langwierig und schwer. Mehrere Male hätte sie sich beinah selbst aufgegeben, zwang sich dann aber, zurückzukommen. Die Zeit zog sich hin. Endlich, nachdem lange Stunden verstrichen waren und der Tag zur Nacht und wieder zum Tag geworden war, begann sie, sich zu fürchten, und rief um Hilfe. Die Hebamme befeuchtete ihre Stirn mit kühlem Wasser, ermutigte sie und flüsterte ihr Verheißungen zu. Sie war erschöpft. Jetzt *muss* es doch endlich vollbracht sein, dachte sie gequält, aber es ging weiter, eine Welle nach der anderen. Mehrmals sah sie, wie die Frauen besorgte Blicke tauschten. Auch sie verloren allmählich den Mut. Sie hatten getan, was sie konnten. Nun war sie allein und erschöpft.

»Mein Gott, mein Gott, warum hast du mich verlassen?« – die Worte Yeshuas am Kreuz hallten in ihren Ohren wider. Sie fühlte, wie sie dem Schmerz entglitt, endlich in Sicherheit. Dann meinte sie, Yeshua zu sehen, wie er die Hände nach ihr ausstreckte, sie anlächelte und ihre Hand in die seine nahm. Allmählich ging seine Kraft in sie über, erfüllte ihren Körper wieder mit Leben und gab ihr neue Energie. »Du musst zurückgehen«, sagte er, »für unser Kind.«

Sein Lächeln erneuerte ihre Kraft. Eine Welle des Schmerzes erfasste sie, als sie an die Schwelle des Bewusstseins zurückkehrte. Doch sie hatte keine Angst mehr. Er war bei ihr – er hatte sie nie verlassen. Jetzt verstand sie. Er war ihr so nah wie ihr eigener Herzschlag: »Denn die Liebe ist stärker als der Tod.«

Ein letzter, wilder Augenblick des allumfassenden Schmerzes und dann war es vorüber. Die Hebamme hielt das Kind hoch, das endlich aus dem Mutterleib befreit war. Sie schlug dem Baby auf den Rücken und es stieß einen kleinen, scharfen Ruf der Überraschung aus.

»Dein Kind, Miriam. Dein Baby lebt«, verkündete die Hebamme, jubelnd nach den langen Stunden der Verzweiflung. »Ein wunderschönes Baby. Eine Tochter.«

Schock und Ungläubigkeit schlugen Miriam ins Gesicht. Das *kann* nicht sein, dachte sie. Was ist mit den Verheißungen, den Prophezeiungen? Das muss ein Irrtum sein. Es kann keine Tochter sein. Der Sohn Davids, das Zepter Israels, kann kein Mädchen sein! In ihrer Erschöpfung und Verwirrung glitt sie in tiefe Ohnmacht.

Stunden später erwachte sie. Das Zimmer war sauber und aufgeräumt, alle Spuren der schweren Geburt waren getilgt. Jemand hatte rote Rosen aus dem Garten gebracht und sie in einer Vase auf den Tisch neben Miriams Bett gestellt. Eine Frau stand still neben ihr und hielt ein kleines Bündel. Was war das? Was wollte sie? Miriam konnte sich nicht erinnern, wo sie war. Verwirrt sah sie die Frau an und lächelte schwach.

»Miriam, ich habe dein Kind gebracht. Du musst sie dir ansehen. Sie ist makellos, ein wunderschönes Baby. Wende dich nicht von deinem Kind ab.« Die Frau wirkte verstört. Ihre Sorge um das Baby war echt. Ein Kind, das von seiner Mutter verstoßen wurde, hatte kaum Überlebenschancen.

Miriam betrachtete sie einen Moment lang schweigend und erinnerte sich. Die Wolke des Schmerzes und der Enttäuschung hüllte sie wieder ein. Sie wandte den Kopf ab und starrte auf die Wand.

»Miriam, sieh dir doch dein Kind nur an. Siehst du? Sie wimmert. Sie braucht dich. Verachte deine Tochter nicht. Denk doch nur einen Moment nach: Sie ist unschuldig. Sie hat nichts getan, um dich zu kränken. Kannst du denn deine eigene Tochter, dein eigenes Fleisch und Blut, zurückweisen?«

Allmählich drangen die Worte in Miriams Bewusstsein, sie schnitten durch die Schichten des Schmerzes. Mein Baby – das Kind meines Geliebten, dachte sie. Jetzt erinnerte sie sich: Yeshua hatte gewollt, dass sie zurückkam. Um ihres gemeinsamen Kindes willen hatte er sie zurückgeschickt.

Sie wandte sich wieder der Hebamme zu, zögerte und streckte dann langsam die Arme aus, um das Baby in Empfang zu nehmen. Sie betrachtete das kleine gerötete Gesicht, die winzigen Finger. Der Säugling hörte auf zu weinen. Zärtlichkeit überkam Miriam, als sie ihre winzige Tochter ansah, die in ihrer Armbeuge ruhte. Jeder Fingernagel war makellos geformt.

»Bevor ich dich im Leib deiner Mutter formte, kannte ich dich«, sang der Psalmendichter. Es musste Gottes unbegreiflicher Wille sein, dass das Kind der Verheißung ein Mädchen war. Vielleicht hatten Yeshuas Freunde die Prophezeiungen über den »Spross aus dem Stamm Jesses« missverstanden. Vielleicht war es gar nicht Gottes Plan, dass ihr Kind nach Jerusalem zurückkehrte und Anspruch auf den Thron Davids erhob. Vielleicht entsprang das alles nur dem Wunschdenken von Männern, die darauf hofften, von den römischen Unterdrückern befreit zu werden. Sie wusste, irgendwie *musste* ihre kleine Tochter Gottes Plan verkörpern.

»Sarah«, flüsterte sie. »Ich muss sie Sarah nennen … denn Sarah hielt am Glauben fest, auch als es hoffnungslos schien, dass Gottes Verheißung sich je erfüllen würde. Ich verstehe nicht alles, aber so viel weiß ich: Meine Tochter ist Gottes Antwort auf unsere Gebete.« Sie lächelte auf das kleine Bündel in ihren Armen herab. Ein Vers des Propheten Sacharja fiel ihr ein: »›Nicht durch Armeen, nicht durch Gewalt, sondern durch meinen Geist‹, spricht der Herr.« Getröstet schlief sie schließlich ein, das Baby im Arm an sich gedrückt.

Yosef kam, saß an Miriams Bett und sah zu, wie Mutter und Säugling schliefen. Er war völlig fassungslos über die Neuigkeit. Dass Yeshuas Kind eine Tochter sein könnte, war ihm nie in den Sinn gekommen. Sein Glaube an die wörtliche Erfüllung der Prophezeiungen über die Wiedereinsetzung Zions hatte keinen Raum für Zweifel gelassen. Aber das Kind war ein Mädchen! Sie konnte nicht die Heere des Herrn gegen die römischen Streitkräfte in die Schlacht führen. Sie würden auf andere Pläne zurückgreifen müssen.

Yosef grübelte über ihre Zwangslage nach. Jene anderen Pläne würden weder Miriam noch ihre Tochter mit einschließen. Dennoch, er hatte Yeshua versprochen, sie zu beschützen. Da sich ihr Kind nun als Tochter entpuppt hatte, würden Yeshuas Freunde Miriam nicht mehr anerkennen. Sie würden es niemals verstehen. Es hatte nicht einmal Sinn, es ihnen zu erzählen und damit zu riskieren, ihren Aufenthaltsort preiszugeben. Hier in Alexandria, wo sie in völliger Zurückgezogenheit lebte, war sie sicherer. Sollten sie sie doch vergessen. Sollten sie doch das Königreich des Messias ohne sie verkünden.

Er hatte von einem Land jenseits des Mittelmeeres gehört, wo Gras und Bäume in verschwenderischer Fülle wuchsen und im Winter Schnee die Felder bedeckte und wo der beißende Wüstensand zu einer bloßen Erinnerung schrumpfen würde. Vielleicht sollte er das Kind nach Gallien bringen, überlegte er. Dort war der »Weinstock Judas« vor den Bedrängnissen der Unterdrückung sicher und konnte gedeihen. Yosef sah auf die schlafende Mutter und ihr Kind hinunter. Ja. Sie würden weiterreisen und eine neue Heimat suchen.

Man sagte, dass das Land jenseits des Meeres immer grün war und dass die Blumen dort das ganze Jahr über blühten. Der Gott Jakobs, der Allmächtige, würde sie zu diesem Ort führen, wenn es Zeit war, seinen Weinstock in einen neuen Garten zu pflanzen. Zum ersten Mal seit Tagen lächelte Yosef. Der Weinstock Yeshuas und der Weinstock Miriams – ihre Nachkommen würden in dem fruchtbaren Land jenseits des Meeres gedeihen. Und von dort würden sie eines Tages nach Zion zurückkehren und ihr Erbe wieder beanspruchen, wie es der Psalmendichter vorausgesagt hatte. Wie ihre Vorfahren, die aus der babylonischen Gefangenschaft zurückgekehrt waren, würden auch sie aus dem Exil errettet werden: »Wer in Tränen sät, wird in Freuden ernten. Wenn sie auch weinend unter der Last der neuen Aussaat ins Feld schreiten, sollen sie doch jubelnd zurückkommen unter der Last ihrer Garben.« Amen. Schalom.

Das Boot taumelt auf den Wellen,
gnadenlos donnern die Wogen
gegen die Bordwand
und besudeln die Gesichter der Reisenden,
die über der Tiefe treiben,
mit Salzwasser.
Sie klammern sich aneinander
in der Dunkelheit
und sprechen uralte Gebete
an den Allmächtigen
in ihrer Muttersprache.

Yosef, der wachsame Hüter,
zweifelt an der Führung,
die ihn segeln hieß.
Mit schwerem Herzen
beschirmt er Mutter und Kind
vor dem Wüten von Wellen und Wind.

Sie fürchten sich nicht,
sie vertrauen ihrem Gott.
Welcher Mut, welche Kraft
erfüllen diese Frau,
deren Glaube sie hierher,
in die tiefste Finsternis führte.

Allmählich legt sich der Sturm.
Der Wind flaut ab,
die Wellen, nun zahm,
schaukeln zärtlich das Schiff
wie eine Wiege.
Wohlig am Busen der Tiefe
schlafen sie,
während Yosef getreulich wacht,
der Hüter des Sangraal,
des Heiligen Gral.

Nun ist sein Umhang trocken.
Salzkristalle bilden winzige Sterne,
als die Sommersonne
die Gischt trocknet,
die noch vor Stunden
ihr Leben bedrohte.
Seine Augen brennen und beißen
von ungeschlafenem Schlaf
und vom bitteren Salz.
Was sieht er?
Einen blassen Schatten
dort am Horizont?
Eine Vision – vom Schmerz bewirkt?
Oder Land?

Er weckt seine Freunde
und zeigt über das Meer nach Norden.
»Seht doch – Gott ist mit uns.
Wir haben das verheißene Ufer gefunden!«
Maximus und Lazarus heben die Riemen auf,
die sie im Sturm fahren ließen.
Sie beginnen wieder zu rudern.

Weiße Strände glitzern
unter einem Himmel aus Azur.
Zypressen, Zitronenbäume, leuchtende Wildblumen
erquicken ihre hungrigen Augen.
Die Männer springen ins seichte Wasser
und ziehen ihre Arche an Land.

Jetzt huscht ein winziges Lächeln
über Yosefs sonnengebräuntes Gesicht:
Er denkt an Noah auf dem Berg Ararat.
»Wir haben die Schrecken der Nacht überlebt.
Meine heiligen Schützlinge sind endlich sicher –
der Sangraal, das heilige Gefäß
aus Jesses Stamm und von Judas Weinstock,
wird nun eingepflanzt
am Ufer eines nährenden Stroms.
Ja, der Hirte Israels
hat eine grüne Weide für uns gefunden.«

Er hilft der Königin an Land.
Ihre Sandalen in der Hand,
watet sie durch seichtes Wasser
auf kristallnem Sand.
Königlich steht sie da,
der Seewind zerzaust ihr Haar.

Ihr Kind ist in Sicherheit
und endlich frei –
wie auch Martha und Lazarus.
Entflohen dem Schrecken der Tyrannei
und den Launen des Meeres.
Frieden und Glück erfüllen sie.

Sie betrachtet zärtlich ihre Tochter,
die im Wüstenexil zur Welt kam.
»Aus Ägypten rief ich mein Kind.«
Sarah.
Gott wählte keinen Sohn,
der bewaffnet in die Schlacht zöge,
Abkömmling Davids und von Judas Stamm,
ein mächtiger Löwe, der Roms Eisenfaust
zerschlägt
und den königlichen Thron besteigt.
Nein. Gott wählte
dieses Mal eine Tochter.

Was sie in Tränen säten,
sollen sie jubelnd ernten
und heimkehren
unter der Last ihrer Garben.
»Und du, o Magdal-eder,
Wachtturm der Tochter Zions,
durch dich soll es geschehen.
Die alte Herrschaft wird wieder aufgerichtet …
Doch vorerst sollst du auf dem freien Feld
wohnen …
und von dort wirst du gerettet werden.«
(Micha 4:8–10)
Schalom. Amen.

KAPITEL I

Die verlorene Braut

Laut einer Legende aus dem vierten Jahrhundert, die auf Altfranzösisch erhalten blieb, soll Maria Magdalena den »Sangraal« an die Südküste Frankreichs gebracht haben.[1] Legenden behaupteten, dass dieser Sangraal der »Heilige Gral« gewesen sei – ein Kelch. In späteren Versionen wird sogar behauptet, dies sei derselbe Kelch gewesen, aus dem Jesus beim letzten Abendmahl in der Nacht seiner Verhaftung trank.

Der Gral wurde als eine der heiligsten Reliquien der ganzen Christenheit verehrt. Doch leider ging er, den Legenden zufolge, irgendwie verloren und blieb bis in die heutige Zeit verschwunden. Der König ist verwundet und verkrüppelt, sagt der Mythos, und das Königreich ist zum Ödland geworden, weil der Gral verloren ist. In der Geschichte wird versprochen, dass der König geheilt wird und dass alles wieder gut ist, sobald das heilige Gefäß, das einst das Blut Christi enthielt, gefunden wird. Gibt es irgendjemanden in der Christenheit, der nicht von der Gralssuche gehört und über den Verlust des Grals getrauert hat?

Einige der späteren europäischen Legenden erzählen, dass Joseph von Arimathea das Blut des sterbenden Jesus in einem Kelch auffing und diesen während der frühen Verfolgungen der Jünger in Jerusalem (42 n. Chr.) auf einem Schiff nach Westeuropa brachte. Ein Chronist gibt die Geschichte weiter, dass Joseph von Arimathea zwei Krüglein mit dem Blut und Schweiß Jesu nach Glastonbury in Südwestengland brachte, dazu einen Weißdornstab, der spross und blühte, sobald er in den englischen Boden eingepflanzt worden war – den blühenden Stab.

Anderen Quellen zufolge brachte Joseph den heiligen Sangraal an die Mittelmeerküste Frankreichs.

Im Lauf der Jahrhunderte haben diese verschiedenen Legenden zahllose Dichtungen inspiriert, von denen viele den Gral mit König Artus und seinen Rittern der Tafelrunde in Verbindung bringen, die in ganz Europa nach dem heiligen Gefäß suchten. All diesen Überlieferungen liegt zugrunde, dass der Gral heilig ist, dass er der Suche wert ist, dass er verloren oder verborgen ist und dass er das Ödland wieder fruchtbar machen wird, falls man ihn jemals findet. Alle stimmen darin überein, dass der Gral eine christliche Reliquie ist und dass er gesegnet ist, da Jesus selbst ihn berührte. Er ist das heiligste und am schwersten fassbare Artefakt der westlichen Zivilisation.

Interessanterweise war die römisch-katholische Kirche jedoch nie sehr begeistert vom Gral und seinen Legenden. Arthur E. Waite und andere Experten dieses Themas haben angenommen, dass das Gralsmysterium und seine Anhänger eine alternative Version zum etablierten Christentum darstellen und dass die Priesterschaft jenes »anderen« Christentums ihre Autorität direkt von Jesus selbst ableitet, ohne Zustimmung der Kirche.[2] Da ist es kein Wunder, dass die Kirche versucht hat, den Heiligen Gral und seine Legenden zu unterdrücken!

Der Glaube unserer Väter

Jede Version des Christentums, die eine Alternative zu den Dogmen der etablierten Kirche bietet, wird mit dem Kirchenbann belegt. Genau das ist ja die Definition von Ketzerei. Die Frage, was als Häresie gilt, hat nichts mit der Wahrheit zu tun, sondern damit, ob das Dogma mit den offiziellen Glaubenssätzen konform geht oder nicht. Wer mit dem etablierten Christentum aufgewachsen ist, hat gründlich gelernt, die offiziellen Glaubenssätze anzunehmen, und wird stets davon ausgehen, dass diese Dogmen die einzig wahre Version beinhalten. Doch es gab von Anfang an mehrere alternative Auffassungen des Christentums, jede mit eigenen Glaubenssätzen und einer eigenen Interpretation der Evangelien. Im Lauf der Jahrhunderte wurde Jesu Botschaft institutionalisiert. Allmählich entwickelten sich Dogmen, die nicht immer den Glauben der frühen Judenchristen aus dem Palästina des ersten Jahrhunderts widerspiegelten.

Die offizielle Version des Christentums, die von den Kirchenkonzilen des dritten und vierten Jahrhunderts niedergeschrieben wurde, entwickelte sich allmählich und beruhte auf einem Mehrheitsbeschluss der christlichen Ältesten, die auf diesen Konzilen anwesend waren. Oft spielten der Druck des herrschenden römischen Kaisers oder andere politische Faktionen dabei eine Rolle. Auf diesen Konzilen wurde der Wortlaut der Dogmen vom Wesen der Dreieinigkeit, der Göttlichkeit Jesu, der Jungfräulichkeit Marias und sogar dem Wesen von Gottvater selbst abgestimmt. Dort wurde entschieden, welche Schriften aus dem jüdischen Kanon die Christen anerkennen sollten und welche Evangelien und Episteln der Frühkirche in die Bibel aufgenommen wurden. Diese Kirchenväter entschieden, welche Evangelien Jesu Lehre und seine Biographie am authentischsten wiedergaben und welche Paulusbriefe und Episteln der frühen Kirchenältesten in die offizielle Heilige Schrift aufgenommen wurden.

Ein Kriterium für die Aufnahme in den offiziellen Kanon der Bibel war, ob die fraglichen Schriften authentische Werke eines Jüngers waren oder nicht. Auf dieser Grundlage wurden die Evangelien des Matthäus und des Johannes sowie das Buch der Offenbarung (genannt »Apokalypse des Johannes«) als kanonisch erklärt, obwohl moderne Gelehrte annehmen, dass höchstwahrscheinlich keines dieser Bücher tatsächlich von einem Jünger Jesu geschrieben wurde. Im Gegenteil, viele Gelehrte halten es für unwahrscheinlich, dass auch nur einer der Verfasser der vier Evangelien den historischen Jesus von Nazareth persönlich kannte! Darüber hinaus gibt es Beweise dafür, dass im Lauf der Jahrhunderte ganze Passagen der vier Evangelien gestrichen, hinzugefügt und vielleicht sogar zensiert wurden. In Anbetracht dieser Tatsachen ist es schwer, den faktischen Kanon der Heiligen Schrift als einzig mögliche Niederschrift von Gottes Wort zu betrachten.

Die offizielle Version des Christentums, die auf den frühen Kirchenkonzilen formuliert wurde, entspricht dem so genannten »Glauben unserer Väter«, wie er seit Jahrhunderten überliefert wurde. Dies ist die offizielle Lesart, aber das bedeutet nicht, dass sie auch die einzig mögliche Auffassung des christlichen Glaubens ist. Oder dass sie unbedingt wahr ist. Dies ist die Frage, die wir untersuchen wollen: Gibt es eine andere Version von Jesu Geschichte, die der Wahrheit vielleicht näher kommt, als die Version, die die mittelalterliche Kirche bis zur protestantischen Reformation verbreitet hat? Gab es eine alternative Version des christlichen Dogmas? Gab es womöglich sogar eine »alternative Kirche«? Wenn ja, was waren ihre Glaubenssätze? Und welche Verbindung hatte sie zur frühchristlichen Botschaft und zu Jesus selbst?

Der Sangraal

Als die Gralslegenden zum ersten Mal in der europäischen Literatur auftauchten, erwähnten mittelalterliche Dichter des zwölften Jahrhunderts eine »Gralsfamilie«, vermutlich die Hüter des Kelchs, die später als dieses Privilegs für unwürdig erachtet wurden. Manche Gralsforscher sehen einen Zusammenhang zwischen den Worten *sangraal* und *gradales,* was in der provenzalischen Sprache offenbar »Becher«, »Schale« oder »Schüssel« bedeutete. Es wird jedoch auch darauf hingewiesen, dass man, wenn man das Wort *sangraal* nach dem g trennt, die Worte *sang raal* erhält, was im Altfranzösischen »königliches Geblüt« bedeutet.[3]

Diese letztere Ableitung des französischen *sangraal* ist höchst provokant und vielleicht aufschlussreich. Plötzlich sieht man sich einer neuen Lesart der vertrauten Legende gegenüber: Nun erzählt die Geschichte, dass Maria Magdalena statt eines Bechers oder Kelches das »königliche Geblüt« zur französischen Mittelmeerküste brachte. Anderen Legenden zufolge brachte Joseph von Arimathea Jesu Blut in einem Gefäß nach Frankreich. Vielleicht war es in Wirklichkeit Maria Magdalena, die unter dem Schutz Josephs von Arimathea das Geblüt *König Davids* an die französische Mittelmeerküste brachte.

Wer war diese Maria, die die Frühchristen als »die Magdalena« kannten? Und wie soll sie das königliche Geblüt nach Frankreich gebracht haben? Befand sich das Königsblut vielleicht in einem »irdenen Gefäß« (2 Kor. 4:7)? Was wäre, wenn das irdene (oder irdische) Gefäß eine *Frau* war? Vielleicht war diese Maria in Wirklichkeit die Gemahlin Jesu und brachte *sein Kind* in die Provence!

Beide neutestamentarischen Stammbäume betonen, dass der charismatische Lehrer von König David abstammte, und sämtliche messianischen Prophezeiungen Israels beziehen sich ausdrücklich auf das königliche Geblüt jener judäischen Prinzen, die von der »Wurzel Jesses«, dem Vater König Davids, abstammen. Falls Jesu Gemahlin ein Kind gebar, wäre sie im wörtlichsten Sinn die Trägerin des Sangraal, nämlich des königlichen Geblütes Israels gewesen.

Die Suche nach dem Heiligen Gral ist ein jahrhundertealtes Geheimnis. Sowohl in der mittelalterlichen Kunst, Literatur und Überlieferung als auch in der Heiligen Schrift und den geschichtlichen Ereignissen selbst finden wir überall Hinweise, die Maria Magdalena mit dem Sangraal der uralten Legenden in Zusammenhang bringen. In den folgenden Kapiteln werde ich viele dieser Anspielungen erörtern, um aufzudecken, dass Jesu Braut aufgrund der auf die Kreuzigung folgenden politischen Unruhen in Palästina möglicherweise unbeabsichtigt aus der Geschichte verschwand. Ich kann mir nicht vorstellen, wie man jenseits aller Zweifel beweisen könnte, dass die »andere Maria« Jesu Gemahlin war oder dass sie ein Kind seines Blutes gebar. Aber man kann beweisen, dass der Glaube an diese Version der christlichen Geschichte während des gesamten Mittelalters in Europa weit verbreitet war und dass die grausamen Folterungen der Inquisition ihn später in die Verborgenheit trieben. Auf unserer Suche müssen wir in Relikten und Symbolen der europäischen Kunst und Literatur sowie in den Evangelien des Neuen Testaments die Anspielungen auf die alternative Kirche, die »Kirche des Heiligen Grals«, erkennen und untersuchen.

Wer war Maria Magdalena?

Zunächst müssen wir die Identität jener »anderen Maria« feststellen, von der in allen vier Evangelien die Rede ist. Zahlreiche Indizien weisen darauf hin, dass Maria Magdalena mit Maria von Bethanien identisch ist, der Schwester von Martha und Lazarus, die im Lukas- und Johannesevangelium erwähnt wird. Diese sanfte Maria saß Jesus zu Füßen, während ihre Schwester Martha sich abmühte, ihren Gästen ein Mahl vorzusetzen (Lk. 10:38–42), und sie ist auch diejenige, die Jesus später mit Nardenöl salbte (Joh. 11:2, 12:3).

Die biblischen Erwähnungen Maria »Magdalenas« informieren uns, dass sie sich Jesus anschloss, nachdem er ihr sieben Dämonen austrieb und eine der mit ihm reisenden Frauen wurde (Lk. 8:2, Mk. 16:9). Auch wird berichtet, dass sie eine der Frauen war, die am Fuß des Kreuzes standen (Mk. 15:40, Mt. 27:56, Joh. 19:25), sowie eine der Frauen, die am Ostermorgen zur Zeit des Sonnenaufgangs als Erste am Grab eintrafen (Mk. 16:1, Mt. 28:1, Lk. 24:10, Joh. 20:1–3). Das Johannesevangelium erzählt, dass sie allein zum Grab kam und Jesus begegnete, den sie zunächst für den Gärtner hielt. Als sie ihn erkannte, streckte sie sogar die Arme aus, um ihn zu umarmen, und nannte ihn »Rabboni«, eine Zärtlichkeitsform des Wortes *Rabbi*. Offenbar war diese Maria, genannt »die Magdalena«, Jesu enge Freundin und Gefährtin.

Eine gewichtige, alte Überlieferung der westlichen Kirche unterstützt die Annahme, dass Jesus nur eine enge Freundin namens Maria hatte. Das biblische Hohelied, das in der jüdisch-christlichen Tradition oft als Gleichnis für Gottes Liebe zu seinem Volk ausgelegt wird, erfreute sich unter den mittelalterlichen Christen großer Beliebtheit. In seinen Predigten über das Hohelied (Lobgesang aller Lobgesänge) legt der heilige Bernhard von Clairvaux (1090–1153) die Braut des Liedes als Symbol für die Kirche und für die Seele jedes Gläubigen aus. Als Prototyp zur Veranschaulichung dieser »Braut Christi« wählt er Maria, die Schwester des Lazarus, die Jesus zu Füßen saß und seine Lehren in sich aufnahm (Lk. 10:38–42) und ihn später mit Nardenöl salbte und seine Füße mit ihrem Haar trocknete (Joh. 11:2, 12:3). Außerdem sagt der heilige Bernhard wiederholt in seinen Predigten, dass diese Maria von Bethanien möglicherweise mit Maria Magdalena identisch ist.

Neunhundert Jahre vor dem heiligen Bernhard identifizierte der christliche Theologe Origenes (ca. 185–254 n. Chr.) in Alexandria Maria Magdalena unmissverständlich als die Braut des Hohelieds. Diese Gedankenverbindung wurde im Mittelalter allgemein übernommen und in Ehren gehalten.

Das Johannesevangelium identifiziert die Frau, die Jesus mit ihrem kostbaren Öl salbte, eindeutig als die Schwester des Lazarus (Joh. 11:2) und die französische Überlieferung nennt Magdalena ausdrücklich »die Schwester des Lazarus«. Die römisch-katholische Kirche hat dieser Maria von Bethanien nicht einmal einen Feiertag gewidmet, obwohl für Martha ein Feiertag begangen wird und der anglikanische Kalender immer noch einen Tag des Lazarus enthält. Eigentlich könnte man erwarten, dass die Kirche dieser »Lieblingsschwester« einen Feiertag widmen würde, ebenso wie Jesu anderen Freunden. Es gibt einen Feiertag für Maria Magdalena, der am 22. Juli begangen wird, genau eine Woche vor dem Tag Marthas. Es scheint folgerichtig und angebracht, der wichtigeren der beiden heiligen Schwestern den früheren Feiertag zu widmen.

Seit Jahrhunderten war die Textstelle, die anlässlich des Festes der Maria Magdalena in der offiziellen Liturgie der römisch-katholischen Kirche aus der Schrift verlesen wurde, eine Passage aus dem Hohelied, wo Magdalena assoziativ mit der im Lied beschriebenen schwarzen Braut identifiziert wird. Im sechsten Jahrhundert verkündete Papst Gregor I., dass es sich bei Maria Magdalena und Maria von Bethanien um dieselbe Person handelt: »Wir glauben, dass jene, die Lukas als ›Sünderin‹ bezeichnet und die Johannes ›Maria‹ nennt, dieselbe ist, aus der nach Markus ›sieben Teufel ausgetrieben wurden‹.«[4]

Die heilige Prostituierte

Zwar erwähnen zwei Evangelisten, nämlich Markus und Lukas, dass Maria Magdalena von sieben Dämonen besessen war und dass Jesus sie austrieb, doch nirgendwo steht, dass sie eine Prostituierte war. Dennoch hat dieses Stigma sie durch die ganze Christenheit verfolgt. Vielleicht wurde die ursprüngliche Geschichte von Jesu Salbung in Bethanien durch die Frau mit dem Alabasterkrug vom Verfasser des Lukasevangeliums missverstanden, der dieses Ereignis fast fünfzig Jahre später niederschrieb. Die Salbung durch die Frau in Bethanien ähnelte einem bekannten Ritus, den im römischen Weltreich die heilige Priesterin oder »Tempelprostituierte« der Göttin ausführte. Selbst der Begriff *Prostituierte* ist unzutreffend. Diesen Ausdruck haben moderne Übersetzer als Bezeichnung der *Hierodulae* oder »heiligen Frauen« gewählt, die in den Tempeln der Göttin dienten und im Alltagsleben der klassischen Welt eine wichtige Rolle spielten. Als Priesterinnen der Göttin lässt sich ihre Bedeutung über viele Jahrhunderte bis in die neolithische Zeit (7000–3500 v. Chr.) zurückverfolgen, also in jene Epoche, in der Gott überall im heutigen Nahen Osten und Europa als *weiblich* verehrt und angebetet wurde.

In der Antike betrachtete man die Sexualität als etwas Heiliges, als ein besonderes Geschenk der Liebesgöttin, und die Bürger Griechenlands und Roms verehrten die Priesterinnen, die der Liebesgöttin in den Tempeln des Nahen Ostens dienten, als heilig. Sie wurden »geweihte Frauen« genannt und tief verehrt, da mit Hilfe ihrer Anrufungen die Göttin Liebe, Fruchtbarkeit und Ekstase spendete. In gewissen Epochen der jüdischen Geschichte waren sie sogar Teil des Tempelrituals in Jerusalem, obwohl einige Propheten Jahwes den Einfluss der Göttin missbilligten, die in jener Gegend »Ashera« genannt wurde. Nachdem an archäologischen Ausgrabungsstätten in Israel buchstäblich tausende von Figurinen der sumerisch-kanaanitischen Göttin der Liebe (Inanna, Astarte) gefunden wurden, die ihre Brüste in den hohlen Händen hält, sind die Experten davon überzeugt, dass überall im alten Israel die hebräische Version dieser Göttin angebetet wurde. In jeder Stadt des römischen Weltreiches, einschließlich Jerusalem, war die Priesterin der Liebesgöttin ein gewohnter Anblick.

Im Zusammenhang der Evangelien könnte die Frau mit dem Alabasterkrug voll Salböl durchaus eine dieser Priesterinnen gewesen sein. Sonderbarerweise war Jesus offenbar nicht im Geringsten beleidigt, als sie ihn salbte. Er sagte sogar seinen Freunden, die im Haus Simons in Bethanien zum Festmahl versammelt waren, dass die Frau ihn für seine Beerdigung gesalbt habe (Mk.14:8, Mt. 26:12). Die frühchristliche Gemeinschaft, die diese Geschichte als mündliche Überlieferung bewahrte, kann die Bedeutung dieser Aussage unmöglich missverstanden haben. Die Salbung vor der Beerdigung war ein wichtiges Element des im gesamten Mittelmeerraum verbreiteten kultischen Ritus der sterbenden/wieder auferstehenden Sonne und der Fruchtbarkeitsgötter.

Den Bürgern des Weltreiches war die Salbung durch die Frau mit dem Alabasterkrug aufgrund der kultischen Rituale ihrer Liebesgöttin wohlbekannt. Doch in noch früherer Zeit war die Salbung des heiligen Königs ausschließlich einer königlichen Braut vorbehalten gewesen. Jahrtausendelang war ebendiese Kulthandlung Teil eines Hochzeitsritus und wurde von einer Tochter des Königshauses ausgeführt, wobei erst dieser Hochzeitsritus ihrem Gemahl die Königswürde verlieh.

In dieser fernen Zeit, ungefähr bis zum dritten vorchristlichen Jahrtausend, waren die meisten Gesellschaftsformen im Nahen und Mittleren Osten matriarchalisch: Besitz und Stellung wurden durch die Linie der Mutter und Königin übertragen. Viele Königshäuser dieses Gebietes hielten sogar noch in der Antike an dieser Sitte fest. Sowohl die Königin von Saba als auch Kleopatra regierten als dynastische Erbinnen. Fast zeitgleich mit Jesu Leben gründete der edomitische König Herodes der Große (37–4 v. Chr.) seinen Anspruch auf den Thron Israels ausschließlich auf seine Ehe mit Mariamne, die dem hasmonidischen Haus der Makkabäer entstammte, den letzten legitimen Herrschern Palästinas.

Kulte des Königsopfers

Im ersten Jahrhundert fanden sich überall in der hellenisierten römischen Provinz Palästina Spuren der uralten matriarchalischen Sitten und der Verehrung der Göttin. Wahre Fundgruben für diese archaischen Mythen und Sitten waren die Kulte der örtlichen Fruchtbarkeitsgötter. Die Salbung durch die Frau in den Evangelien erinnert an die Liebespoesie, die sich auf die Rituale der »Heiligen Ehe« bezieht, der Feier der Vereinigung eines örtlichen Götterpaares. Es ist nicht auszuschließen, dass genau dies auch die wahre Bedeutung der Salbung von Bethanien war: die Heilige Hochzeit des geopferten Königs. Die hellenisierten Christengemeinden, die in den Städten des römischen Weltreichs Jesu Lehre hörten, hätten die mythologische Dimension ganz sicher verstanden – immerhin hielten sich dort die Kulte der Liebesgöttin noch bis zum Ende des fünften Jahrhunderts! Und im Johannesevangelium ist die Frau – die Braut –, die im Zusammenhang mit der Salbung genannt wird, Maria von Bethanien.

Und doch ist es in der westlichen Kunst immer jene Maria namens »Magdalena«, die das Alabastergefäß mit dem kostbaren Salböl trägt, und an ihrem Feiertag wird in der römisch-katholischen Kirche traditionell die Geschichte der Braut aus dem Hohelied (Hld. 3:2–4) verlesen, die von ihrem Bräutigam/Geliebten getrennt wurde und nach ihm sucht. Auf den Gemälden des Mittelalters und der Renaissance sehen wir Magdalena stets mit offenem Haar neben Maria, Jesu Mutter, am Fuß des Kreuzes stehen; und sie ist es, die in den Abbildungen von der Disposition (der Kreuzesabnahme) seine Füße küsst.

Diese Gemälde rufen uns die Mythologien mehrerer heidnischer Sonnen-/Fruchtbarkeitsgötter ins Gedächtnis (Osiris, Dumuzi und Adonis), die geopfert wurden und wieder auferstanden. In all diesen Szenen beugt sich die trauernde Witwe (Isis, Inanna und Aphrodite) über den Körper ihres Geliebten, lässt ihrem Schmerz und ihrer Verzweiflung freien Lauf und klagt bitterlich über seinen Tod. Die ägyptische Mythologie berichtet zum Beispiel, das Isis, die Schwester-Braut des Osiris, über seinem gemarterten Körper betete und seinen Sohn Horus posthum empfing. In all diesen Kulten ist es die *Braut,* die den Tod des geopferten Gottes beklagt. In der Dichtung, die bei der kultischen Verehrung der Göttin Isis zitiert wurde, stimmen einige Zeilen wörtlich mit dem Hohelied überein und andere sind sinngemäße Umschreibungen.[5] In jüngerer Zeit sind den Forschern Ähnlichkeiten zwischen den erotischen Symbolen des Hohelieds und der babylonischen, sumerischen und kanaanitischen Liebesdichtung aufgefallen. Diese Anhaltspunkte wurden im zwanzigsten Jahrhundert auf Keilschrifttafeln in uralten Tempeln und Archiven entdeckt.

Die verlorene Braut der christlichen Tradition verbirgt sich knapp unter der Oberfläche jener älteren, archaischeren Mythen und Geschichten. Eine sehr alte Tradition der westlichen Kirche identifiziert Maria von Bethanien mit Maria Magdalena und in der mittelalterlichen Kunst ist diese Frau außerdem identisch mit der Schwester-Braut archaischer Überlieferungen.

Für unsere Geschichte ist das Konzept der Schwester-Braut in diesen Mythen von größter Bedeutung. Die Braut, in uralter Zeit die Mond- oder Erdgöttin, war viel mehr als nur die Gemahlin des Sonnengottes. Sie war die vertraute Freundin und Partnerin ihres Bräutigam-Gottes, sein Spiegelbild oder seine »andere Hälfte«, ein weibliches Alter Ego oder eine Zwillingsschwester. Aus diesem Grund blieb das Spiegelsymbol in der Ikonographie der Göttin erhalten. Ohne sie war der archetypische Bräutigam nicht vollständig! Ihr Verhältnis umfasste viel mehr als die reine Sexualität; es beinhaltete eine tiefe geistige Vertrautheit und »Verwandtschaft«, was in dem Wort *Schwester* zum Ausdruck kommt. Die Heilige Ehe des Bräutigams mit der Schwester-Braut beschränkte sich nicht auf körperliche Leidenschaft; sie bezog tiefste geistige und emotionale Ekstase mit ein.

Die frühkirchlichen Christen erkannten in Maria Magdalena sofort die dunkle Schwester-Braut aus dem Hohelied, das zu den kanonisierten jüdisch-christlichen Schriften gehört. In einem Buch mit dem Titel *Venus in Sackcloth* untersucht Marjorie Malvern die Verwandlung Maria Magdalenas von einer Prostituierten zu Jesu Spiegelbild und Freundin, die sich in zwei Jahrtausenden westlicher Kunst und Literatur vollzogen hat.[6] In diesem Buch zeigt Malvern den Wandel in der Kunst des zwölften Jahrhunderts auf, als man damit begann, Maria Magdalena im gleichen Stil und in der Mythologie von Venus/Aphrodite und anderen Liebesgöttinnen, deren Domäne Fruchtbarkeit und Ehe war, als Jesu Partnerin darzustellen.

Malvern nimmt an, dass dieser Wandel auf den Kontakt mit der arabischen Liebesdichtung zur Zeit der Kreuzzüge zurückging. Sie zeigt auf, dass diese intime Dimension später, im dreizehnten Jahrhundert, unterdrückt wurde und dass man Jesu Mutter in eine Erhabenheit erhob, die sie in den Evangelien gar nicht besitzt. Auch berichtet sie, wie begeistert im Mittelalter zeitgenössische »Passionsspiele« aufgenommen wurden und dass die Menschen besonders von jenen Szenen fasziniert waren, die die Salbung in Bethanien und die Begegnung zwischen Magdalena und dem auferstandenen Jesus im Garten zeigten.

Ich glaube, dass diese erstaunliche Transformation Maria Magdalenas von der Prostituierten zur Schwester-Braut, die sich in den künstlerischen Darstellungen des zwölften Jahrhunderts vollzog, auf die Ausbreitung der Häresie vom Heiligen Gral zurückzuführen ist. Maria, wie sie in vielen mittelalterlichen Gemälden dargestellt wurde, war keine »reuige Sünderin« oder »bekehrte Prostituierte« und sie war auch nicht nur eine Freundin. Sie war seine Geliebte.

Viele neigen wahrscheinlich dazu, die Vorstellung, dass Jesus mit Maria Magdalena, der Schwester des Lazarus, verheiratet war, zurückzuweisen. Der Grund dafür ist der Glaube, die Evangelien hätten uns davon berichtet, wenn Jesus verheiratet gewesen wäre. Und doch findet man schon bei einer näheren Untersuchung der Schrift viele Hinweise auf eine solche Ehe. Vielleicht sollten wir also unsere Suche mit einer genaueren Untersuchung des Hohelieds beginnen, jenes Liebesgedichts, dessen hocherotische Symbolik auch durch eine allegorische Deutung nicht kaschiert werden kann. Wir werden auch das Leitmotiv von Braut und Bräutigam sowohl in den hebräischen Schriften als auch in den christlichen Evangelien genau untersuchen. Später werden wir uns der Suche nach dem Heiligen Gral zuwenden. Doch zunächst wollen wir die archaischen Riten der Heiligen Hochzeit studieren, wie sie im Nahen Osten und im Hohelied des archetypischen Brautpaars gefeiert werden.

KAPITEL II

Der Bräutigam

»Und doch wird man wieder Freudenrufe und Jubelschreie hören in den Städten Judas und in den Straßen Jerusalems, die nun verlassen sind: die Stimme des Bräutigams, die Stimme der Braut ...« (Jes. 33:10b–11a). Das Thema des Brautpaares zieht sich durch die Bücher der hebräischen Propheten wie das Leitmotiv durch eine Oper. Die »Stimmen der Braut und des Bräutigams, die man im ganzen Land hört« sind ein Symbol des Segens und der Freude für die ganze Gemeinschaft.

Im Buch des hebräischen Propheten Ezekiel (16:3–63) fand Gott seine Braut, als sie noch ein Kind war, nackt und verlassen. Er wurde ihr Erzieher, gab ihr Kleider und Nahrung und sorgte für sie, bis sie ins heiratsfähige Alter kam, und heiratete sie dann. Doch sie war ihm nicht treu. Dies ist eins der immer wiederkehrenden Themen in den Schriften der Hebräer – Gott ist der getreue Bräutigam und seine symbolische »Braut«, die Gemeinschaft des Bundes, ist ihm untreu.

Das ganze Buch Hosea befasst sich mit der Liebe Gottes zu seinem ungetreuen Volk, die sich in der unerschütterlichen und nachsichtigen Liebe Hoseas für seine Frau, die Prostituierte Gomer, widerspiegelt. Der hebräische Prophet Jesaja verheißt eine Zeit, in der Gott wieder für sein Volk eintreten und sein Land wieder fruchtbar machen wird: »... wie sich ein Bräutigam seiner Braut erfreut, so wird dein Gott sich an dir erfreuen« (Jes. 62:5b).

Das Thema des Brautpaares der Heiligen Ehe taucht in den hebräischen Schriften häufig auf. Eine bekannte, aber seltsame

Stelle aus dem dreiundzwanzigsten Psalm, der König David zugeschrieben wird, erinnert an die archaische Zeit, als Gott noch mit der Rolle der Braut identifiziert wurde: »Du tischst mir ein Festmahl auf und salbst mein Haupt mit Öl.« In dieser Zeile wird Gott als weiblich dargestellt; in den uralten Riten des Nahen Ostens war die Göttin die Braut, die ihren auserwählten Gemahl salbte und ihm zugleich mit ihrer Gunst auch die Königswürde verlieh. Dies ist die Große Göttin der neolitischen Kulturen, die der indo-arischen Invasion vorausgingen. Eine grobe Datierung des Göttinnen-Kultes in diesen alteuropäischen und nahöstlichen Zivilisationen ist die Zeit zwischen 7000 und 3500 v. Chr., doch offiziell wurde die Göttin erst im Jahr 500 n. Chr. aus diesem Gebiet verbannt, als ihr letzter Tempel schließlich geschlossen wurde.[1] Nun lagen die anmutigen Säulenhallen ihres irdischen Wohnsitzes verlassen da und wurden ein Versammlungsort der Vögel, und die Statuen, ihre eleganten Ebenbilder, wurden in Karren fortgeschafft und bis zur Unkenntlichkeit zerschmettert.

Das Hieros Gamos

Wir haben bereits erwähnt, dass in den nahöstlichen Religionen der Sumerer, Babylonier und Kanaaniter die rituelle Salbung des Königshauptes mit Öl von der königlichen Erbin oder Prinzessin durchgeführt wurde, die die Göttin verkörperte. Im Griechischen hieß dieser Ritus *hieros gamos* oder »Heilige Hochzeit«. Die Salbung des Hauptes besaß eine erotische Bedeutung, da das Haupt den Phallus symbolisiert, der während des körperlichen Vollzugs der Ehe durch die Vereinigung mit der Frau »gesalbt« wird. Den erwählten Bräutigam salbte die königliche Priesterin, die Stellvertreterin der Göttin. Liebeslieder, Jubel und Danksagungen begleiteten das Paar, und nachdem ihre Vereinigung vollzogen worden war, feierten die Bürger der ganzen Stadt die Hochzeit mit einem üppigen Festmahl. Manchmal dauerte das Fest tagelang. Der Segen der königlichen Vereinigung würde sich in der Fruchtbarkeit der Felder und Herden und im Wohlergehen der Gemeinschaft widerspiegeln.

Der König/Gemahl erhielt seine Königswürde durch seine Vereinigung mit der Priesterin. Nun nannte man ihn den »Gesalbten« – auf Hebräisch »Messias«. Diejenige, die das Haupt des Königs salbte und ihm ein Festmahl auftischte – die seinen Kelch mit Segen füllte und ihn gegen seine Feinde verteidigte –, war in den archaischen Riten des Nahen Ostens die Große Göttin. Die heilige Vereinigung ihrer königlichen Priesterin mit dem auserwählten König/Gemahl wurde als Quell der Erneuerung, Lebenskraft und Harmonie für die gesamte Gemeinschaft gefeiert.

Später spiegelte sich diese archaische Sitte in den jährlichen Fruchtbarkeitsriten wider, die oft zur Feier des neuen Jahres begangen wurden. In einigen Kulten des mesopotamischen Raumes wurde der auserwählte Gemahl der örtlichen Tempelpriesterin rituell geopfert, um die fortdauernde Fruchtbarkeit des Landes zu gewährleisten. Man glaubte, dass das »Einpflanzen« des geopferten Königs den Feldern reiche Ernte und den Menschen Wohlstand bringen würde.

Die indo-arische Invasion (ca. 3500 v. Chr.) brachte das Konzept einer höchsten, männlichen Gottheit, deren Ärger und Zorn es zu besänftigen galt. Im Lauf der Jahrhunderte wurde die Anbetung der großzügigen Göttin allmählich durch die Kulte des allmächtigen männlichen Gottes verdrängt.

Folgerichtig übernahmen in Palästina seit der patriarchalischen Auslegung des unsichtbaren Gottes als männlichem Herrscher die Propheten die uralte Aufgabe, den König zu salben, ein Amt, das bisher den königlichen Priesterinnen der Großen Göttin vorbehalten gewesen war. Im elften Jahrhundert v. Chr. überredete das Volk Israel seinen Gott (gegen Gottes besseres Wissen, wie uns die Schrift überliefert), ihm nach dem Vorbild seiner heidnischen Nachbarn die Einsetzung eines Königs zu erlauben. In der Schrift wird berichtet, dass Jahwe den Wunsch seines Volkes nur zögernd erfüllte; er selbst hatte der einzige Herrscher Israels bleiben wollen. Doch er gab nach und erteilte endlich dem Propheten Samuel die Erlaubnis, erst Saul (ca. 1020 v. Chr.) und danach David (1000–960 v. Chr.) zum König von Israel zu salben. Beachtenswert ist Davids Ehe mit Michal, der Tochter König Sauls, denn damit folgte er der uralten Tradition, durch Heirat Anspruch auf die Königswürde zu erheben. In den folgenden Jahrhunderten war es das Vorrecht der Priester des Tempels in Jerusalem, den König zu salben, etwas, was einst das alleinige Vorrecht der königlichen Braut gewesen war.

Mit dem Aufkommen der höchsten männlichen Gottheit, die in den nahöstlichen Zivilisationen die Göttin ersetzte, festigte sich die Rolle des Königs als Stellvertreter der Gottheit, so wie einst die königlichen Priesterinnen die Große Göttin verkörpert hatten. Ein Gedicht, das um 2100 v. Chr. in Sumer geschrieben wurde, nennt Marduk, die herrschende Gottheit Babylons, »den Bräutigam meines Wohlergehens«.[2] Die hebräischen Propheten übernahmen diese Auffassung von Gottes intimem Verhältnis zu seinem Volk (Ez. 16; Hos. 2; Jes. 54, 62; Jer. 2, 3). Und im griechischen Neuen Testament finden wir in allen vier Evangelien im Zusammenhang mit Jesus das Motiv des Bräutigams.

Es gibt im Neuen Testament eine Menge Indizien dafür, dass Jesus das intime, eheähnliche Verhältnis zwischen Gott und der Gemeinschaft des Bundes nicht nur verstand, sondern selbst sogar bewusst die Rolle des Bräutigams/Königs des Volkes übernahm. Aus den Evangelien geht klar hervor, dass Jesus nicht gekommen war, um die Vorherrschaft Roms umzustürzen. Die Gleichnisse in den Evangelien enthalten wiederholt Anspielungen auf das Hochzeitsthema, und Jesus wird häufig als Bräutigam dargestellt.

Jesus der Bräutigam

Das palästinensische Volk hatte seit langem auf die Ankunft des Messias gewartet, auf Gottes Gesalbten, der sie von der drückenden römischen Gewaltherrschaft und der illegitimen, despotischen Regentschaft der unberechenbaren herodischen Machthaber befreien sollte. Viele Juden hofften auf das Erscheinen eines Messias aus dem Haus Davids, der die Feinde Israels mit mächtiger Hand vernichten würde; so hatten es ihre Propheten verheißen. Sowohl die puristische religiöse Gemeinschaft von Qumran als auch die politisch radikalen Zeloten lebten täglich in der Erwartung, dass sich diese Prophezeiungen erfüllen würden.

Nach Jesu Tod wandelte sich die Interpretation der Prophezeiungen. Die Hoffnung auf ein weltliches Königreich wandte sich einem späteren, »himmlischen« Königreich eines kommenden Zeitalters zu. Jesajas Schilderung des »leidenden Dieners« – Symbol des willigen Opferlammes, das in Herrlichkeit zurückkehrt, um die Unterdrückten zu erretten – ist seit der zweiten Hälfte des ersten Jahrhunderts bis zum heutigen Tag der vorherrschende Mythos des Christentums.

Jesus selbst scheint dagegen seine Rolle als Stellvertreter Jahwes verstanden zu haben – als himmlischer Bräutigam Israels. Als gesalbter König und »getreuer Sohn« wird er zum Wohl der Gemeinschaft geopfert.

Der Evangelist Markus bereitet diese Offenbarung von Jesus als Bräutigam/König Israels sorgfältig vor. Er berichtet von seiner Ankunft in der Umgebung Jerusalems vor dem Passahfest. Als sie sich Jerusalem nähern, schickt Jesus zwei seiner Jünger voraus nach Bethanien, um ein »Eselsfohlen zu beschaffen, das noch nie jemand geritten hat« (Mk.11:2). Sie warfen dem Esel ihre Umhänge über den Rücken und Jesus ritt auf ihm in Jerusalem ein. Das Volk breitete Umhänge und Zweige über die Straße und verkündete »das kommende Königreich unseres Vaters David« (Mk. 11:10).

Mit diesem Ereignis erfüllte sich eine messianische Prophezeiung aus dem Buch des hebräischen Propheten Sacharja. Jesus spielte nicht zufällig eine Rolle darin; sein Eselsritt war ein bewusster, symbolischer Akt, durch den er ausdrücklich und unwiderruflich seine Bestimmung zum Messias verkündete:

> Freue dich, o Tochter Zions!
> Jubelt, ihr Töchter Jerusalems!
> Seht, euer König kommt,
> er ist gerecht und bringt euch das Heil,
> er ist gütig und reitet einen Esel,
> ein bescheidenes Eselsfohlen.« (Sach. 9:9)

Zur Zeit des ersten Buches Mose und der Chroniken pflegten charismatische Führer, die mit friedlichen Absichten kamen, auf einem Esel zu reiten, während ein »Kriegerkönig« ein Schlachtross ritt und Waffen trug.[3] Als Salomo zum König Israels gesalbt wurde, sorgte sein Vater David dafür, dass sein Sohn seinen eigenen königlichen Esel ritt (1 Kön. 1:33–38). Indem er bei seinem Einzug in Jerusalem ein Eselsfohlen reitet, verkündet der Jesus des Markusevangeliums seine Berufung zum Friedenskönig. Doch zugleich gab er sich damit auch als Erbe Davids zu erkennen, eine Tat von ungeheurer politischer Tragweite. Er verkündete die Erfüllung von Sacharjas Prophezeiung: »Euer König stiftet Frieden unter den Völkern; seine Herrschaft erstreckt sich von einem Ufer des Meeres zum anderen« (Sach. 9:10).

Die Frau mit dem Alabasterkrug

Bethanien ist noch immer ein kleines Dorf an dem südöstlichen Ausläufer des Ölberges. In Sacharja 14 finden wir die apokalyptische Erwartung, dass der Herr, wenn er kommt, um Israel vor seinen Feinden zu retten, zum Ölberg kommen wird: »An diesem Tag wird er auf dem Ölberg stehen, im Osten Jerusalems ...« (Sach. 14:4). Diese Prophezeiung machte den Ölberg zum Schauplatz messianischer Erwartung. Während der Passahwoche kehrte Jesus, nachdem er den Tag in Jerusalem verbracht hatte, jeden Abend nach Bethanien auf den Ölberg zurück. Auf diesem Berg wurde er von der Frau mit dem Alabasterkrug gesalbt.

Die Geschichte der Salbung durch die Frau in Bethanien gehört zu den wichtigsten Ereignissen, die in den Evangelien des Neuen Testaments niedergeschrieben wurden. Es muss von großer Bedeutung sein, da alle vier kanonisierten Evangelien davon berichten, was äußerst selten vorkommt. Die Geschichte von der Salbung ist von sämtlichen überlieferten Begebenheiten im Leben Jesu mit Sicherheit der intimste Ausdruck von Eros/Beziehung und nötigt uns schon allein deshalb zu genauerer Betrachtung. Trotzdem hat sie nicht die Beachtung gefunden, die sie verdient. Welche Bedeutung verbirgt sich hinter der Tat dieser Frau aus Bethanien? Ist es nicht mehr als wahrscheinlich, dass die Frau, die Jesus während des Festmahls salbte, mit der Frau identisch ist, die ihm am frühen Ostermorgen in der Nähe des Grabes im Garten begegnete?

Eines Abends, berichtet Markus 14:3, »saß Jesus nach dem Essen am Tisch ... da näherte sich ihm eine Frau mit einem Alabasterkrug.« Man kann die Handlung der Frau in Bethanien als prophetische Bestätigung von Jesus als Messias, als Gesalbtem, verstehen; eine Tat, die als politisch gefährlich galt, da sie ihn zum rechtmäßigen König erklärte.[4]

Im alten Israel verlieh man Königen, Priestern und Propheten ihre Autorität als »auserwählte« Stellvertreter Jahwes, indem man sie mit Öl salbte. Das heilige Olivenöl wurde von den Tempelpriestern sorgfältig vorbereitet und in genau vorgeschriebener Weise mit anderen Zutaten gemischt: mit Zimt, Myrrhe, süßer Schilfpalme und Kassiaöl.[5] Es war bei Strafe des Ausschlusses aus der Gemeinschaft verboten, es zu weltlichen Zwecken zu verwenden. Doch die Frau von Bethanien benutzte nicht das geweihte Öl der Tempelpriester. Sie öffnete »… ein Alabastergefäß mit sehr kostbarem Parfüm aus reinem Nardenöl. Sie zerbrach das Gefäß und goss es ihm über das Haupt« (Mk. 14:3–4).

Heutige Forscher glauben, dass »reines Nardenöl« vielleicht eine Entstellung des griechischen Wortes für *Nardostachy jatamansi* ist. Diese aromatische Salbe war ein sehr seltenes und teures Parfüm und wurde aus einer indischen Pflanze gewonnen. Im hellenisierten Palästina trugen wohlhabende Frauen manchmal eine kleine Menge dieser Salbe in einer Alabasterphiole, dem »alabastron«, an einer Kette um den Hals.[6] Eine solche Phiole war oft ein Teil der Mitgift. Dieses Fläschchen wurde zerbrochen, um den Körper des geliebten Verstorbenen mit seinem Inhalt zu salben. Die Scherben des Gefäßes wurden im Grab zurückgelassen.[7]

Abgesehen von den Evangelien, die von der Salbung mit dem teuren Parfüm berichten, wird *Nardostachy jatamansi* noch an einer anderen Stelle in der Heiligen Schrift erwähnt: »Für das Festmahl des Königs verbreitet meine Narde ihren Duft« (Hld. 1:12). Im Hohelied, dem uralten Lobgesang auf die Heilige Ehe, ist es das Nardenöl der Braut, dessen Duft den Bräutigam/König während seines Festmahls einhüllt.

Das Hohelied der Liebe

Die moderne Erforschung der Ursprünge und Bedeutung des Hohelieds wirft ein neues Licht auf die Salbung in den Evangelien. Man nimmt an, dass das Hohelied ursprünglich eine liturgische Litanei war, die während der Riten der Heiligen Hochzeit (des *hieros gamos*) rezitiert wurde. Es hat große Ähnlichkeit mit der Liebesdichtung der archaischen Fruchtbarkeitsreligionen von Sumer, Kanaan und Ägypten.[8]

Zur Zeit Christi war das Hohelied in Palästina sehr beliebt. In Höhle IV der Klostergemeinschaft bei Qumran wurden zwei Fragmente des Liedes entdeckt (verborgen ca. 68 n. Chr.). Dies beweist, wie beliebt es im ersten Jahrhundert in der Gemeinschaft war, die die Schriftrollen versteckte. Es gibt eine griechische Übersetzung aus dem Jahr 100 v. Chr. Von Rabbi Aqiba, einem berühmten jüdischen Gelehrten und Lehrer (der im Jahr 135 n. Chr. starb), ist folgendes Zitat überliefert: »Nicht einmal die ganze Welt ist so viel wert wie der Tag, an dem Israel das Hohelied gegeben wurde, denn alle Schriften sind heilig, doch das Hohelied ist das Allerheiligste.«[9] Derselbe Rabbi nahm daran Anstoß, dass das Lied überall auf den Straßen und in den Festsälen gesungen wurde, so populär war es im Palästina seiner Zeit. Die jüdischen Rabbis achteten das Hohelied und hielten es heilig, da sie es als allegorische Darstellung der Liebe Jahwes zu seiner »Braut«, dem Volk Israel, verstanden.[10] Vielleicht bewahrten die Rabbis das Lied auch deshalb als Teil ihrer Heiligen Schrift, weil sie glaubten, König Salomo habe es geschrieben. Jedenfalls scheint es im Jerusalem des ersten Jahrhunderts »in aller Munde« gewesen zu sein.

Das Lied und der Kult des Bräutigams

Einige moderne Forscher glauben, dass das Hohelied als Teil eines sumerischen Fruchtbarkeitskultes für Dumuzi und Inanna entstand, deren Mythos im archaischen Nahen Osten mehrere Jahrtausende lang weit verbreitet war. Auf einigen erst kürzlich entzifferten Keilschrifttafeln wird Dumuzi in einem Liebesgedicht als »Hirte« und »getreuer Sohn« bezeichnet,[11] beides Beinamen, die man später auch Jesus gab! Die Geliebte Dumuzis wird als »Schwester« und »Braut« bezeichnet. Der König wurde als »auserwählter Sohn« betrachtet, weil die Gottheit »ihn im Leib seiner Mutter geformt hat«.[12] Er wurde für seine Rolle gesalbt, die auch seinen rituellen Tod und seine Beerdigung mit einschloss: Es war die Pflicht des Königs, sich mit der Göttin, der Mutter Erde (Inanna), zu vereinigen. Nach der Hochzeit wurde Dumuzi rituell gefoltert, getötet und begraben, um die Ernte und den Bestand der Herden zu sichern. Es war dem König nicht erlaubt, alt und schwach zu werden oder seine Kraft und Vitalität zu verlieren, denn das Leben seines Volkes war ein Spiegelbild seiner Potenz. Eine Schwächung seiner Kraft schwächte zugleich auch das Volk.

In manchen Riten wurde der gemarterte König in ein Grab gelegt und dann nach kurzer Zeit, gewöhnlich nach drei Tagen, wieder »auferweckt«. Die liturgische Dichtung umfasst die Klage Inannas über Dumuzis Tod, die Suche der Göttin nach ihrem verlorenen Gott und ihren Jubel, wenn er zurückkehrt.[13] Dieser Teil des weit verbreiteten Bräutigam-Mythos der heidnischen Kulte wiederholt sich im Johannesevangelium, wenn Maria Magdalena zu Ostern dem auferstandenen Jesus in der Nähe seines Grabes begegnet. Und in der christlichen Kunst begegnen wir ihm in den Pietàs und in den Gemälden der Disposition, der Abnahme vom Kreuz.

Der Kult des toten und wieder auferstandenen Dumuzi breitete sich zugleich mit den Beinamen »der Hirte« und »der Gesalbte« bis nach Palästina aus. Dumuzi war das archaische Urbild des Bräutigams. Wie wir schon erwähnten, schrieb die archaischere Sitte des Nahen Ostens vor, dass eine königliche Prinzessin aus der weiblichen Linie ihrem Gemahl die Königswürde verlieh, da eine Ehe mit der Stellvertreterin der Göttin für diesen Rang unerlässlich war.

Im alten Israel waren die Riten der Pflanzen- und Fruchtbarkeitsgötter und -göttinnen allgemein bekannt. Zum Beispiel wird in Ezekiel 8:14 dem Propheten eine Gruppe hebräischer Frauen gezeigt, die den Tammuz beweinen, eine babylonische Fruchtbarkeitsgottheit, die Dumuzi entspricht. Dem Propheten erschien dies als verabscheuungswürdig. Tatsächlich hatten Israels Propheten schon seit langem darüber geklagt, dass das Volk seiner männlichen Gottheit Jahwe untreu war. Offenbar wandte sich die untreue Gemeinschaft immer wieder der heidnischen Verehrung Asheras (Astartes) und Baals zu, den örtlichen Erscheinungsformen der babylonischen Götter Inanna und Dumuzi.[14] In den Worten der Propheten »hurten sie mit falschen Göttern«.

Während der Zeit des griechischen Einflusses (333–30 v. Chr.) und bis in die Zeit des römischen Weltreiches hinein wurden die Rituale für die geopferten Sonnengötter, ebenso wie für die Erd- oder Mondgöttinnen, verändert, ausgetauscht und mit den Riten angrenzender Gebiete vermischt. In einem liturgischen Gedicht aus dem Kult der ägyptischen Göttin Isis, der Schwester-Braut des verstümmelten Sonnengottes Osiris, finden wir Zeilen, die mit dem Text des Hohelieds wörtlich oder sinngemäß übereinstimmen.[15] Uralte Statuen der Isis, die über dem Leichnam des Osiris klagt, wurden zum Vorbild für die mittelalterlichen Pietàs. Über die Ursprünge der Liebesdichtung der Heiligen Ehe gibt es die verschiedensten Theorien, doch eins steht fest: Zu Jesu Lebzeiten waren in Palästina die Riten des sterbenden und wieder auferstehenden Fruchtbarkeitsgottes allgegenwärtig.

Der Hirte/König und seine Braut

Vielleicht ist es unmöglich, den genauen Ursprung des biblischen Hohelieds festzustellen, doch seine Bedeutung ist klar: Es ist das Hochzeitslied des Hirten/Königs und seiner Braut. In der hellenisierten Welt waren die Riten des *hieros gamos* so verbreitet, dass die Salbung von Jesus unmöglich hätte missverstanden werden können. Der Autor des Markusevangeliums ist ein Meister darin, bestimmten Ereignissen eine mythische Dimension zu verleihen. Das Stillen des Sturmes, die Reinigung des Tempels und andere Geschichten verkünden in seinem Evangelium die mythische Identität Jesu durch seine Taten. Und die Geschichte von der Salbung durch die Frau in Bethanien ist keine Ausnahme.

Jesu Reaktion auf die Salbung macht deutlich, dass er den Vorgang erfasste und guthieß und dass er seine mythische Rolle als geopferter Bräutigam/König annahm. In der gesamten griechischen Bibel finden wir Anspielungen auf das messianische »Hochzeitsfest«, und die Evangelien stecken voller Anspielungen auf Jesus als »Bräutigam«. Auch in den gnostischen Evangelien, die 1945 im ägyptischen Nag Hammadi entdeckt wurden, werden der Bräutigam und die Brautkammer häufig erwähnt, was die Verbreitung dieses Themas unter einigen frühchristlichen Sekten beweist.[16]

In Markus 2:19–20 erwähnt Jesus die Tatsache, dass seine Jünger nicht fasten: »An dem Tag, an dem der Bräutigam von ihnen gehen wird, an dem Tag werden sie fasten.« In Markus 14, wo die Jünger über den Wert des vergeudeten Parfüms schimpfen, klingt diese Aussage erneut an. Jesus verteidigt die Frau und sagt: »Die Armen werden immer bei euch sein … aber mich werdet ihr nicht immer bei euch haben.« Und dann erklärt er, dass die Frau seinen Körper für das Begräbnis gesalbt habe, und bestätigt damit die von ihr verkündete Heilige Ehe, die die Marter und den Tod des gesalbten Bräutigams/Königs mit einschließt.

Natürlich könnten diese häufigen Anspielungen auf Jesus als Bräutigam des Fruchtbarkeitsmythos eine Erfindung der hellenisierten Evangelisten sein. Viel wahrscheinlicher ist jedoch, dass sie ihren Ursprung in Jesus selbst und in der Tradition der hebräischen Propheten haben, die Jahwe als himmlischen Bräutigam der Gemeinschaft und Israels König als seinen »getreuen Sohn« oder »Diener«, den gesalbten Messias, verkündeten. Das Thema des Bräutigams und »getreuen Sohnes« (Begriffe, die man, wie schon erwähnt, in den sumerischen und kanaanitischen Mythologien findet) wiederholen sich in der Offenbarung des Johannes, dem letzten Buch des griechischen Neuen Testaments, das im ersten Jahrhundert n. Chr. von einem jüdischen Autor geschrieben wurde.

Judas und die Zeloten

Der vielleicht stärkste Beweis dafür, dass alle Gäste beim Festmahl in Bethanien die Bedeutung der Salbung sofort begriffen, sind die Berichte über das Verhalten von Judas. Manche moderne Forscher halten Judas für einen Zeloten, einen politischen Rechtsextremisten, der auf den Umsturz der römischen Herrschaft hoffte. Es erscheint sehr wahrscheinlich, dass Judas einer militanten zionistischen Gruppierung namens Sicarii angehörte, den »Söhnen des Dolches«. Als ihm klar wurde, dass der Erbe Davids nicht die Absicht hatte, die römische Vorherrschaft über Judäa zu stürzen, muss er tief enttäuscht gewesen sein. Jesus hatte die Rolle des Bräutigams gewählt und verkündete die Vorherrschaft Gottes durch ein universelles Hochzeitsfest, zu dem jeder eingeladen war. Aus diesem Grund ging Judas Iskariot zum obersten Priester und verriet Jesus (Mk. 14:10).

Höchstwahrscheinlich überzeugte ihn erst die Salbung davon, dass Jesus nicht der Messias war, den er erwartet hatte. Der Tag Jahwes war gekommen. Der Erwählte war auf dem Ölberg gesalbt worden, doch nicht mit dem heiligen Öl des hebräischen Rituals, sondern mit dem parfümierten Salböl einer *Frau*. Und er hatte diese Salbung nicht nur akzeptiert, sondern die Tat der Frau sogar als prophetische Handlung verteidigt, die seinen Tod und sein Begräbnis voraussagte, genau wie in den archaischen, heidnischen Riten des *hieros gamos*. Falls Judas wirklich ein fundamentalistischer Zelot war, der »das Gesetz mit glühendem Eifer suchte«, dann muss er entsetzt darüber gewesen sein, wie bereitwillig Jesus die Rolle des geopferten, heidnischen Fruchtbarkeits-/Sonnengottes übernahm.

Die in den Evangelien erzählte Version dieser Geschichte richtet sich eindeutig an neu bekehrte Christen, die den mythologischen Inhalt des Themas vom geopferten Gott sofort verstanden hätten. Denn diese heidnischen Rituale wurden in den Tempeln sämtlicher Städte des römischen Weltreichs begangen, bis der Klerus der neuen, siegreichen christlichen Kirche sie am Ende des vierten Jahrhunderts n. Chr. mit dem Bann belegte. Doch der frühe Bericht von der Salbung zu Bethanien wurde in alle vier Evangelien aufgenommen, woraus man schließen darf, dass die Augenzeugen, die als Erste davon berichteten, diesen Vorgang für besonders bedeutungsvoll hielten.

Zur Erinnerung an *Sie*

Im ganzen Markusevangelium ermahnt Jesus stets jeden, der ihn öffentlich zum »Sohn Gottes« oder »Messias« erklären will, seine Identität niemandem zu verraten. Doch in Markus 14:9 sagt er seinen Jüngern plötzlich, dass die Geschichte der Frau mit dem Alabasterkrug »zur Erinnerung an sie« immer und immer wieder erzählt werden wird. Irgendjemand, vielleicht sogar Jesus selbst, muss dieses Ereignis für so bedeutungsvoll gehalten haben, dass es in der Gemeinschaft unbedingt am Leben erhalten werden sollte. Warum?

Wenn ein wichtiges Ereignis für Diskussionen zu gefährlich ist, dann wird es in einen Mythos umgewandelt und in Form einer Geschichte weitererzählt, betont Denis de Rougement.[17] Man kann diese Auffassung aus seinem Buch *Love in the Western World [Die Liebe und das Abendland]* auf den gesamten Mythos von der Frau mit dem Alabasterkrug beziehen. Wurde die Geschichte von der Salbung/dem Hochzeitsritual deshalb als Mythos berichtet, weil die Gefahr für die Ehefrau sonst zu groß gewesen wäre? Hielt man es für sicherer, die Geschichte auf diese Weise zu erzählen, da man davon ausging, dass die

Zuhörer die Intimität der Beziehung zwischen der Frau und dem Bräutigam/König verstehen würden?

Wir sprechen hier von der *mündlichen Version* der Geschichte, die wahrscheinlich fast vierzig Jahre lang im ganzen römischen Weltreich kursierte, bevor der Autor des Markusevangeliums sie niederschrieb. Tatsächlich war das Ereignis so wichtig, dass es in der mündlichen Überlieferung in mehreren verschiedenen Versionen überlebte. Doch obwohl man es normalerweise unanständig gefunden hätte, wenn eine Frau – egal welche Frau – einen jüdischen Mann in der Öffentlichkeit berührte, gibt es kaum einen Hinweis darauf, dass Jesu Freunde am Verhalten der Frau Anstoß nahmen. Sie scheinen sich hauptsächlich über den enorm hohen Preis des vergeudeten Parfüms aufgeregt zu haben, der einem Jahreseinkommen entsprach (Mk. 14:5). Als sei es ihr persönlicher Verlust gewesen!

Und wer *war* die Frau mit dem Alabasterkrug, die Jesus salbte? Jahrhundertelang hat die Kirche sie als »Sünderin« oder als »Prostituierte« dargestellt, niemals als Braut. Und doch erkannten sowohl der Kirchenvater Origenes (185–254 n. Chr.) als auch die frühchristlichen Gemeinden im römischen Weltreich des ersten Jahrhunderts in der Magdalena die Schwester/ Braut aus den Lobgesängen. Und der Autor des Johannesevangeliums nennt diese Frau »Maria, die Schwester des Lazarus«.

Laut einer weit verbreiteten römisch-katholischen Überlieferung war der Apostel Johannes der Beschützer Marias, Jesu Mutter. Er zog (wahrscheinlich aus Sicherheitsgründen) nach der Kreuzigung mit ihr nach Ephesus. Das Johannesevangelium wurde, wenn schon nicht von Johannes selbst, so doch nach aller Wahrscheinlichkeit von seinen Jüngern in Ephesus geschrieben (ca. 90–95 n. Chr.). Dieses Evangelium enthält nachweislich wichtiges historisches Material, das in den anderen drei Evangelien nicht vorkommt. Bestimmt waren Johannes und Jesu Mutter die Quellen für dieses Material. Und obwohl dies nicht in den früheren Evangelien festgehalten wurde, hätten der

Apostel Johannes und Maria doch ganz bestimmt den Namen der Frau gekannt, die Jesus in Bethanien salbte. Es war Maria von Bethanien, seine verlorene Braut.

KAPITEL III

Das königliche Geblüt und der Weinstock

Im vierten Evangelium steht ganz deutlich, dass die Frau, die Jesus in Bethanien salbte, Maria, die Schwester des Lazarus, war. Maria Magdalenas Name wird im Zusammenhang mit der Salbung nicht erwähnt, doch sie ist es, die in den Evangelien Jesus nach Golgatha begleitet und in der Nähe des Kreuzes steht; und sie ist es, die am frühen Ostermorgen zum Grab geht, um die unterbrochene Salbung zum Begräbnis zu Ende zu bringen, die sie einige Tage davor begonnen hatte. Wir haben bereits die Überlieferung der westlichen Kirche untersucht, nach der Maria von Bethanien und Maria Magdalena traditionell ein und dieselbe Person waren. Doch warum wurde Maria von Bethanien »Magdalena« genannt? Warum musste sie aus Jerusalem fliehen? Und was wurde aus dem heiligen Geblüt, das sie in sich trug?

Die geheime Ehe

Ich bin zu dem Schluss gekommen, dass Jesus eine geheime dynastische Ehe mit Maria von Bethanien geschlossen hat und dass sie eine Tochter aus dem Stamm Benjamin war, zu dessen Erbe das Gebiet um Jerusalem, die heilige Stadt Davids, gehörte. Während jener elenden Zeit als unterdrücktes Volk hätte Israel eine Königshochzeit zwischen Jesus und einer Königstochter aus dem Stamm Benjamin als Heilsquelle empfunden.

Der erste gesalbte König Israels war Saul aus dem Stamm Benjamin und seine Tochter Michal war die Gemahlin König Davids. In der gesamten Geschichte der israelitischen Stämme standen die Stämme Juda und Benjamin einander stets am nächsten und waren einander immer die treuesten Verbündeten. Ihre Schicksale waren verflochten. Eine Königshochzeit zwischen einer Tochter Benjamins, deren Erbe das Land rings um die Heilige Stadt war, und dem messianischen Sohn Davids hätte in der fundamentalistischen Zelotenfaktion des jüdischen Volkes großen Anklang gefunden. Man hätte darin ein Zeichen der Hoffnung und des Segens in Israels dunkelster Stunde gesehen.

In seinem Roman *King Jesus* (1946) unterstellt Robert Graves, der Mythograph des zwanzigsten Jahrhunderts, dass Jesu Abstammung und Ehe nur einem kleinen Kreis königstreuer Anführer anvertraut wurde.[1] Um die königliche Blutlinie zu schützen, hätte man diese Ehe vor den Römern und den herodischen Tetrarchen geheim gehalten, und nach der Kreuzigung wäre die heilige Pflicht, seine Frau und Familie zu beschützen, jenen wenigen zugefallen, die ihre Identität kannten. Man hätte sämtliche Anspielungen auf die Ehe Jesu absichtlich verwischt, gekürzt oder ausgetilgt. Und doch wäre die schwangere Gemahlin des gesalbten Sohnes Davids die Hoffnungsträgerin Israels gewesen – die Trägerin des Sangraal, des königlichen Geblütes.

Magdal-eder, der Wachtturm der Herde

Im vierten Kapitel des hebräischen Propheten Micha finden wir eine wunderschöne Prophezeiung über die Erneuerung Jerusalems, wenn alle Völker ihre Schwerter zu Pflugscharen schmieden und unter Gott wieder versöhnt werden. Von Vers 8 an lesen wir:

> Und du (Magdal-eder), o Wachtturm der Herde,
> o Festung der Tochter Zions!
> Die frühere Herrschaft wird dir wiedergegeben;

die Königswürde kommt zur Tochter Jerusalems.
Warum weinst du nun –
hast du denn keinen König?
Ist dein Gefährte gestorben,
dass der Schmerz dich schüttelt wie Geburtswehen?
Winde dich in Qualen, o Tochter Zions,
wie eine Frau in den Wehen,
denn nun musst du die Stadt verlassen
und auf dem freien Feld wohnen.

Wahrscheinlich hat man schon in der mündlichen Überlieferung jene »Auszüge« aus dem Neuen Testament missverstanden, die Anspielungen auf Maria Magdalena enthielten, das heißt also, bereits bevor sie aufgeschrieben wurden. Ich vermute, dass das Beiwort »Magdalena« als Anspielung auf den Begriff »Magdal-eder« im Buch Micha gewählt wurde, jener Verheißung der Wiederherstellung Zions nach ihrem Exil. Vielleicht hatten die frühesten mündlichen Quellen, die das Beiwort »Magdalena« mit dem Namen Marias von Bethanien in Verbindung brachten, gar nichts mit einer unbekannten Stadt in Galiläa im Sinn, wie oft behauptet wird, sondern bezogen sich ausdrücklich auf das Buch Micha, auf den »Wachtturm« oder die »Festung« der Tochter Zions, die ins politische Exil getrieben wurde.

Der Ortsname »Magdal-eder« bedeutet wörtlich »Wachtturm der Herde« und meint einen erhöhten Aussichtspunkt, auf dem der Hirte über seine Schafe wachte. Auf Hebräisch bedeutet das Beiwort *Magdala* wörtlich »Turm« oder »erhöht, groß, prächtig«.[2] Wenn jene Maria, die so bezeichnet wurde, in Wirklichkeit die Gemahlin des Messias war, ist dieser Wortsinn von besonderer Bedeutung. Er wäre das hebräische Äquivalent des Titels »Maria die Große«. Wenn man sie so nannte, hätte man zugleich auf die Verheißung angespielt, dass der »Tochter Jerusalems« die Herrschaft zurückgegeben würde (Mi. 4:8).

In altfranzösischen Legenden ist die vertriebene »Magdal-eder«, die Flüchtlingsfrau Maria, die an der Südküste Frankreichs Zuflucht sucht, Maria von Bethanien. Die frühe französische Legende erzählt, dass Maria »Magdalena« zusammen mit Martha und Lazarus von Bethanien in einem Boot an der provenzalischen Küste Frankreichs landete. Anderen Legenden zufolge hielt Joseph von Arimathea das ehrenvolle Amt des Hüters des Sangraal, von dem ich annehme, dass dies kein wörtlich zu verstehender Kelch war, sondern *das königliche Geblüt Israels*. Das Gefäß, das das königliche Geblüt barg, muss die Gemahlin des gesalbten Königs Jesus gewesen sein.

In unserer Geschichte erscheint Jesus als charismatischer Führer, der die Rollen eines Propheten, Heilers und messianischen Königs verkörpert, der von der römischen Besatzungsarmee hingerichtet wurde und dessen Gemahlin und Blutlinie von seinen treuen Freunden heimlich von Israel nach Westeuropa verpflanzt wurde, wo sie warten, bis die Zeit reif ist und die Prophezeiung ihre Erfüllung findet. Die Freunde, die so glühend daran glaubten, dass Jesus der Messias, der Gesalbte Gottes, war, hätten die Bewahrung seiner Familie als heilige Pflicht empfunden. Das Gefäß, das die Verheißungen des Jahrtausends barg, der »Sangraal« der mittelalterlichen Legenden, jener Kelch war, wie ich inzwischen glaube, Maria Magdalena.

Der Weinstock des Herrn

In vielen Bibeltexten wird das Wort *Weinstock* als Symbol für Gottes auserwähltes Volk benutzt: »In Ägypten hast du einen Weinstock ausgegraben« (Ps. 80:9); »Das Volk Israel ist der Weinstock des Herrn der Heerscharen und die Männer Judas sind seine geliebte Pflanze« (Jes. 5:7). In mehreren Texten wird der Weinstock als weiblich verstanden: »Deine Gemahlin gleicht einem fruchtbaren Weinstock« (Ps. 128); »Deine Mutter gleicht einem Weinstock, der am Wasser steht, der viele Früchte und

Reben trägt ... doch man hat sie ausgerissen ... und nun wurde sie in die Wüste verpflanzt ... nun trägt sie keine Königsrebe, kein königliches Zepter« (Ez. 19:10–14). Bibelforscher verstehen diesen umgepflanzten königlichen Weinstock als Symbol für das Blut der Abstammungslinie König Davids von Juda, das Geblüt der Prinzen.

In den Lobgesängen kümmert sich die Braut voller Sorgfalt um die Weinreben. In Jesaja 5 bringt der rebellische Weinstock wilde Trauben hervor. Psalm 80 ist ein Gebet für die Wiederherstellung des Weinberges: »Pflege diesen Weinstock gut und beschütze, was deine rechte Hand gepflanzt hat.« Im Markusevangelium erzählt Jesus das Gleichnis von den Pächtern des Weinberges (Israel), die die Diener ihres Herrn verprügeln, als diese den Zustand der Reben inspizieren wollen, und dann den Sohn ihres Herrn umbringen. Niemand, der Jesus von Nazareth kannte und »Ohren hatte, zu hören«, zweifelte an der Identität dieses »getreuen Sohnes«. Er war der rechtmäßige Erbe des Weinberges Juda.

Die Verpflanzung von Davids »Weinstock« hätte Jesu fundamentalistische Zeloten-Freunde nicht überrascht. Sie wussten, dass dies vorausgesagt worden war (Ez. 17). Es war bereits früher geschehen, als das Volk Israel in die babylonische Sklaverei verschleppt worden war. Doch es konnte auch wieder geschehen. In Anbetracht der Gefahr für den Weinstock Judas, das königliche Geblüt, griffen seine Freunde wahrscheinlich zu extremen und vielleicht sogar verzweifelten Maßnahmen, um seine Familie zu schützen. Es wäre ihr wichtigstes Anliegen gewesen.

Die Flucht nach Ägypten

Unter der römischen Besatzungsmacht in Israel hätten die Königstreuen Palästinas die Heilige Familie um jeden Preis verborgen gehalten und beschützt. Es scheint nur logisch, dass Maria

Magdalena nach der Kreuzigung nicht mehr in Jerusalem war. In der Apostelgeschichte und in den Paulusbriefen werden weder Maria noch Martha oder Lazarus erwähnt. Es ist auf jeden Fall höchst unwahrscheinlich, dass Maria jemals als Jesu Witwe identifiziert worden ist. Die Gefahr wäre zu groß gewesen. Wahrscheinlicher ist, dass Jesu besonders enge Freunde zu der Zeit, als die Paulusbriefe geschrieben wurden (51–63 n. Chr.), nicht mehr zur Gemeinde in Jerusalem gehörten, obwohl ihr Verschwinden ohne Erklärung bleibt. Hätten sie nach der Himmelfahrt noch dazugehört, wären ihre Namen mit einiger Sicherheit in den kanonisierten Spätschriften des Neuen Testaments erwähnt worden.

Stattdessen beschränken sich die Erwähnungen Maria Magdalenas nach der Auferstehung auf die gnostischen Evangelien (von denen einige in Form uralter koptischer Schriftrollen 1945 in Nag Hammadi und an anderen ägyptischen Orten gefunden wurden). Diese Texte bestätigen, dass Maria Magdalena seine intime Gefährtin war.[3] Im Philip-Evangelium steht: »Es gab drei, die beständig mit dem Herrn wanderten: seine Mutter Maria, ihre Schwester und Magdalena, die man seine Gefährtin nennt.«[4] In diesem in Nag Hammadi gefundenen gnostischen Evangelium wird erzählt, dass Maria Magdalena die Eifersucht der Jünger weckte, weil sie die enge Vertraute oder »Gemahlin« des Herrn war, der sie oft auf den Mund küsste.[5]

Die vier kanonischen Evangelien lassen keinen Zweifel daran, dass Maria Magdalena in der Gemeinschaft der Gläubigen eine vorrangige Stellung einnahm, denn sie war die erste Person, die Jesus am Ostersonntag sah und mit ihm sprach, nachdem sie bei Tagesanbruch zum Grab geeilt war, um an seinem Leichnam die Einbalsamierungsriten vorzunehmen. Es gibt in den vier Evangelien sieben Listen von Frauen, die Jesus begleitet haben. In sechs dieser sieben Listen erscheint der Name Maria Magdalenas an erster Stelle – noch vor seiner Mutter Maria und vor allen anderen erwähnten Frauen. Schon bei Markus verdeutlicht diese Wahl der Evangelisten den Rang, den Magdalena in der christlichen Gemeinschaft innehatte – sie war die First Lady.

Die koptischen Schriftrollen wurden um 400 n. Chr. in Nag Hammadi versteckt. Zu dieser Zeit begann die orthodoxe christliche Kirche (die vom römischen Kaiser Theodosius zur offiziellen Kirche des römischen Weltreiches erklärt worden war), alle Sekten, die sie für ketzerisch hielt, zu verfolgen und ihre Dokumente zu zerstören. Man verwahrte die Schriftrollen in Tonkrügen auf, wie in den Höhlen bei Qumran am Toten Meer in der jüdischen Wüste. Nach ihrer Entdeckung in den 1940er und 50er Jahren öffneten sich den Erforschern des Christentums der frühen Jahrhunderte ganz neue Perspektiven. In vielen dieser apokryphen Dokumente wird die Führungsposition, die Maria Magdalena in den vier Evangelien innehat, noch stärker hervorgehoben. Die koptischen Schriftrollen, viele davon Pergamente aus dem zweiten und dritten Jahrhundert, sind mehrere Jahrhunderte älter als sämtliche existierenden Abschriften der kanonischen Evangelien! Und wunderbarerweise überstanden sie die Säuberung durch die Frühkirche, wie auch die Schriftrollen der Qumran-Gemeinde vom Toten Meer während der jüdischen Revolte von 66–74 n. Chr. der Vernichtung durch die römische Legion entgingen. Und das zu einer Zeit, als die Nation Israel praktisch zerstört und die christliche Gemeinschaft in Jerusalem ausradiert wurde.

Jesus und die Zeloten

Wir haben die Politik der jüdischen Zeloten zu Jesu Lebzeiten bereits gestreift. Nun wird es Zeit, uns kurz mit dem Hintergrund der Anklage zu befassen, die gegen Jesus erhoben wurde und die Pilatus, den römischen Statthalter der Provinz, dazu veranlasste, das Kreuzigungsurteil zu verhängen – ein Urteil, das seine Frau Maria in größte Gefahr brachte. Hätte man Jesus nur seine Behauptung, der Sohn Gottes zu sein, als Gotteslästerung vorgeworfen, wie es die Bibel erwähnt, dann wäre die Gefahr für seine Frau gering gewesen. Doch wenn er wegen Aufwiegelung und wegen seiner politischen Zugehörigkeit gekreuzigt wurde – wie ich darlegen will –, dann wäre sie ganz sicher gezwungen gewesen, zu fliehen.

Es gibt eine Menge Anhaltspunkte dafür, dass Jesus den rechtsgerichteten Aktivisten Israels nahe stand.[6] Zum Beispiel waren einige seiner Jünger für ihren militanten Extremismus bekannt, wobei Judas Iskariot am häufigsten erwähnt wird. Das Wort *Iskariot,* das man seinem Namen beigefügt hat, wird weitgehend als Hinweis auf seine Zugehörigkeit zu der bereits erwähnten radikalen Bruderschaft politischer Attentäter verstanden, nämlich den Sicarii oder »Söhnen des Dolches«. (Dieses Beiwort kommt vom lateinischen Wort *sica* oder Kurzdolch, den die Männer in ihrer Kleidung verbargen. Sicarius bedeutet »einer, der mit der Sica mordet«.)[7]

In Matthäus 10:4 wird ein anderer Jünger Jesu erwähnt: Simon von Kana (Qu'anan). In meiner Bibel steht in den Fußnoten, dass *Qu'anan* die Wortwurzel für »Zelot« ist. Wenn man bedenkt, dass die Geschichten aus den Evangelien mehrere Jahrzehnte lang mündlich weitergegeben wurden, bevor man sie zu Pergament brachte, dann ist es durchaus möglich, dass die Hochzeit von Kana in Wirklichkeit eine »Hochzeit der Zeloten« war. Die Konsonanten der beiden hebräischen Worte sind einander ähnlich genug, um in der mündlichen Überlieferung Verwirrung zu stiften. Vielleicht besaß diese Hochzeit von Kana für die Juden eine nationale Bedeutung – vielleicht waren Jesus und Maria Magdalena das Brautpaar. Die Verwandlung des Wassers in Wein könnte als symbolische Ausschüttung des »neuen Lebens« in die steinernen Wasserkrüge des Judentums verstanden werden – eine erneuerte messianische Hoffnung und Freude.

Geschichten über das Leben und die Lehren Jesu kursierten

mehr als dreißig Jahre lang, bevor um 70 n. Chr. unsere früheste Version, nämlich das Markusevangelium, geschrieben wurde. Linguistische Untersuchungen der Etymologie der Völker bestätigen, dass sich die Einzelheiten einer Geschichte unbeabsichtigt verändern, wenn sie durch mündliche Überlieferung weitergegeben wird. Manchmal werden Redewendungen, umgangssprachliche Ausdrücke und Namen missverstanden oder falsch geschrieben. Falls Simon von Kana Simon »der Zelot« bedeutet (woran anscheinend kein Zweifel besteht), dann könnte auch »Kana« eine Anspielung auf die Partei der Zeloten sein.

Viele Experten des Neuen Testaments sind der Meinung, dass die Anklage, die man gegen Jesus erhob – und die seine Frau in so große Gefahr brachte, dass sie aus Jerusalem fliehen musste –, nicht Gotteslästerung war, sondern Volksaufwiegelung. In seinem Buch *Jesus and the Zealots* zählt S. G. F. Brandon sorgfältig die Gründe auf, die für eine Interpretation von Jesus als politischer Persönlichkeit sprechen, der als jüdischer Messias aus dem Haus Davids eine akute Bedrohung für die Stabilität der römischen Provinz Palästina darstellte.[8] Die spontane Begeisterung, die das Volk Jesus entgegenbrachte, war für die politische Vorherrschaft Roms eine direkte Herausforderung. Man klagte ihn an, das Volk aufgewiegelt zu haben, und die Kreuzigung war die in Rom übliche Strafe für aufständische Zeloten. Tatsächlich wurden zwischen 6 n. Chr. und dem Fall Jerusalems im Jahr 70 n. Chr. hunderte jüdischer Patrioten gekreuzigt.[9]

Während die Massen Jesus von Stadt zu Stadt folgten, wollten sie ihn wiederholt zum König machen – wie die Evangelien berichten. Doch die Tat, die direkt zu seiner Verhaftung in Jerusalem führte, war das Umstürzen der Tische der Geldwechsler im Tempel während des Passahfestes. Jedes Jahr strömten Juden aus dem ganzen Weltreich nach Jerusalem, um im Tempel ihr Opfer darzubringen. Die Münzen des Weltreiches auf den Tempelboden zu schleudern, wie es Jesus angeblich getan hat, war ein radikaler Angriff auf die religiöse Obrigkeit der

Tempelpriester und Sadduzäer, auf jene regierende Oberschicht, die mit den römischen Machthabern kollaborierte, um in der Provinz Ruhe und Ordnung aufrechtzuerhalten.

Die Wüstengemeinschaft, die die Schriftrollen vom Toten Meer schrieb, hatte dem Tempelkult und seinen Priestern schon seit langem vorgeworfen, dass sie sich auf niederträchtige Weise von den Lehren der Torah und den Propheten abgewandt hatten. Sie behaupteten, der Tempel selbst sei unrein und der Gottesdienst durch heidnische Vermengungen geschändet. Es gibt zahlreiche Belege für Verbindungen der frühen Christenbewegung zu den Gemeinschaften von Qumran und zu Masada, jener letzten Festung, die die Zeloten gegen die römischen Legionen hielten. Wie die Schriftrollen vom Toten Meer bezeugen, war die Einstellung der Gemeinschaft von Qumran radikal antirömisch, gegen die Obrigkeit gerichtet, apokalyptisch und messianisch; sie hoffte auf die Wiedereinsetzung der Linie Davids auf den Thron Israels. In der Kriegsrolle, die man in einem der Krüge fand, wird der Messias aus dem Haus Davids »das Zepter« genannt. Die Gemeinschaft verurteilte die elitäre Oberschicht der Sadduzäer, die den bestechlichen Gottesdienst im Tempel kontrollierten und die Armen mit ihren Forderungen nach Opfergaben und Tempelsteuern ausbeuteten. Sich selbst hielten die Sektierer von Qumran für den einzigen rein gebliebenen Überrest Israels. Die Sektenmitglieder praktizierten Rituale, die den späteren Taufriten der frühchristlichen Gemeinde ähnelten, und zeichneten die Stirnen ihrer Eingeweihten mit jenem Symbol, das in Ezekiel 9 als Kennzeichen der wahrhaft Erleuchteten bezeichnet wird – nämlich jener, die über die Abscheulichkeiten, die in Jerusalem geschahen, trauerten. (Man nahm an, dass die Christen später das X verwendeten, weil es der erste Buchstabe des griechischen Worten *Christos* war, doch die Sitte, eingeweihte »Auserwählte« so zu kennzeichnen, war die gleiche!)[10]

Die Gemeinschaft in Qumran hielt sich von allen fern, die mit den Römern kollaborierten. Viele ihrer Glaubenssätze und Dogmen, die fast zweitausend Jahre lang in Krügen verborgen blieben, spiegeln die radikale Polarität und die apokalyptischen Lehren neutestamentarischer Schriften wider. Einige Kopien derselben Manuskripte wurden auch in der Festung Masada gefunden, jenem zelotischen Stützpunkt, der 73 n. Chr. nach dem Massenselbstmord seiner Verteidiger an die Römer fiel. Erst in den letzten Jahrzehnten, genau gesagt seit ihrer Entdeckung im Jahr 1947, waren christlichen Forschern diese unschätzbaren Informationsquellen über die Wurzeln der christlichen Bewegung zugänglich. Die Freischärler von Qumran hätten Jesus bestimmt für sein radikales Umstürzen der Tische während des Passahfestes im Tempel Beifall gespendet.

Jesus von Nazareth, König der Juden

In den kanonischen griechischen Schriften des Neuen Testaments stehen viele gute Gründe für die Annahme, dass viele Juden in Jesus den verheißenen Messias aus dem Haus Davids sahen. Im Paulusbrief an die Römer 1:3, der wahrscheinlich um 57 n. Chr. geschrieben wurde, findet sich die erste schriftliche Bestätigung dafür, dass die christliche Gemeinschaft Jesus für den Messias aus der Linie Davids hielt. Dort steht über Jesus: »der als Mensch ein Nachfahre Davids war ...« Das Markusevangelium (71–75 n. Chr.) erzählt von Jesu triumphalem Einzug in Jerusalem, bei dem das Volk vor dem König, der auf einem Esel ritt, Palmblätter ausbreitete (Mk. 11:1–10, Joh. 12:13). Der Palmwedel ist ein Symbol für das Volk Israel und befindet sich auf Münzen, die in römischer Zeit geprägt wurden. Die Tatsache, dass man Jesus für den König der Juden hielt, wird auch durch die Inschrift bestätigt, die Pilatus über seinem Kreuz anbringen ließ: »Jesus von Nazareth, König der Juden«, abgekürzt »INRI«. Von Galiläa, Jesu mutmaßlichem Heimatland, weiß man inzwischen, dass es im ersten Jahrhundert n. Chr. eine Brutstätte für Zeloten und antirömische Aktionen war, was vielleicht bei dem Vorwurf der Volksaufwiegelung eine Rolle gespielt hat.

Es gibt zahlreiche Beweise dafür, dass Jesus kein einfacher Zimmermann oder der Sohn eines Zimmermanns aus einer unbedeutenden galiläischen Stadt war. Die Evangelisten Matthäus und Lukas, die etwa zur gleichen Zeit schrieben (zwischen 80 und 85 n. Chr.), aber nichts von ihrer jeweiligen Arbeit wussten, beginnen beide ihre Evangelien mit seinem Stammbaum. Zwar weichen diese Stammbäume etwas voneinander ab, doch in einem Punkt stimmen sie überein: Sie behaupten beide, dass Jesus der erwartete Messias aus der Linie Davids war. Beide Evangelien bezeugen, dass der römische Statthalter und die jüdische Obrigkeit bei der Verhaftung und Kreuzigung zusammenarbeiteten, denn sowohl die römische als auch die jüdische Führungsspitze sah in Jesus einen gefährlichen Aufrührer. Für beide Machtstrukturen war sein Tod eine politische Notwendigkeit, um weitere Aufstände in Palästina zu vermeiden. Er wurde als Unruhestifter betrachtet, denn das Volk hielt ihn für seinen verheißenen Messias und König, den Gesalbten Gottes, den »gerechten Herrscher«, den die Propheten verkündet hatten. Aus den Evangelien dürfen wir schließen, dass das Volk Jesus erwählte, weil seine Wunder bewiesen, dass Jahwe ihn erwählt hatte.

Eine repressive Obrigkeit fürchtet oft die Macht des Volkes, denn sie gefährdet die Stabilität der herrschenden Machtstruktur. Laut der Evangelien, die in der Hoffnung auf die Bekehrung römischer Bürger zur christlichen Lebensweise geschrieben wurden, waren es die *jüdischen* Machthaber, die Jesus gekreuzigt sehen wollten. *Aber die Kreuzigung war keine jüdische Strafmaßnahme.* Hätte die Anklage gegen Jesus tatsächlich auf Gotteslästerung gelautet, wie in den Evangelien behauptet wird, dann wäre Jesus von der jüdischen Gemeinschaft gesteinigt worden (wie sein Jünger Stephanus, vergl. Apostelgeschichte 7) und nicht gekreuzigt. *Die Kreuzigung war eine römische Hinrichtungsmethode, die nur über Aufrührer verhängt wurde.* Offenbar war es die öffentliche Anerkennung als König, die zu seiner Hinrichtung als Feind Roms führte.

Die Evangelien berichten, dass Jesus nicht nur als politische Persönlichkeit der König der Juden war, sondern als religiöser Führer, der das Volk dazu aufrief, zu bereuen und sich auf das Königreich Gottes vorzubereiten. Mehrmals forderte er die religiösen Führer, ihre Lehren und Auslegungen der Schrift heraus. Und er war auch ein Heiler. In einem Buch mit dem Titel *Jesus the Magician* werden uralte Quellen des Nahen Ostens zitiert, um aufzuzeigen, dass Jesus einer der reisenden Wundertäter seiner Zeit war.[11] Doch nach den Aufzeichnungen der Heiligen Schrift scheint es viel wahrscheinlicher, dass Jesus ein echter charismatischer Heiler war, der den seelischen Aspekt einer Heilung als die Heilkraft des Glaubens der Betroffenen begriff. Jesus hat dies sogar wörtlich gesagt: »Dein Glaube hat dich geheilt!«

Laut dem Lukasevangelium besuchte Jesus die Synagoge in Nazareth, wo er der Gemeinde laut aus der Prophezeiung Jesajas (61:1–2) vorlas:

> Der Geist Gottes erfüllt mich,
> denn der Herr hat mich gesalbt.
> Er hat mich gesandt,
> um den Armen eine frohe Botschaft zu bringen,
> um die zu heilen, die gebrochenen Herzens sind,
> um den Gefangenen die Freiheit zu verkünden
> und die Eingesperrten zu befreien.

Seit fast zweitausend Jahren sind die Christen sich darüber einig, dass der Mann, der diese Verse auf sich bezog, mehr als ein Magier war. Er war ein irdisches Gefäß, das vom Geist Gottes erfüllt war. Und dieses starke Charisma führte schließlich unvermeidlich zu seiner Kreuzigung als politischer Umstürzler und zur verzweifelten Flucht seiner engsten Familienangehörigen aus Jerusalem.

Der blühende Stab und der Sangraal

Was erzählt die Legende über die Flucht der Heiligen Familie? In der Heiligen Schrift, im neutestamentarischen Matthäusevangelium, steht, dass die »Heilige Familie« nach Ägypten floh, um der Ermordung ihres Kindes durch König Herodes zu entgehen, der um seinen Anspruch auf den Thron Israels fürchtete. Joseph, »der Gemahl Marias«, war in einem Traum aufgefordert worden, Maria und Jesus zu nehmen und nach Ägypten zu fliehen (Mt. 2:13). Unter vielen modernen Bibelforschern herrscht der weit verbreitete Glaube, dass dies ein »Mythos« ist, mit dem der Verfasser des Matthäusevangeliums die Erfüllung einer Prophezeiung ausdrücken wollte: »Aus Ägypten rief ich meinen Sohn« (Hos. 11:1b). Die »fossile Wahrheit« in dieser Geschichte ist die Überlieferung einer ernsten Gefahr für die königliche Blutlinie Judas. Aus einem apokryphen Evangelium stammt die Überlieferung, dass der Stab des heiligen Josephs Blüten trieb: Gottes Bestätigung, dass er zum Gemahl Marias und zum irdischen Vater ihres Kindes auserwählt war. Doch der »blühende Stab«, den der heilige Joseph in katholischen Kirchen auf der ganzen Welt in der Hand hält, soll uns auch daran erinnern, dass Joseph der Hüter jenes »Sprosses« war, der aufgrund der Prophezeiung Jesajas als Jesus selbst verstanden wird: »Ein Spross soll aufschießen aus dem Baumstumpf Jesses, und aus seiner Wurzel soll ein neuer Trieb erblühen« (Jes. 11:1).

Doch eine alte französische Legende von der Mittelmeerküste überliefert, dass ein anderer Joseph, nämlich Joseph von Arimathea, der Hüter des Sangraal war und dass das Kind auf dem

Boot ägyptisch war, was wörtlich »geboren in Ägypten« bedeutet. Wahrscheinlich sah sich Maria Magdalena nach der Kreuzigung gezwungen zu fliehen, um ihr ungeborenes Kind zu schützen. Joseph von Arimathea, der einflussreiche Freund, könnte sehr wohl ihr Beschützer gewesen sein.

Falls unsere Theorie stimmt, wurde das Kind *tatsächlich* in Ägypten geboren. Ägypten war traditionell der Zufluchtsort aller Juden, deren Sicherheit in Israel nicht gewährleistet war; in Alexandria befanden sich alteingesessene jüdische Gemeinden, die von Judäa aus leicht erreichbar waren.[12] Höchstwahrscheinlich erschien Ägypten Maria Magdalena und Joseph von Arimathea als folgerichtiges Ziel ihrer verzweifelten Flucht. Jahre später verließen sie Alexandria und fanden einen noch sichereren Zufluchtsort an der französischen Küste.

Archäologen und Linguisten haben festgestellt, dass in Ortsnamen und Legenden »Fossilien« aus der fernen Vergangenheit des betreffenden Gebietes stecken. Die Wahrheit mag durch Veränderungen ausgeschmückt werden und Geschichten mögen in jahrelanger mündlicher Überlieferung gekürzt werden, doch Spuren der Wahrheit bleiben als fossile Wurzeln erhalten, tief verborgen in Personen- und Ortsnamen. An einem Heiligtum in der französischen Stadt Les Saintes-Maries-de-la-Mer findet jedes Jahr vom 23. bis 25. Mai ein Festival zu Ehren einer heiligen Sarah aus Ägypten statt, die auch Sara Kali, die »schwarze Königin«, genannt wird. Nähere Untersuchungen ergaben, dass dieses Fest, das im Mittelalter entstand, zu Ehren eines »ägyptischen« Kindes begangen wird, das Maria Magdalena, Martha und Lazarus begleitete und mit ihnen um 42 n. Chr. in einem kleinen Boot in dieser Gegend landete. Offenbar nahmen die Leute an, dass das Kind als »Ägypterin« dunkelhäutig und, weiteren Einschüben zufolge, die Dienerin der Familie aus Bethanien gewesen sein muss, da man für ihre Anwesenheit keine andere vernünftige Erklärung fand.

Der Name Sarah bedeutet auf Hebräisch »Königin« oder

»Prinzessin«. Örtliche Legenden beschrieben diese Sarah außerdem als »jung«, sie war noch ein Kind. Es gibt also in einem winzigen französischen Küstenstädtchen ein alljährlich wiederkehrendes Fest zu Ehren eines dunkelhäutigen Mädchens namens Sarah. Die fossile Wurzel in dieser Legende ist die Tatsache, dass das Kind auf Hebräisch »Prinzessin« hieß. Ein Kind von Jesus und Maria Magdalena wäre zur Zeit dieser legendären Reise nach Gallien etwa zwölf Jahre alt gewesen. Wie die Prinzen aus dem Stamm Davids ist sie *sinnbildlich* schwarz, nämlich »unerkannt in den Straßen« (Klgl. 4:8). Magdalena selbst war der »Sangraal«, der »Kelch« oder das Gefäß, das das königliche Geblüt einst *in utero* getragen hatte. Die sinnbildliche Schwärze der Braut in den Lobgesängen und der Prinzessin des Hauses David in den Klageliedern schließt auch diese verborgene Maria und ihr Kind mit ein. Offenbar findet das Fest der schwarzen Prinzessin Sara Kali zu Ehren desselben sinnbildlich schwarzen Kindes statt. (In einem späteren Kapitel werden wir die westeuropäischen Heiligtümer der Schwarzen Madonna näher untersuchen.)

Es ist sehr wahrscheinlich, dass die Menschen späterer Jahrhunderte, die diese Legende und die Identität Magdalenas als Jesu Gemahlin kannten, sie mit der schwarzen Braut aus den Lobgesängen gleichsetzten. Sie war die Schwester-Braut und die Geliebte. Ihre »Schwärze« hätte ihre Verborgenheit symbolisiert; sie war die unbekannte Königin – nicht offiziell anerkannt, verstoßen und jahrhundertelang von der Kirche verleumdet, um die Existenz der legitimen Blutlinie zu leugnen und das Dogma über die Göttlichkeit und Keuschheit von Jesus aufrechtzuerhalten. Außerdem ist ihre Schwärze eine direkte Anspielung auf die entthronten Prinzen der Davidslinie in Jerusalem: »Heller als Schnee waren ihre Prinzen, weißer als Milch … nun sind sie schwärzer als Ruß und unerkannt in den Straßen« (Klgl. 4:8).

Fossile Wurzeln der Wahrheit bleiben in unseren Symbolen,

den ursprünglichen Orts- und Personennamen, unseren Sitten und Volksmärchen erhalten. So verstanden wäre es möglich, dass sich die Flucht nach Ägypten auf den »anderen Joseph« und die »andere Maria« bezieht, nämlich auf Joseph von Arimathea und Maria Magdalena, und dass sie stattfand, um das ungeborene Kind nach der Kreuzigung vor den Römern und den Söhnen des Herodes zu schützen. Die Diskrepanzen in der Geschichte und der Generationensprung werden verständlich, wenn man die Gefahr für die Blutlinie bedenkt, die zur äußersten Geheimhaltung ihres Aufenthaltsortes zwang – und wenn man bedenkt, wie viel Zeit verging, bis die Geschichte niedergeschrieben wurde. Anscheinend ist dies ein weiterer Fall eines Mythos, der entstand, weil es zu gefährlich gewesen wäre, die Wahrheit zu erzählen.

Die merowingische Verbindung

Es gibt Indizien dafür, dass das königliche Blut von Jesus und Maria Magdalena später in den Adern der merowingischen Frankenkönige floss. Vielleicht ist der Name *merowingisch* selbst ein linguistisches Fossil. In den Überlieferungen über die fränkische Königsfamilie wird ein Ahnherr namens »Merovée« erwähnt. Doch wenn wir das Wort *merowingisch* phonetisch auseinander nehmen, erhalten wir zwei wohlbekannte Silben: *mer* und *win,* Maria und der Weinstock. So zerlegt könnte das Wort sich auf den »Weinstock Marias« oder auch auf den »Weinstock der Mutter« beziehen.

Das königliche Symbol des Merowingerkönigs Chlodwig war die *fleur-de-lis* (die Schwertlilie). Der lateinische Name dieser Liliengewächse, die im Nahen Osten wild wachsen, ist *gladiolus* oder »Kurzschwert«. Die dreiblättrige *fleur-de-lis* des französischen Königshauses ist ein Männlichkeitssymbol. Eigentlich ist sie sogar eine plastische Darstellung des Bundes der

Beschneidung, der allen Verheißungen Gottes für Israel und für das Haus Davids zugrunde liegt. In seinem Buch *Ancient Pagan and Modern Christian Symbolism* aus dem neunzehnten Jahrhundert behandelt Thomas Inman ausführlich die männliche Natur der »Blume des Lichts«. Es ist fast ein Witz, dass dasselbe Männlichkeitssymbol, das »Kurzschwert«, heute das internationale Emblem der männlichen Pfadfinder ist!

Da dieses Symbol sowohl eine Einheit als auch eine Dreiheit darstellt, gilt es allgemein als Sinnbild der Dreieinigkeit. Die dreiblättrige »Lilie« ist ein uraltes Symbol Israels: In die Kapitelle der beiden phallischen Säulen vor Salomos Tempel, Jachin und Boaz, waren »Lilienmuster« geschnitzt (1 Kön. 7:22). Auch das berühmte dreiblättrige Kleeblatt des heiligen Patrick von Irland mag ein Symbol für die Dreieinigkeit sein, aber ich glaube, dass sich die französische Lilie speziell auf die David'sche Blutlinie Israels bezieht und dass die europäischen Merowinger sie deshalb als Emblem benutzten.

Im Grab des Merowingerkönigs Childerich I. (gestorben um 481 n. Chr.), das 1653 in Tournai entdeckt wurde, fand man dreihundert goldene Bienen. Die Biene war als Wappentier der merowingischen Königsfamilie bekannt. Bienen waren sowohl heilige Symbole der Liebesgöttin als auch ein ägyptisches Symbol für die königliche Familie. Bienenvölker sind matriarchalisch und erkennen ihre Königin als Alleinherrscherin an. Ich halte es für wahrscheinlich, dass die goldene Biene absichtlich als Wappentier gewählt wurde, um auf die Abstammung der merowingischen Linie vom Haus König Davids (und somit von Jesus) durch die weibliche Linie hinzuweisen, und dass die Merowinger die königliche Witwe Maria Magdalena und ihre Tochter, die in den Legenden Sarah hieß, verehrten.

Möglicherweise ist das königliche Geblüt Israels der Verfolgung entgangen und schließlich in den europäischen Merowingern und ihren Verwandten wieder zum Vorschein gekommen, die ihre Stammbäume jahrhundertelang geheim hielten. Somit ist es auch denkbar, dass der Erste Kreuzzug (1098 n. Chr.) der Versuch war, wieder einen König aus der Linie König Davids auf den Thron in Jerusalem zu setzen – und zwar in der Person Gottfrieds von Bouillon (auch Gottfried von Lorraine genannt), von dem die Legende berichtet, dass er von den Merowingern abstammte.[13]

Nach der Eroberung Jerusalems im Jahr 1099 setzten die Anführer des Kreuzzuges im Felsendom einen Erzbischof ein. Und in ihren liturgischen Vorschriften finden wir die erstaunliche Tatsache, dass für sämtliche Feiertage der Jungfrau Maria *schwarze* Ornate vorgeschrieben waren.[14] Manche sehen darin eine Anspielung auf das Hohelied, aber es war eine deutliche Abkehr von der in der Kirche allgemein üblichen Sitte, zu allen Liturgien an Marien-Feiertagen weiße Ornate zu tragen.[15] Vielleicht ist das schwarze Ornat eine weitere symbolische Anspielung auf die *andere* Maria, die verborgene, die verlorene Braut aus den Lobgesängen, die von der orthodoxen Kirche verachtet und verstoßen wurde – die vertriebene Königin, deren wahre Identität jahrhundertelang sorgfältig geheim gehalten worden war, zuerst vor den römischen Machthabern und den Erben des Herodes und dann vor dem Klerus der römisch-katholischen Kirche. Diese »schwarze« Maria war ein poetisches Echo der dunklen Braut aus dem Hohelied, der Braut des geopferten Hirtenkönigs, des messianischen Bräutigams Israels.

Vielleicht sind diese Gedankenverbindungen mit der schwarzen Braut der Grund für die ungeheure Beliebtheit, der sich überall in Westeuropa die zahlreichen Heiligtümer der Schwarzen Madonna erfreuen. Das Bild der Schwester-Braut aus archaischer Zeit ließ sich leicht mit der Gemahlin des Gesalbten in Zusammenhang bringen. Klassische Abbildungen der Erd-, Mond- und Liebesgöttinnen (u. a. Isis und Artemis von Ephesus) waren bezeichnenderweise schwarz.

Zusammenfassend kann man sagen, dass die beiden königlichen Flüchtlinge aus Israel, Mutter und Tochter, in der frühen europäischen Kunst folgerichtig als Mutter und Kind mit dunkler Haut dargestellt worden wären, nämlich als die Verborgenen. Die Schwarze Madonna der frühen europäischen Heiligtümer (fünftes bis zwölftes Jahrhundert) könnte als Ebenbild jener anderen Maria mit ihrem Kind verehrt worden sein, als Symbol des Sangraal, den Joseph vor Arimathea sicher an die französische Küste brachte. Das Symbol für einen Mann aus dem Haus König Davids wäre ein blühender oder knospender Stab, doch das Symbol für eine Frau wäre der Kelch – ein Becher oder Gefäß, das Jesu königliches Blut enthielt. Und genau das wird vom Heiligen Gral erzählt!

KAPITEL IV

Erweckung im zwölften Jahrhundert

Die hier untersuchte Version der Geschichte des Christentums wird nicht von der offiziellen christlichen Kirche gelehrt, obwohl sie der Wahrheit wahrscheinlich näher kommt als die »orthodoxe« Fassung. In Wirklichkeit gab es zahlreiche Frühversionen des Christentums, die sich nicht halten konnten. Zum Beispiel behielt die Kirche in Jerusalem, deren erstes Oberhaupt, Jakobus, Jesu Bruder war, ihre jüdische Ausrichtung weitgehend bei und setzte Jesus nicht mit Gott gleich. Die christliche Gemeinschaft von Jerusalem blieb dem Tempel und der jüdischen Torah verbunden. Jakobus und Petrus, die beiden herausragenden Leiter der Jerusalemer Gemeinde, waren offenbar sehr bestürzt über die Version des Christentums, die Paulus lehrte. In den Paulusbriefen und in der Apostelgeschichte wird berichtet, dass diese beiden seine Lehren teilweise sogar ablehnten. Diejenigen Gläubigen, die sich an Paulus hielten, sprachen bald verächtlich über Jesu Familie und die ursprüngliche Apostelgruppe, da sie meinten, diese hätten ihn nicht wirklich verstanden. Diese Einstellung ist auch im Markusevangelium belegt, als Jesu Familie und Freunde glaubten, er habe den Verstand verloren (Mk. 3:21). Außerdem berichten die Evangelisten, dass Jesus die Apostel als begriffsstutzig beschimpfte. Besonders von Petrus wird betont, dass er die Notwendigkeit der Kreuzigung nicht begriff und Jesus in der Nacht seiner Verhaftung drei Mal verleugnete.

Die Frühkirche brachte viele verschiedene Lehren hervor; erbitterte Kämpfe zwischen den Fraktionen setzten sich jahrhundertelang fort. Als sich nach der jüdischen Revolte zwischen 66 und 74 n. Chr. die christliche Gemeinde in Jerusalem auflöste, gab es keine maßgebende Version des Christentums mehr, die von sich behaupten konnte, den einzig wahren Glauben zu repräsentieren. Im Lauf der Zeit wurden einige Sekten aus der Kirche ausgeschlossen, während andere Kompromisse eingingen. Die Ebioniter, enge geistige Nachkommen der frühen Jerusalemer Gemeinschaft unter Jakobus und Petrus, wurden später als Ketzer gebrandmarkt, weil ihre »niedrige« Lehre dem historischen Jesus von Nazareth keine Göttlichkeit zuschrieb.

Die Aufzeichnungen und Lehren der von der Norm abweichenden Sekten und Faktionen haben die Jahrhunderte nicht überstanden. Oft sind unsere einzigen Hinweise auf die ketzerischen Lehren Angriffe in den Schriften des einen oder anderen Kirchenvaters, der es darauf anlegte, ihre Irrtümer anzuprangern. Während der ersten vier Jahrhunderte zeichnet sich die Kirchengeschichte durch Chaos, Verfolgung und voneinander abweichende Interpretationen aus. Auf dem Konzil von Nicäa (325 n. Chr.) wurde verkündet, dass Jesus »der eingeborene Sohn des Vaters, Licht vom Licht, wahrer Gott vom wahren Gott und eines Daseins mit dem Vater« sei. Dies wurde zum orthodoxen Glaubensbekenntnis des Weltreiches erklärt und Abweichungen wurden nicht geduldet. Missionare dieses Glaubensbekenntnisses machten sich auf, um in den abgelegensten Winkeln des Weltreiches die heidnischen Stämme zu bekehren. Sie predigten das Evangelium, wie ihr Herr Jesus es ihnen aufgetragen hatte, und tauften im Namen der Dreieinigkeit: Vater, Sohn und Heiliger Geist. Nachdem der Kaiser Theodosius im Jahr 380 n. Chr. ein Edikt erlassen hatte, das das Christentum zur offiziellen Religion des römischen Weltreiches erklärte, wurden alle Versionen der christlichen Lehre, die nicht mit der Auffassung des neu eingesetzten bischöflichen Klerus übereinstimmten, gnadenlos verfolgt und ihre Glaubenssätze vernichtet.

Das finstere Mittelalter

In Europa führten die allgegenwärtigen Plünderungen durch die alles überschwemmenden barbarischen Stämme – Franken, Westgoten, Kelten, Hunnen und später auch Normannen – zu allgemeinem Chaos. Aus diesem Grund gab es zwischen dem vierten und dem zehnten Jahrhundert wenige zeitgenössische Chroniken oder sonstige Aufzeichnungen. Überdies sprechen Indizien dafür, dass die wenigen existierenden Aufzeichnungen in der Zeit, die wir jetzt das finstere Mittelalter nennen, absichtlich vernichtet wurden.

Die meisten westeuropäischen Barbarenstämme wurden ursprünglich zur arianischen Häresie bekehrt, einer von einem Alexandriner des vierten Jahrhunderts formulierten Version des Christentums, die das Konzil von Nicäa heftig verurteilte. Die arianische Häresie leugnete das Dogma von der Heiligen Dreieinigkeit und der Heiligkeit Jesu und lehrte stattdessen, dass Gott allmächtig und Jesus sein vollkommen menschlicher Sohn sei. Während des fünften und sechsten Jahrhunderts war diese Version des Christentums in Westeuropa weit verbreitet.

Mit Hilfe von in Klöstern gefundenen Dokumenten und zahlreichen archäologischen Funden hat man die Geschichte des finsteren Mittelalters gewissenhaft rekonstruiert. So kam die tragische Geschichte der unbeachteten Merowingerkönige ans Licht: Childerich III., der letzte legitime Merowingerkönig, wurde im Jahr 751 n. Chr. von Pippin abgesetzt, jenem königlichen Hausmeier, dessen Nachfahren durch seinen Enkel Karl den Großen als Karolinger berühmt wurden. Am Weihnachtstag des Jahres 800 n. Chr. verlieh der Papst Karl dem Großen den offiziellen Titel »Kaiser des Heiligen Römischen Reiches«. Während seiner Regierung förderte Karl der Große die Künste und das Schrifttum und somit auch das Kopieren und Bewahren alter Manuskripte. Wer in diesem Zeitalter lebte, hätte es kaum »finster« genannt.

In dieser Epoche waren die wichtigen europäischen Zentren der Zivilisation das keltische Irland, das maurische Spanien und das Mittelmeergebiet des heutigen Frankreichs. Letzteres interessiert uns am meisten, da es die Brutstätte der Legenden und Ketzereien um den Sangraal war. Man nannte das Gebiet abwechselnd Occitanien, Languedoc oder Midi. Heute heißt es im Allgemeinen die Provence.

Die Wiege der Erweckung

Einige Experten für europäische Geschichte sind sich darüber einig, dass die erste wirkliche Erweckung aus dem finsteren Mittelalter in Europa nicht, wie allgemein angenommen, die Renaissance des fünfzehnten Jahrhunderts war, sondern bestimmte Ereignisse, die sich im Südfrankreich des zwölften Jahrhunderts zutrugen. Zahlreiche dicke Wälzer beschreiben den Einfluss der Kreuzzüge, die wechselseitige Befruchtung östlicher und westlicher Konzepte, die Auswirkungen der islamischen Kunst und Philosophie auf die gesamte Region und den Aufstieg des mittelständischen Handwerks und Bürgertums. Doch die Bevölkerung der Provence war schon Jahrhunderte vor den Kreuzzügen relativ aufgeklärt und fortschrittlich, dort interessierte man sich lebhaft für islamische und jüdische Religion, Kunst und Literatur und erkannte neue Ideen in der Wissenschaft und Philosophie an. Diese Aufgeschlossenheit und Toleranz förderte im Midi einen geistigen Entwicklungsstand, der in den anderen nördlichen Ländern des kontinentalen Europas seinesgleichen suchte.

Die vielleicht wichtigste der vielen grundlegenden gesellschaftlichen Veränderungen im Europa des zwölften Jahrhunderts war eine wachsende Wertschätzung des Weiblichen. Dieser radikale Wechsel begann in der Provence, wo die Sitten sich vom Rest der mittelalterlichen Welt verblüffend unterschieden. Im

Allgemeinen war die mittelalterliche Einstellung dieser Zeit frauenfeindlich. Diese Einstellung basierte auf der Haltung der Kirchenväter, die sich wiederum zum Teil auf die Geschichte von Adam und Eva im Garten Eden stützte (1 Mose 1, 2). Die Schriften der Kirchenväter, besonders jene des heiligen Augustinus von Hippo (354–430 n. Chr.) und des Hieronymus (342–420 n. Chr.), betrachteten Frauen als den Männern moralisch und geistig unterlegen. Spätere Theologen debattierten sogar darüber, ob man Frauen überhaupt eine Seele zusprechen könne. Frauen, Sexualität, der menschliche Körper und alle irdischen Freuden wurden offiziell als Ablenkungen und Verführungen betrachtet, die nur darauf abzielten, den Mann von seinem spirituellen Pfad zu locken und in die Irre zu führen.

In der mittelalterlichen Welt hatten die meisten Christen eine sehr gespaltene Einstellung zu Frauen. Die stoffliche Welt, das Fleisch, der Teufel und Frauen wurden in denselben Topf geworfen und als Quelle alles Bösen betrachtet, das die Männer daran hinderte, eine geistige Verbindung mit Gott einzugehen. Um die Seele zu befreien, musste man dieses Böse verleugnen und überwinden. Es galt, die Sehnsüchte des Fleisches zu verachten und möglichst zu ignorieren.

Die Ansichten des heiligen Augustinus hatten großen Einfluss auf die allgemeine Einstellung zu Frauen und Sexualität, und diese fußten wahrscheinlich auf dem Manichäismus, einer Häresie, die ihren Namen von ihrem Gründer Mani (gestorben 277 n. Chr.) ableitete. Bevor Augustinus sich nach einer Jugend voller Ausschweifungen im Alter von dreiunddreißig Jahren zum Christentum bekehrte, war er ein Anhänger dieser Ketzerei gewesen. Mani hatte gelehrt, dass der Gott des Alten Testaments ein Halbgott gewesen sei, der die Welt und alles Böse darin geschaffen und die reinen Geister in ein »Gefängnis« menschlichen Fleisches gesperrt hatte. Demzufolge wurden Frauen als Hauptursache für die Erhaltung des Elends der stofflichen Welt betrachtet, weshalb die Jünger Manis auch vor der

Zeugung von Kindern warnten. Nach seiner Bekehrung entwickelte sich Augustinus zum bedeutendsten Interpreten katholischer Schriften und Dogmen, doch die Überreste seiner früheren dualistischen Weltanschauung und seiner Frauenfeindlichkeit prägten ihn noch immer.

Frauen hatten im Europa des Mittelalters keinerlei Rechte. Sie waren die Mündel ihrer Väter oder Ehemänner, die weder am politischen Leben der Gesellschaft teilnehmen noch Besitz haben durften. Stattdessen waren sie selbst beweglicher Besitz. Die einzige Ausnahme von dieser allgemeinen Einstellung Frauen gegenüber finden wir in der Bevölkerung Südfrankreichs. Dort besaßen Frauen schon im zehnten Jahrhundert ebenso wie Männer das Erbrecht und hielten Lehen und Gutshöfe. Der Grund dafür war vielleicht, dass die Bevölkerung sich immer noch den römischen Sitten der Gleichberechtigung oder noch älterer Stammestraditionen verbunden fühlte.

Doch ich glaube, dass es dafür einen weit offensichtlicheren Grund gab. Schon seit den Anfängen des Christentums war es in dieser Gegend Brauch, Frauen zu achten. Während des elften und zwölften Jahrhunderts wurden die Frauen der Provence besonders verehrt. Ein klassisches Beispiel für eine »emanzipierte« Frau der mittelalterlichen Welt ist Eleonore von Aquitanien (1122–1204), deren berüchtigte Machtspiele als Gemahlin und Mutter von Königen Europa jahrzehntelang erschütterten.

Man bezeichnet die Kreuzzüge oft als Auslöser für das Wiedererwachen der Kultur in Europa, nach jenem langen Zeitraum, den man das finstere Mittelalter nennt. Doch die Provence hatte schon Jahrhunderte vor den Kreuzzügen ein aufgeklärtes Verhältnis zu den maurischen und jüdischen Bildungszentren Spaniens und Nordafrikas und diese Aufgeschlossenheit beeinflusste ihre blühende Kultur. Ein Großteil des provenzalischen Gebiets hatte sogar zur Septimania gehört, jenem jüdischen Königreich des achten Jahrhunderts unter der Regentschaft von Guillem von Gellone, einem jüdischen Prinzen merowingischer

Abkunft.[1] Dasselbe Gebiet war schon seit Jahrhunderten das Zentrum eines Kultes der Maria Magdalena gewesen, wie zahlreiche Kapellen, Brunnen, Quellen und andere geographische Wahrzeichen der Gegend bezeugen, die ihren Namen tragen. In der ganzen Region war sie die Schutzheilige der Gärten und Weinberge, die Spenderin von Fruchtbarkeit, Schönheit und Lebensfreude. Sie hatte die archaischen Wirkungsbereiche der antiken Liebesgöttinnen übernommen. So war es kein Zufall, dass in den Gärten der Provence der Rosenkult (ein Anagramm für Eros) blühte und gedieh.

Peter der Einsiedler veranlasste den Ersten Kreuzzug, indem er während der letzten Dekade des elften Jahrhunderts in den europäischen Städten verkündete, die Zeit sei reif für einen »heiligen Krieg«, um Jerusalem von den Sarazenen zurückzugewinnen. Er trug, um es symbolisch auszudrücken, ein Stundenglas. Ein Jahrtausend war vergangen, seit die Römer im Jahr 70 n. Chr. den Tempel in Jerusalem zerstört, niedergebrannt und die Stadt dem Erdboden gleichgemacht hatten. Peter verkündete in den europäischen Städten, dass es an der Zeit sei, die Heilige Stadt wieder einzunehmen und den Tempel wieder aufzubauen. Das wahre Ziel Peters des Einsiedlers und seiner einflussreichen Freunde war es, einen Nachkommen König Davids auf den Thron in Jerusalem zu setzen[2] und somit »Gott dabei zu helfen«, das verheißene Jahrtausend des Friedens einzuläuten, das in den hebräischen Heiligen Schriften vorausgesagt worden war.

Alle waffenfähigen Ritter Europas machten sich auf die Reise ins Heilige Land, manche zu Fuß, andere zu Schiff. Im Jahr 1099 ging ihr Traum endlich in Erfüllung: Die Sarazenen waren geschlagen und Gottfried von Lorraine, einem Edelmann, der angeblich von den Merowingern abstammte,[3] wurde der Titel eines Barons von Jerusalem angetragen. Die Gruppe, die diesen Plan verwirklicht hatte, schien mit dem Erfolg ihres politischen Staatsstreiches sehr zufrieden. Als nun endlich wieder ein Abkömmling Davids den Thron in Jerusalem innehatte, entstand eine wahre Flut von Geschichten, Gedichten und Liedern – nicht zuletzt auch die Gralslegende. Überall in der Christenheit pries man den beliebten Helden Gottfried, die Kreuzfahrer und »Unsere Herrin«. Die Saat dieser Kultur, die Maria Magdalena einst nach Westeuropa gebracht hatte, war in der fruchtbaren Erde der Provence aufgegangen.

Eine der interessantesten Entwicklungen aus der Zeit der ersten Kreuzzüge ist der rasche Aufstieg und Fall des ungeheuer mächtigen Tempelritterordens. Offiziell wurde der Orden dieser Krieger-Geistlichen in den ersten Jahrzehnten des zwölften Jahrhunderts nach der Eroberung Jerusalems gegründet und erfreute sich fast zwei Jahrhunderte lang der Gunst von Päpsten und Königen, bis eine Anklage der Ketzerei ihn in den ersten Dekaden des vierzehnten Jahrhunderts vernichtete. Die Autoren des Buches *The Holy Blood and the Holy Grail* haben Ursprünge und Geschichte des Templerordens erschöpfend erforscht. Sie kamen zu dem Schluss, dass der Orden jenen häretischen christlichen Sekten nahe stand, die daran glaubten, dass Jesus ein normaler Mensch und verheiratet war, dass sein königliches Geblüt noch immer in den Adern der provenzalischen Adelsfamilien floss und dass die messianischen Verheißungen des Alten Testaments sich eines Tages in einem Nachkommen Jesu erfüllen würden. Viele Tempelritter stammten selbst aus Adelsfamilien der Provence, einem Gebiet, das die offiziellen Dogmen Roms nie ganz angenommen hatte.

Die Ketzer der Provence

Während der ersten zwölf Jahrhunderte christlicher Zeitrechnung blühte in dieser Gegend das »alternative Evangelium« – sowohl die arianische Häresie als auch die späteren Ketzereien der Katharer und Waldenser. Obwohl sich die Glaubenssätze dieser Häresien voneinander unterschieden, steht doch eines fest: In der Provence wurden die offiziellen Dogmen der römisch-katholischen Kirche und ihr Glaubensbekenntnis nie ganz akzeptiert. Und dafür gab es gute Gründe.

Der Begriff *Albigenser* entstand im Jahr 1165 n. Chr., nachdem ein Kirchenkonzil in der Stadt Albi getagt und ein Edikt erlassen hatte, das die Häretiker aus dem Midi und insbesondere die Sekte der Katharer verdammte. Aufgrund dieses Edikts von Albi nennt man die Ketzer des ganzen Gebietes oft in Bausch und Bogen Albigenser, ungeachtet der Glaubenssätze ihrer jeweiligen Häresie. Die Bewohner dieser Gegend hatten sich sowohl jüdischen als auch maurischen Kulturen gegenüber tolerant gezeigt und viele ihrer philosophischen und esoterischen Traditionen übernommen, sie hatten die Kleriker der römischen Kirche getadelt, die im elften und zwölften Jahrhundert erwiesenermaßen oft der Bestechlichkeit und des Amtsmissbrauchs schuldig waren. Offenbar gähnte häufig ein Abgrund zwischen dem Inhalt ihrer Predigten und ihrer praktischen Umsetzung des Evangeliums. An der gesamten Nordküste des Mittelmeeres brodelte es, die wechselseitige Befruchtung der Zeit inspirierte jedermann und alles schrie nach Freiheit. Die provenzalischen Familien waren weder mit dem König von Frankreich verbündet noch wollten sie zu Schergen Roms werden. Ihr besonderes Kennzeichen war die Unabhängigkeit.

Der Glaube der Katharer

Die Bewohner der Gegend, in der die katharische Häresie während des zwölften Jahrhunderts immer mehr Einfluss gewann, waren einfache Bauern. Sie lauschten den Predigten der Wanderprediger, der Katharer, der so genannten »Reinen«, die kamen und mit den Bauern auf dem Feld arbeiteten, ihr Brot teilten und in ihren Predigten dazu aufriefen, einfach und demütig zu leben. Man nannte sie auch »credants«; sie hielten ihre Version des Christentums für reiner und älter als das etablierte Christentum und glaubten, dass sie den Lehren Jesu und der Apostel näher stünde als die offizielle Glaubensform. Oft waren sie Vegetarier und Pazifisten, und ihr charismatisches, praktisches Christentum ähnelte jener frühkirchlichen Lebensweise, die im Neuen Testament in der Apostelgeschichte beschrieben wird. Die wenigen Dokumente, die die Zensur der Inquisition überstanden, bestätigen, dass die katharische Version des Christentums auf uralte, unverfälschte Wurzeln zurückging und in ihrer Leidenschaft an das primitive Christentum während der Anfänge der Bewegung erinnerte.[4]

Vermutlich waren die Vorwürfe des Manichäismus und des radikalen Dualismus, die von der Inquisition gegen die Sekte erhoben wurden, übertrieben. In keiner einzigen erhaltenen katharischen Schrift wird Mani auch nur erwähnt. Wahrscheinlicher ist, dass der Katharismus ursprünglich in der christlichen Lebensweise des ersten Jahrhunderts wurzelte, die ihrerseits auf denselben apokalyptischen Dualismus aufgebaut war wie die ersten jüdisch-christlichen Sekten und die Wüstengemeinschaft von Qumran. Das große Interesse der Katharer an der Spiritualität und ihre mangelnde Begeisterung für die Einrichtung der Ehe – da diese den Geist zu einer fleischlichen Daseinsform verurteilte – erinnert stark an die apokalyptischen Glaubenssätze der jüdisch-christlichen Gemeinden des ersten Jahrhunderts. Der heilige Paulus und die ersten Verfechter der christlichen Lebensweise glaubten, dass das Ende des Zeitalters unmittelbar bevorstünde und es deshalb keinen Sinn mehr habe, sich vorher noch zu verheiraten. Eine Liste jener Adelsfamilien, die sich offen zum Glauben der Katharer bekannten, ist erhalten geblieben und widerlegt die Vorwürfe der Inquisition, dass die Mitglieder der Ketzerkirche es darauf anlegten, die Institution der Familie zu untergraben, indem sie die Ehe und die Zeugung von Kindern verdammten. Wahrscheinlich weigerten sie sich einfach, ihre Ehen durch die offizielle Hochzeitszeremonie zu schließen, doch dies geschah vielleicht nur, weil sie diese Zeremonie weder für bindend noch für wichtig hielten. Aus dem gleichen Grund verweigerten sie auch die Taufe der römischen Kirche.

Die Katharer predigten eine einfache Lebensweise, durchdrungen vom Glauben an Gottes unaufhörliche Gegenwart und Führung. Man musste keine Verbindungen zum Manichäismus haben, um zu glauben, dass der Teufel der »Prinz dieser Welt« war. Ein Bibelzitat besagt, dass Jesus selbst dieser Meinung war (Joh. 12:31)! Wahrscheinlich waren die Katharer gar keine Manichäer, sondern glaubten im wörtlichen Sinn an die Evangelien, von denen jede katharische Familie eine Abschrift besaß. Für diese albigensischen Ketzer war der Glaube kein theoretisches Dogma, sondern buchstäblich eine Lebensweise. Sie bezeichneten sich selbst als Christen.

Alle Lehren dieser »Kirche der Liebe«, wie die alternative Kirche auch genannt wurde, wurzelten in der tiefen Hingabe an Jesus, den Träger des Lichts, sowie an seine Mutter und seine Freunde. Während die römische Kirche Gehorsam predigte, Unterwerfung unter die Regeln und strenge Einhaltung ihrer Ge- und Verbote verlangte, lehrte die Kirche des »Amor« (»Roma« rückwärts buchstabiert!), dass der Heilige Geist Herz und Verstand aller Menschen umwandeln müsse, um im Leben jedes Einzelnen eine Transformation zur Heiligkeit zu bewirken. Die Anhänger der alternativen Kirche verehrten Jesus als Propheten, Priester, König und Messias – ein Mensch wie jeder andere, ein Vermittler des Göttlichen und Gottes gesalbter Sohn. Doch sie begriffen ihre eigene Existenz als irdische Gefäße desselben Heiligen Geistes. Sie verstanden den mythologischen und mystischen Inhalt seiner Lehren als Weg zur Heiligkeit und Umwandlung und sie wussten von der engen Verknüpfung dieser Lehren mit sämtlichen Offenbarungen und religiösen Erkenntnissen der antiken Welt. Sie glaubten nicht, dass äußerliche Rituale wie das Benetzen mit Wasser aus einem Taufbecken oder die Teilnahme an einer Sonntagsmesse zur Seelenrettung genügten; ihre Religion war eine ständige Umsetzung der Gegenwart Gottes und beinhaltete die tägliche Weiterentwicklung der Tugenden Nächstenliebe und Demut sowie den Dienst am Nächsten, wie Jesus selbst es vorgelebt und gelehrt hatte.

Im Midi war die Feindseligkeit gegenüber der katholischen Kirche tief verwurzelt und weit verbreitet. Ebenso wie die Bevölkerung vieler anderer Gegenden hatten auch die Provenzalen die Erfahrung gemacht, dass der Klerus der institutionalisierten Kirche nicht nach den Lehren der Evangelien lebte. Oft beuteten Kleriker die Armen aus und lebten in relativem Luxus, während ihre Gemeinde verhungerte. Die albigensischen Sekten waren ausgesprochen antiklerikal und kirchenfeindlich. Bei der Gründung ihrer Kirche bemühten sich die Katharer um einen deutlichen Gegensatz zu den ihrer Meinung nach falschen Lehren Roms. Sie lehnten die rituelle Messe ab und bezeichneten das Kreuz als Folterinstrument, das in keiner Weise Verehrung verdiente. Sie behaupteten, dass ihre eigene Kirche den Heiligen Geist bewahrt hatte, der zu Pfingsten über den ursprünglichen Aposteln ausgeschüttet worden war und durch Handauflegen weitergegeben wurde, das einzige Ritual, das sie als authentisch anerkannten. Das wichtigste und oft rezitierte Gebet dieser alternativen Kirche war das »Vaterunser« aus dem Matthäusevangelium. Vom katharischen Ritual sind zwei Texte erhalten geblieben. Diese beweisen, dass sie tatsächlich uralte Dokumente besaßen, die direkt von der frühkirchlichen Gemeinde inspiriert worden waren.[5]

Der Glaube der Katharer brauchte keine kultische Priesterschaft und keine Kirchengebäude voller Kunstschätze und Reliquien. Sie übten ihren Glauben praktisch aus, zu Hause und auf den Feldern. Sie verachteten das Bedürfnis nach Kirchen, Reliquien und Sakramenten. Bei den Katharern waren Männer und Frauen gleichberechtigt; wie schon erwähnt, hatten Frauen sogar das Recht, zu erben und Güter zu besitzen. Auch war es Frauen erlaubt, zu predigen, eine Sitte, die in den frühen Christengemeinden begonnen hatte, aber von der römisch-katholischen Kirche längst aufgegeben worden war. Diese Sitte der Katharer beweist, welch hohes Ansehen Frauen, einschließlich der Maria Magdalena, in der Frühkirche besessen hatten. Männliche und weibliche katharische Priester reisten paarweise durch das Land, genau wie es die ersten Jünger in Palästina getan hatten. Sie teilten das Los der Armen, arbeiteten Seite an Seite mit ihnen auf den Feldern und predigten das einfache und reine Leben der geistig Erleuchteten. Der heilige Dominikus und später Franziskus von Assisi waren von der katharischen Evangelisationsmethode so beeindruckt, dass sie nach demselben Muster Bettelmönche ausschickten, die Armut und Nächstenliebe geschworen hatten.

Außergewöhnlich an den Katharern war auch, dass sie darauf bestanden, die Bibel in ihre Heimatsprache, den Dialekt des *Languedoc*, zu übersetzen, und dass sie die Menschen lehrten, die Frohe Botschaft in ihrer Muttersprache zu lesen. Zu diesem Zweck entstanden im ganzen Gebiet zahlreiche Papiermühlen, was das Wiederaufleben der Künste, des Denkens und des Briefeschreibens in der ganzen Provence und später in ganz Europa vorantrieb. Alle katharischen Kinder lernten lesen und oft wurden Mädchen sogar besser ausgebildet als ihre männlichen Spielkameraden. Die Provence war ein aufgeklärtes Reich.

Im Jahr 1209 begann der Vatikan mit einem Kreuzzug gegen das gesamte provenzalische Gebiet, einschließlich der ortsansässigen Adligen, von denen sich viele zur katharischen Häresie bekannten. Eine ganze Generation lang verheerten die Armeen des Papstes im Bund mit dem König von Frankreich den Midi und ihr Sieg gipfelte im Massaker von Montségur, einem katharischen Priesterseminar. Dort wurde 1244 eine belagerte Enklave von Ketzern besiegt, und über zweihundert Menschen, die sich weigerten, ihren Glauben zu widerrufen, wurden auf dem Scheiterhaufen verbrannt. Der albigensische Kreuzzug, wie man dieses schreckliche Ereignis nannte, brach dem so genannten Katharismus das Rückgrat, und die Blüte, die im zwölften Jahrhundert begonnen hatte, wurde schon als Knospe zerstört.

Die Inquisition, offiziell im Jahr 1233 ins Amt eingesetzt, verhörte und verurteilte Ketzer erbarmungslos und ließ Tausende hinrichten. Nicht immer geht aus den Aufzeichnungen klar hervor, welchen Ketzerglauben die Kirchenväter in Rom eigentlich so verwerflich fanden. Die meisten Dokumente über die albigensische Häresie wurden sogar vernichtet. Naturgemäß waren der Vatikan und seine rechte Hand, die Inquisition, nicht am Bewahren von Dokumenten interessiert, die womöglich gerade die Dogmen, die sie unbedingt ausmerzen wollten, weiterverbreitet hätten.

Von unserem Standpunkt aus betrachtet war der albigensische Kreuzzug der unverhüllte Versuch, ein ganzes Gebiet zur Unterwerfung unter die Dogmen Roms zu zwingen und alle Familien, die sich widersetzten, auszurotten. Sobald man erkannt hatte, dass das Gedankengut, die Kultur und der tiefe Glaube in der Provence vom offiziellen Glauben abwichen, unternahm man alles, um die Ketzer sogar aus der Erinnerung zu streichen. In Wahrheit lehnte das ganze Gebiet die Vormachtstellung der römischen Kirche ab – aus verschiedensten Gründen und in verschiedenen Abstufungen.

Einen wichtigen Aspekt dieser tief verwurzelten Ernüchterung und Unzufriedenheit mit der offiziellen Kirche haben wir bereits erörtert. Der Glaube, dass Jesus verheiratet war und Erben hatte, entstammt der Provence. Die Provenzalen glaubten, dass sowohl Maria Magdalena als auch ihr Bruder, ihre Schwester und einige ihrer treuen Freunde in ihrer Heimat gelebt hatten und in ihrer Erde begraben waren. Die Legenden und Ortsnamen der Provence bestätigen diesen Glauben ebenso wie die geheimen Stammbäume ihrer Adelsfamilien.[6] Im Anschluss an den albigensischen Kreuzzug wurden viele überlebende adlige Töchter aus dem Midi dazu gezwungen, in Adelsfamilien aus dem Norden einzuheiraten; vermutlich, um der Behauptung gewisser südlicher Adelsfamilien, die einzigen lebenden Nachkommen des merowingischen Geblüts zu sein, die Spitze abzubrechen. Diese Vorgehensweise war nicht neu. Um seinen Anspruch auf den Thron Frankreichs zu festigen, hatte schon der Vater Karls des Großen eine Merowingerprinzessin geheiratet.

Die Blüte des weiblichen Prinzips in der Provence hatte einen ganz bestimmten Grund, den jene Historiker, die die Kreuzzüge und die daraus resultierenden kulturellen Einflüsse des Nahen Ostens dafür verantwortlich machen, übersehen haben: Die Anhänger der verborgenen »Gralskirche« glaubten, dass es an der Zeit sei, ihr Erbe zu beanspruchen und ihre Version des christlichen Glaubens allgemein bekannt zu machen. Der König von Jerusalem war ein Nachfahre Davids. Im Jahr 1099 wurde dem »Gesalbten« aus Davids Haus in Gestalt Gottfrieds von Lorraine der Thron seiner Väter angetragen.

Nachdem Gottfrieds Erben zu Königen von Jerusalem ernannt worden waren, ließen die Dichter ihren Geschichten und Legenden um den Sangraal freien Lauf und es entstanden zahlreiche Gralserzählungen. Endlich stand es den Dichtern an den europäischen Adelshöfen frei, ihr Garn zu spinnen und das hohe Ansehen und die Rolle der Gralsfamilie offen hervorzuheben. An jedem Hof erzählte man sich die Geschichten von Parsifals Gralssuche und die Legenden um König Artus, die der walisische Kleriker Nennius im neunten Jahrhundert zum ersten Mal aufgeschrieben hatte. Diese wurden mit dem Gral verknüpft und entwickelten sich in verschiedenste Richtungen – doch immer mit der Gralssuche als Grundthema. Eine Liste der Hofdichter des zwölften Jahrhunderts, die diese frühen Gralsepen niederschrieben, umfasst Guiot de Provins, Robert de Boron, Chrétien de Troyes, Walter Map und Wolfram von Eschenbach.

Manche behaupten, die spanischen Mauren hätten die früheste Version der Gralsgeschichte gekannt und später nach Frankreich gebracht. Doch der ursprüngliche »Sangraal« der altfranzösischen Legenden war ein ausgesprochen christlicher Mythos und ist wesentlich älter als die maurische Präsenz in Spanien, sogar viel älter als der islamische Glaube selbst. Er entstand in der Provence. Wie wir gesehen haben, deuten die frühesten Legenden an, dass der Sangraal im Jahr 42 n. Chr. in Les Saintes-Maries-de-la-Mer an Land kam. Vielleicht hat man ihn mit den uralten keltischen Legenden von Brans Zauberkessel in Zusammenhang gebracht, die ebenfalls aus Europa stammen, doch heißt jenes keltische Gefäß nicht Sangraal. Das Wort *Sangraal* wird ausschließlich für den Kelch oder das »Gefäß« benutzt, das einst das Blut Christi enthielt.

Die Troubadoure

Ein interessanter Nebeneffekt des albigensischen Kreuzzuges ist das Schicksal der Troubadoure. Diese Dichter und Liedersänger des zwölften und dreizehnten Jahrhunderts rühmten die Tugenden ihrer »Herrin« – einer Frau von vollkommener Schönheit und Liebenswürdigkeit, der sie in allem dienen wollten, deren Gunst sie zu gewinnen hofften und zu deren Ehren sie unbedingt singen mussten. In ihren Liedern nannten sie sie oft »Dompna«, das *Languedoc*-Äquivalent des lateinischen Domina, der weiblichen Form von *Dominus* oder »Herr«. (Der meistbenutzte Titel für Jesus in den Liturgien der katholischen Kirche ist Dominus.)

Die Dompna der Troubadoure war der Ursprung ihrer Lebensfreude und Begeisterung; ihretwegen nahmen sie das Kreuz der Kreuzfahrer auf sich, um dem Heiligen Land das Christentum wiederzubringen. Sie war ihre Gönnerin und Patronin. Oft war die Herrin heimlich die Geliebte, obwohl sie vernehmlich zu ihrem Ruhm sangen! Und alles, was sie über sie wussten, wurde ebenso wie ihr Name mit Diskretion behandelt. Sie war schlicht die »Herrin«. Der Troubadour war ihr demütiger und gehorsamer Lehnsmann, er hatte ihr Verschwiegenheit und Treue geschworen. Sein einziger Lohn war es, durch die Verbindung mit seiner Herrin geläutert zu werden.

Die Dichtungen der Troubadoure sind voller Beispiele für diese Empfindungen, die meist ähnlich wie in den folgenden Zeilen aus einem Lied des Dichters Arnaut Daniel aus dem zwölften Jahrhundert ausgedrückt wurden:

> Jeden Tag werde ich ein besserer und reinerer Mensch,
> denn ich diene der edelsten Herrin der Welt,
> und ich bete sie an, dies gestehe ich euch offen.[7]

Da die Verehrung für die Dompna so häufig zum Ausdruck kam, vermuteten mehr als ein Forscher, dass sie vielleicht alle zum Ruhm derselben Herrin sangen oder vielleicht sogar zum Ruhm eines »weiblichen« Ideals anstatt einer bestimmten Frau (obwohl viele Troubadour-Gedichte sich eindeutig an eine bestimmte menschliche Gönnerin oder Geliebte richten).

Einige moderne Experten für das Genre der höfischen Liebeslieder provenzalischer Troubadoure nehmen an, dass die Dichter heimlich Katharer gewesen seien und dass jene Herrin der ketzerische Kult selbst gewesen sei, die Kirche des Amor, die ihnen insgeheim Trost schenkte und ihre Dichtung inspirierte.[8] Besonders die Bücher von Denis de Rougements enthalten Indizien dafür, dass die Troubadoure Katharer waren. Von Peire Vidal, einem anderen Troubadour, wird erwähnt, dass er bestimmten provenzalischen Höfen für ihre großzügige Gastfreundschaft dankte und sie dafür pries. Jeder Hof, den dieser Dichter erwähnt, ist als ein »Mutterhaus« der katharischen Häresie bekannt.[9]

Es stimmt auch, dass die Troubadoure von besonderen päpstlichen Legaten und später von der Inquisition verhört wurden, die ausdrücklich zu dem Zweck gegründet worden war, Häretiker in der Provence aufzuspüren. Auftragsgemäß wurden dann auch die Sänger und ihre Dichtung als ketzerisch erklärt. Im Jahr 1209 befahl ein päpstlicher Legat dem Sänger Gui D'Ussel, das Dichten einzustellen.[10] Viele Troubadoure wurden in die Verbannung geschickt, während andere den Inhalt ihrer Lieder änderten. Und allmählich wurde die Herrin ein unsterbliches Ideal, ein »ewig weibliches Prinzip«, häufig sogar die Heilige *Jungfrau* Maria. Doch ich glaube, dass die ursprüngliche Heilige Maria der höfischen Dichter – ihre Dompna – die Schutzheilige ihrer Heimat war, wo man überall unweigerlich auf Magdalenenkapellen stößt und wo ihr Kult seit dem Ende des achten Jahrhunderts blühte.[11] Sie war ihre Domina, die weibliche Ergänzung des Dominus, des Herrn – keine Prostituierte, sondern die Herrin.

Der Aufstieg des Marienkults

Der Aufschwung der Zivilisation im zwölften Jahrhundert im Zeichen »Unserer Herrin« förderte das Studium von Astronomie und Mathematik, Medizin und Mystik, Kunst und Architektur. Die Ausübung dieser Disziplinen, die auch die uralte heilige Geometrie mit einschlossen, wurde durch den Kontakt mit der hoch entwickelten Zivilisation des Islam begünstigt. Während dieser kurzen 120 Jahre – vom Ende des Ersten Kreuzzugs bis zum Auftreten der Inquisition, die alles wieder unterdrückte – trieb die mittelalterliche Zivilisation üppige Blüten.

Der römischen Kirche erschien es zu gefährlich, den Gerüchten um Jesu Heirat und seine angebliche Blutlinie freien Lauf zu lassen, deshalb handelte sie im dreizehnten Jahrhundert schnell und entschlossen, um zu gewährleisten, dass die Gläubigen nicht seine Ehefrau, sondern seine Mutter anbeteten. Alle Christen verehrten die Maria und fanden in ihrer Fürsprache

Trost. Aus ihren vielen Heiligtümern ragte besonders die Kathedrale von Chartes heraus, die über einer uralten Kultstätte der Schwarzen Madonna errichtet worden war. Ihr Herzstück, die Statue »Madonna unter der Erde«, stand in einer Grotte unter dem Gebäude.

Schon in vorchristlicher Zeit haben Pilger den Schrein »Unserer Herrin« in Chartes aufgesucht. Noch heute strömen sie zum heilkräftigen Wasser aus der »Quelle der Starken« in dieselbe Krypta, in der einst die Originalstatue der Madonna thronte. Zwar wurde diese Madonnenstatue im sechzehnten Jahrhundert zerstört, doch die Legende berichtet, dass den Druiden dieser Schrein schon lange vor seiner Übernahme durch die Christen heilig gewesen sei und dass die Muttergöttin, die man so oft an Quellen und Brunnen anbetete, hier verehrt wurde. Mit Zustimmung der römischen Kirche blühte der Kult der Madonna und des Weiblichen (einschließlich der Mystik, Heilung und Transformation) in der mittelalterlichen Schule von Chartes, die sich zu einem berühmten spirituellen Zentrum und zum Sitz eines Kultes um »Maria-Sophia«, die Göttin der Weisheit, entwickelte.

Der heutige Dom wurde zwischen 1194 und 1220 über der heiligen Grotte mit der Statue errichtet und ist ein gotisches Denkmal der Lehre des vollkommenen Gleichgewichts und der Harmonie. Der Mystiker und Gelehrte Louis Charpentier, der die Kathedrale von Chartes eingehend studierte, glaubt, dass sowohl hier wie auch bei den anderen Domen, die in Frankreich zwischen 1130 und 1250 entstanden, der Orden der Tempelritter (oder Templerorden) hinter der Planung und dem Bau steckte.[12] Der Orden der Tempelritter schuf ein ausgedehntes Netzwerk von Gebäuden und landwirtschaftlichen Unternehmen, das in den französischen Städten die Wirtschaft ankurbelte und der ganzen Gegend neuen Wohlstand brachte. Wie ihr Name andeutet, sahen sie ihre besondere Aufgabe im Bau von Klöstern, Kirchen und Domen. Ich glaube, diese Berufung bildete die Speerspitze des Versuches, das weibliche Prinzip in der mittelalterlichen Gesellschaft wiederherzustellen.

Die Erbauer des Tempels

Man darf annehmen, dass der Orden der Tempelritter Zugang zum Geheimwissen der Antike besaß, vielleicht in Form von islamischen Quellen, auf die Ordensmitglieder im Nahen Osten stießen. Ihr mathematisches und technisches Wissen führte in der Architektur zur Geburt der Gotik, die sich, als sei dies vorher geplant worden, zwischen 1130 und 1250 fast über Nacht in ganz Europa ausbreitete. Das zarte Gleichgewicht zwischen Druck und Gegendruck, die steinerne Harmonie dieser Dome, von denen viele »Unserer Herrin« gewidmet waren, verbürgen eine Kenntnis der Geometrie, Statik und Ingenieurstechnik, die alles, was in Europa bis dahin betrieben wurde, weit überstieg. Es scheint ein enger Zusammenhang zwischen den Tempelrittern und der Entwicklung der Steinmetze- und Handwerkerzünfte zu bestehen, die die gotischen Dome Europas bauten. Die Tempelritter planten und finanzierten die Tempel, die Zünfte der Steinmetze wurden gegründet, um ihre Baupläne auszuführen. Man sagt, dass diese Steinmetze die Lehrsätze ihres Glaubens buchstäblich in die Dome hineinmauerten, ein Glaube, der seinen Ausdruck in der Mathematik und in Symbolen fand. Ihr wichtigster Glaubenssatz war das kosmische Prinzip der Harmonie zwischen männlichen und weiblichen Kräften.

Vielleicht wird man noch viele Geheimnisse der Templer entdecken, wenn man die Abmessungen und Einzelheiten ihrer Gebäude näher untersucht. Die Baumeisterzunft, die sowohl in Chartes, als auch an anderen Orten Frankreichs zu dieser Zeit Kathedralen erbaute, nannte sich Kinder Salomos,[13] ein deutlicher Verweis auf den Sohn König Davids, der den ersten jüdischen Tempel in Jerusalem erbauen ließ. Doch der Name birgt noch bedeutsamere Assoziationen. Salomo war auch für seine Weisheit bekannt und ist angeblich der Autor des Hohelieds, jenes Liebeslieds des *hieros gamos* der Antike. Im Buch der Weisheit steht außerdem, dass Salomo die Weisheit zu seiner Braut erwählte. Demnach dient der Name dieser Steinmetzezunft als Bindeglied zur Weisheitstradition des antiken Judentums. Ihre Berufung war der Bau von Tempeln, um in der Welt des Mittelalters das weibliche Prinzip wiederherzustellen.

Während des erbarmungslosen Feldzugs der Inquisition gegen die albigensische Häresie und die bedeutenden Familien der Provence, von denen viele zu den Templern gehörten, verdorrten die Knospe des Weiblichen und ihre wesensverwandten Zweige der Wissenschaft und Kunst schnell. In seinem Buch *The Mysteries of Chartes Cathedral* schreibt Louis Charpentier, dass jener Geist, der die gotischen Dome ursprünglich inspirierte, nach 1250 auf unerklärliche Weise verschwand, obwohl weiterhin großartige, »meisterhafte« Kopien im selben Stil gebaut wurden.

Vielleicht können wir dieses rätselhafte Verschwinden des Geistes erklären. Von 1250 an wuchs die Macht der Inquisitoren, es war das Jahr der Schändung der Provence und der Zerstörung der Katharerfestung Montségur. Kein Wunder, dass der Geist entfloh! Der spätere Versuch einer Wiederherstellung des Weiblichen war sehr eingeengt, und die Mystiker, Künstler und Wissenschaftler der Ketzerkirche sahen sich gezwungen, ihren Interessen im Geheimen nachzugehen. Die einst blühenden Einzeldisziplinen Medizin, Alchimie, Astrologie, Mystik und Psychologie wurden in den Untergrund getrieben und als »okkult« verdammt.

Trotzdem bezeugen viele Baudenkmäler des zwölften und dreizehnten Jahrhunderts immer noch die aufgeklärte Einstellung ihrer Architekten und Erbauer. Ein besonders faszinierendes Beispiel für »okkulte« Geometrie ist die 1207 im italienischen Florenz erbaute Kirche von San Miniato, die in einem jüngst erschienenen Buch von Fred Gettings beschrieben wird.[14] Im Marmorboden dieser Kirche befinden sich ein Tierkreis-Mosaik und eine verschlüsselte Inschrift, die Gettings für einen Hinweis auf die genau berechnete Ausrichtung der Kirche nach einem seltenen »stellium« hält, nämlich einer Konjunktion zwischen den Planeten Merkur, Venus und Saturn im Zeichen des Stieres, die Ende Mai 1207 erschien. Allein die Tatsache, dass eine solche Ausrichtung möglich war, beweist, dass die Baumeister von San Miniato Zugang zum Geheimwissen der Antike besaßen. Außerdem zeigt diese Ausrichtung, wie wichtig die Astrologie im mittelalterlichen Europa war.

Die Astrologie war eine der Künste, die im zwölften und dreizehnten Jahrhundert in der Schule von Chartes unterrichtet wurden. Das Studium der Astrologie ermöglichte es dem Gelehrten, über die Gesetze des Himmels und der Erde und über den großartigen Entwurf des heiligen Vermessers, des göttlichen Schöpfers, nachzudenken. Die Berechnung der »Fundaments-Karten« für die Dome Westeuropas war der Versuch, die Gebäude und Baupläne der Stadt Gottes auf Erden nach der ewigen kosmischen Ordnung auszurichten, die sich in den Planetenbewegungen zeigte. Die heilige Geometrie, die auf den Bewegungen der Himmelskörper basierte, ist eine uralte Kunst und Wissenschaft, mit deren Hilfe jahrtausendelang in aller Öffentlichkeit Tempel gebaut wurden, bevor die Inquisition sie zum Okkultismus verdammte.

Wir haben schon erörtert, wie der Glaube der Templer, der das kosmische Gleichgewicht der Gegensätze feierte, in die Dome hineingebaut wurde. Die großartigen »Fensterrosen« aus vielfarbigem Glas sind ein weiteres Beispiel für das Wiedererwachen des Weiblichen unter den Baumeistern der mittelalterlichen Kirchen zu Ehren »Unserer Herrin«. Darüber hinaus glaubten die mittelalterlichen Zigeuner, dass die »Notre Dame« geweihten gotischen Kathedralen Nordfrankreichs absichtlich so positioniert waren, dass sie das himmlische Sternbild der

Jungfrau – der Madonna – exakt auf dem Erdboden widerspiegelten.

Obwohl die Verehrung von Jesu Braut offiziell von der katholischen Kirche unterdrückt worden war, blühten die Heiligtümer der Jungfrau Maria weiterhin und zogen Pilger aus ganz Europa an. Der Weiblichkeitskult erreichte seinen Höhepunkt, als Maria den Titel »Jungfräuliche Himmelskönigin« erhielt. Doch während die Jungfrau Maria eine angemessene Darstellung des mütterlichen Aspekts des Weiblichen ist, verleugnet das Dogma ihrer immerwährenden Jungfräulichkeit zugleich stillschweigend ihren Aspekt als *Ehefrau*. So schön diese Mutter auch ist, bleibt dennoch unverkennbar, dass in der Geschichte des Christentums eine sehr reale und kostbare Figur fehlt: die Braut.

Der Tempel der Braut

1991 erschien ein faszinierendes Buch von Henry Lincoln, in dem beschrieben wird, wie die mittelalterlichen Templer die heilige Geometrie ausübten. In diesem Buch *The Holy Place* erzählt Lincoln, dass an der Wiege der Häresie, im Gebiet um Rennes la Château in der Provence, fünf Berge einen vollkommenen fünfzackigen Stern bilden, während ein sechster Berg in der Mitte das genaue Zentrum des Sterns markiert.[15] Laut Lincoln begriffen die Bewohner der Gegend diese Formation als natürlichen Tempel der Liebesgöttin. Die Konfiguration dieses geographischen Tempels bewog die örtlichen Grundbesitzer und Adligen dazu, ihre Festungen und Kapellen so auszurichten, dass sie perfekte fünf- oder sechszackige Sterne bildeten. Man sieht dies deutlich, wenn man die noch erhaltenen Gebäude und Ruinen in eine Landkarte der Gegend einzeichnet, was Lincoln getan hat. Das Buch enthält aufregende Beweise dafür, dass zum Kult der örtlichen Domina, der Magdalena, in dieser Gegend auch die heilige Geometrie gehörte.

Als der Vatikan und der französische König Philipp IV. 1307 die Auflösung des geheimen Templerordens veranlassten, versteckten sich die wenigen Überlebenden. Einige tauchten später in Schottland wieder auf. Vier Jahrhunderte später wurde ein Großteil des Templerwissens in der Geheimgesellschaft der Freimaurer neu belebt. Es gibt viele fossile Beweise für einen Zusammenhang zwischen den modernen Freimaurern und den Tempelrittern. Dieses Material ist für unsere Suche nach der verlorenen Braut so bedeutsam, dass es eine genauere Untersuchung verdient.

Freimaurer und Templer

Das moderne Freimaurertum bezieht sich häufig auf die Symbolik des Tempels, den Salomo im zwölften Jahrhundert v. Chr. auf dem Berg Sinai bauen ließ. An diesem Tempel arbeitete Hiram von Tyrus mit, jener Kunsthandwerker, der laut 1 Kön. 7:13–50 die Zwillingssäulen, die heiligen Gefäße und die übrige Ausschmückung gestaltete. Hiram war ein Prototyp des mittelalterlichen Alchimisten, des »Metallarbeiters«. Worin die Verbindung zwischen den Tempelrittern, den Alchimisten, den Steinmetzen und der späteren Entwicklung des »theoretischen« Freimaurertums auch genau bestehen mag, sie haben viele Mythen und Geheimnisse gemeinsam, die alle mit der Wiederherstellung des Gleichgewichts und dem Wiederaufbau des zerstörten Tempels zu tun haben.

Wie wir bereits gesehen haben, nannten sich die Mitglieder der Steinmetzezunft, die Chartes und andere gotische Dome baute, Kinder Salomos. Ein anderer Beiname, »Söhne der Witwe«, hat starken Bezug zu den Riten moderner Freimaurer und ist eins jener Fossilien, die die heutige Freimaurerei mit der Gralsketzerei verknüpfen. Parsifal, der Held des Gralsgedichts von Wolfram von Eschenbach, wird »Sohn der edlen Witwe«

genannt. Abgesehen von der Anspielung auf die verlassene »Witwe Jerusalem« aus dem hebräischen Buch der Klagelieder, könnte sich dieser Beiname auch auf die Blutlinie des jüdischen Königs David beziehen. Die Abstammung Davids wird bis zu Ruth, der *Witwe* aus Moab, zurückverfolgt, die ihre Schwiegermutter nach Judäa begleitete und später Naomis Verwandten Boaz heiratete. König David war ihr Urenkel.

Sonderbarerweise werden in alten Texten auch die Anbeter der Mittelmeergöttin Isis »Söhne der Witwe« genannt. Wir haben bereits darauf hingewiesen, dass viele Künstler Maria Magdalena mit Isis, der »Königin des Himmels und der Erde«, identifizierten, die über dem verstümmelten Leichnam des Osiris klagte und ein Kind von ihm empfing.

Anscheinend bezogen diejenigen, die vom Sangraal wussten, den Beinamen »Söhne der Witwe« auch auf die Nachfahren von Jesu Witwe, der selbst ein »Spross« oder Abkömmling aus Davids königlichem Geblüt war. In den Templerfamilien lebte der Mythos von der großen Bedeutung und der herausragenden Stellung König Davids weiter.

Hiram von Tyrus und die Zwillingssäulen

Hiram, der Meisterarchitekt von Salomos Tempel, ist ein weiterer »Sohn einer Witwe« (1 Kön. 7:13). Der biblische Hiram spielt in den Riten der Freimaurer eine große Rolle. In ihrem Gründungsmythos und im Initiationsritual dritten Grades wird er Hiram Abiff genannt. Dieser Hiram von Tyrus, der Sohn der Witwe, goss die beiden Bronzesäulen des Tempels, von denen die rechte Jachin (»gegründet«) und die linke Boaz (»Stärke«) hieß (1 Kön. 7:21). Da man im Hebräischen von rechts nach links liest, bedeuten diese Säulen »auf Stärke gegründet«. Durch die mit ihnen verbundene Symbolik spielen diese beiden Säulen Hirams in unserer Erörterung der Witwe und des Weinstocks

Abb. 1: Die Zwillingssäulen

in der Blutlinie Davids eine große Rolle. Sie tauchen immer wieder auf und finden sich auch in den Wasserzeichen der Ketzer, die wir im nächsten Kapitel genauer untersuchen werden (siehe Abb. 1).

Im Ritual der Freimaurer ist der »Gründungsmythos« des Hiram eine dürftig verschleierte Anspielung auf einen anderen »Meisterarchitekten«, der heimtückisch ermordet wurde und dessen Baupläne des Tempels verloren gingen oder gestohlen wurden. Hierbei ist zu beachten, dass das griechische Neue Testament Jesus nicht als »Zimmermann«, sondern als *tekton* bezeichnet (Mk. 6:3). Ein *tekton* war ein Bauingenieur, jemand, der ein Haus, eine Brücke, ein Boot oder auch Möbel entwerfen und bauen konnte.[16] Insofern beziehen sich die Anspielungen auf den »Baumeister« Hiram auch auf Jesus, da er den »Gesamtplan« für die Stadt Gottes besaß, der nach seinem Tod verloren ging, als seine Botschaft korrumpiert wurde. Vielleicht wurde das Wort *tekton* missverstanden, mit »Zimmermann« übersetzt und wörtlich auf Jesus bezogen, anstatt, wie ursprünglich beabsichtigt, ein symbolisches Beiwort zu bleiben. Vielleicht war es ursprünglich eine Anspielung auf Jesus, den Baumeister und Architekten des Neuen Bundes.

Die Frau Matronit

Man kann den Bau der Dome zu Ehren »Unserer Herrin« durch die Steinmetzezünfte des mittelalterlichen Europas mit dem Versuch der jüdischen Kabbalisten im Spanien des dreizehnten Jahrhunderts vergleichen, die sich darum bemühten, die weibliche Ergänzung Jahwes in ihren Mythen wieder aufleben zu lassen. Unter den austauschbaren Namen Schechina oder Matronit war sie in der kabbalistischen Mythologie die Gemahlin Jahwes. Seit der Zerstörung ihres Tempels in Jerusalem im Jahr 70 n. Chr. hatte Jahwe sie verloren.[17] Dieser Mythos erzählt, dass Jahwe einsam in der Himmelskuppel regieren muss, seit die Brautkammer ihrer ehelichen Vereinigung nicht mehr existiert und er von seiner geliebten weiblichen Ergänzung getrennt wurde. Die Matronit ist nun heimatlos und lebt in der Verbannung, genau wie ihr Volk, die Juden, in der Diaspora. Offenbar war vielen mittelalterlichen Theologen und Philosophen die Notwendigkeit bewusst, das vernachlässigte weibliche Prinzip wieder in das himmlische Paradigma aufzunehmen, um das Gleichgewicht in der Gesellschaft wiederherzustellen. Dabei wandten sie das esoterische Prinzip »wie im Himmel, so auf Erden« an.

Der verkrüppelte Fischerkönig

In den mittelalterlichen jüdischen Mythen von Jahwe und der Matronit klingen die Themen der Gralslegenden an: Ohne seine Gemahlin ist der König machtlos und unfruchtbar. Die Wunde, die nicht heilt, symbolisiert den Verlust der weiblichen Ergänzung des Gottes, genau wie die unfruchtbare Einöde die Verwundung Gottes symbolisiert.

In den Legenden wird nie behauptet, dass der verlorene Gral die Braut sei. Doch die Identität des Fischerkönigs in Wolfram von Eschenbachs Parsifallegende ist klar: Der Name des verwundeten Königs ist Amfortas, eine entstellte Form von *in fortis,* was »in Stärke« bedeutet. Dies ist der lateinische Name der linken Tempelsäule in Jerusalem, die auf Hebräisch Boaz heißt. Der Name dieser Säule ist zugleich der Name des Ahnherrn König Davids und somit eine klare, unverhüllte Anspielung auf die Verheißung, die auf der Blutlinie Davids liegt, der Linie der Prinzen von Juda: dass das Reich dieser Prinzen für immer »in Stärke« errichtet werden wird, da Juda von den zwölf Söhnen Jakobs, des Patriarchen Israels, der *stärkste* war. Somit bezieht sich der Name Amfortas auf die zerbrochene linke Säule des Tempels in Jerusalem, was die unterbrochene Linie der Nachfolger Davids symbolisiert.

In der Geschichte kann der »Fischerkönig« Amfortas – also der »Fisch-König« Jesus aus der Linie Davids – nur geheilt werden, wenn der Gral wieder gefunden wird, und das kann nur geschehen, wenn man die richtigen Fragen stellt. Der Verlust seiner weiblichen Ergänzung ist die Ursache für die Wunde des Königs, doch die Geschichte wurde von späteren Interpreten missverstanden, die den Gral für einen Kunstgegenstand hielten, während er in Wirklichkeit die verlorene und verstoßene Braut war.

KAPITEL V

Relikte der verborgenen Kirche

Es gelang der verborgenen Gralskirche, die andere Version des Christentums jahrhundertelang lebendig zu erhalten. Die Anhänger dieser Ketzerei verstanden die wahre Natur der Verwundung des Königs und glaubten, dass nur die Wiederaufnahme seiner Frau in die himmlischen Paradigmen und in die Geschichte das Ödland wieder fruchtbar machen konnte. Vielleicht sollten wir jetzt einige Orte untersuchen, an denen die Gralshäresie und die verborgene Kirche dem langen Arm der Inquisition ausweichen und in der westeuropäischen Kunst und Literatur gedeihen konnte.

Im Jahr 1912 wurde *The Lost Language of Symbolism* von Harold Bayley erstmals verlegt. Mit Hilfe von Philologie und Mythologie erklärt der Autor in diesem zweibändigen Werk die Symbole und Embleme, die die ersten Papierhersteller in der Provence als Wasserzeichen verwendeten.[1] Diese Wasserzeichen sind halbdurchsichtige, direkt ins Papier eingepresste Muster in den Seiten europäischer Bibeln. Bayleys bedeutendes Werk stützt sich auf eine große Bandbreite vergleichend mythologischer, folkloristischer, biblischer und klassischer Quellen. Es enthält über 1400 Abbildungen von Wasserzeichen, die er und sein Vorgänger Charles-Moïse Briquet in den Seiten antiquarischer Bibeln aus dem dreizehnten bis achtzehnten Jahrhundert fanden. Die ersten Wasserzeichen stammen aus dem Jahr 1282.[2]

Auch die albigensischen Ketzer pressten solche symbolischen Markierungen in das Papier, auf das sie die volkstümliche Literatur ihrer Zeit druckten. Diese unauslöschlichen Markierungen bewahren die Fossilien ihrer Häresie. Mit anderen Worten, die Papierhersteller hatten eine geniale Methode entdeckt, ihren Glauben in Symbolen zu verbergen, wo sie vor der Inquisition geschützt waren. So blieben die Sinnbilder ihres Glaubens über Jahrhunderte erhalten.

Ich glaube, dass sich Bayley irrte, als er die Ketzerei, die er in diesen Wasserzeichen fand, als rein mystisch interpretierte. In vielen Fällen beziehen sich die Embleme nicht nur auf Glaubenssätze, sondern auch auf Politik; und die Ketzerei, auf die viele von ihnen hindeuten, ist die Gralshäresie.

Wir haben bereits festgestellt, dass im Südfrankreich des zwölften Jahrhunderts nicht nur die Saat der Gralsketzerei ausgesät wurde, sondern dass dort auch die Blüte der Künste und des Schrifttums ihren Ursprung hatte. Die von Bayley erforschten Wasserzeichen werfen ein neues Licht auf den Glauben der Ketzer, die Jesus offenbar für ein irdisches Gefäß des Geistes Gottes hielten und glaubten, dass seine Lehre sie zu persönlicher Erleuchtung und Verwandlung führen würde. Viele glaubten außerdem, dass Jesus verheiratet war und dass sein Blut noch immer in den Adern gewisser provenzalischer Familien floss. Manche Wasserzeichen waren rein mystisch und wiesen den Weg zu persönlicher Heiligkeit, Reinheit und den Dienst am Nächsten, wie er in den Evangelien beschrieben wird. Doch sogar dies waren ketzerische Lehren, denn sie umgingen die Liturgien und Sakramente der etablierten Kirche von Rom. Andere Wasserzeichen waren ketzerisch, weil sie den Glauben an einen verheirateten Jesus ausdrückten, der der Erbe König Davids war.

Eins der am häufigsten verwendeten Embleme der Papierhersteller scheint das Einhorn gewesen zu sein (siehe Abb. 2). Laut Bayley waren über elfhundert der von ihm gefundenen Wasserzeichen Abbildungen dieses mystischen, einhornigen Tieres. Die bewusste Verwendung dieses Symbols für Christus, den archetypischen Bräutigam, ist in der mittelalterlichen Folklore so

Abb. 2: Das Einhorn

wichtig, dass ich sie im nächsten Kapitel ausführlich erörtern werde. Aus Gründen, die für unsere Geschichte von tiefer Bedeutung sind, war das Einhorn im mittelalterlichen Europa eines der beliebtesten Motive.

Es gibt auch zahlreiche Wasserzeichen, die einen Löwen darstellen. Der Löwe existiert in vielen Varianten, aber die »Mystiker« oder Ketzer verstanden ihn als den Löwen von Juda. Der Löwe von Juda wird im Alten Testament erstmals im ersten Buch Mose 49:8–10 erwähnt: »Dich, Juda, preisen deine Brüder ... die Söhne deines Vaters neigen sich vor dir. Du gleichst einem jungen Löwen, o Juda ... nur Juda gehört das Zepter ...« *(NIV)*.

In 1 Chroniken 5:2 steht, dass die Prinzen Israels aus dem Stamm Juda hervorgehen werden, da er der *stärkste* unter den zwölf Söhnen Jakobs war. König David, der jüngste Sohn Jesses, stammte durch Boaz und Ruth von Juda ab, und Jesus wurde bei seinem triumphalen Einzug in Jerusalem zum »Sohn Davids« erklärt, als das Volk »Hosianna!« rief und Palmwedel vor ihm ausbreitete. Im Buch der Offenbarung 5:5 wird deutlich ge-

Abb. 3: Der Löwe von Juda

sagt, dass das Lamm, das erschlagen wurde und zur Rechten des ewigen Gottes sitzt, »der Löwe aus dem Stamme Juda« ist. Dieser Löwe, der in den Wasserzeichen der Provence abgebildet ist, ist niemand anders als Jesus.

In einem der von Bayley kopierten Wasserzeichen befindet sich am Ende des Löwenschwanzes ein Granatapfel (Abb. 3a); in einem anderen gleicht sein Bart einer Weintraube (Abb. 3b). Zum Bersten mit roten Kernen gefüllt, ist der Granatapfel in archaischen Religionen ein Symbol der körperlichen Fruchtbarkeit. Im Hohelied wird der Garten der Braut und des Bräutigams als Granatapfelgarten beschrieben. Die Weintraube ist eine deutliche Anspielung auf die Früchte und Samen des Weinstocks. In den hebräischen Schriften ist dies ein Gleichnis für das Erbe Israels: »Der Weinberg des Herrn ist das Haus Israel und die Männer Judas sind seine geliebte Pflanze« (Jes. 5:7).

In manchen Beispielen sprießt die *fleur-de-lis* aus dem Kopf des Löwen. Diese dreiblättrige Schwertlilie ist das Symbol des Merowingerkönigs Chlodwig I. (466–511 n. Chr.) und der rechtmäßigen Blutlinie der Könige Frankreichs. Somit ist ein

TAFEL 1. *Der Kaiser*

TAFEL 2. *Der Papst*

TAFEL 3. *Die Liebenden*

TAFEL 4. *»Peter der Einsiedler«*

TAFEL 5. Kraft

TAFEL 6. Der Wagenlenker

TAFEL 7. Gerechtigkeit

TAFEL 8. Der Gehenkte, »Der gefolterte Tempelritter«

TAFEL 9. *Tod*

TAFEL 10. *Klugheit*

TAFEL 11. *Der Teufel*

TAFEL 12. *Der Turm*

TAFEL 13. *Der Mond*

TAFEL 14. *Die Sonne*

TAFEL 15. *Gericht*

TAFEL 16. *Die Welt*

TAFEL 17. *Madonna mit Buch von Botticelli*

TAFEL 18. *Madonna mit Granatapfel von Botticelli*

TAFEL 19. *Madonna del Magnifikat von Botticelli*

TAFEL 20.

Die heilige Maria Magdalena unter dem Kreuz von Botticelli

TAFEL 21. Derelicta von Botticelli

TAFEL 22.
Die heilige Maria Magdalena von della Francesca

TAFEL 23. *Noli Me Tangere von Fra Angelico*

TAFEL 24.
Die reuige Magdalena von Georges de la Tour

TAFEL 25.
Die Einhornjagd, Paneel VII, »Das gefangene Einhorn«

TAFEL 26. La Dame à la Licorne, »Sehen«

TAFEL 27. *La Dame à la Licorne, »Berühren«*

TAFEL 28. Der Weg nach Golgatha von Simone Martini

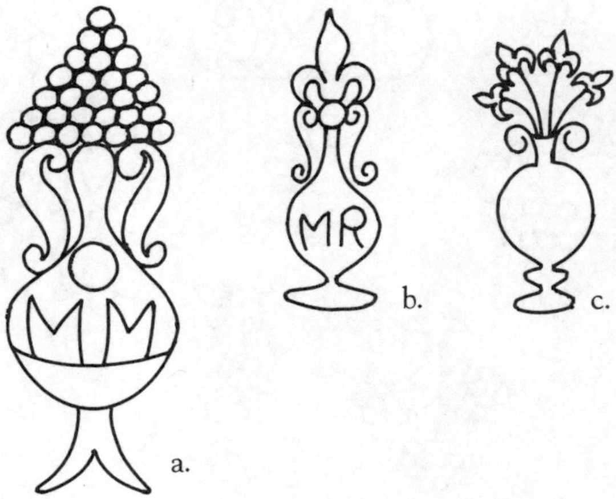

Abb. 4: Der Gral

Löwe mit einer Schwertlilie auf dem Kopf oder am Schwanzende höchstwahrscheinlich eine politische Anspielung auf das königliche Geblüt Frankreichs und Israels – die Blutlinie der Prinzen von Juda.

Andere Wasserzeichen zeigen ein Gefäß, das Bayley als »den Gral« bezeichnet und das oft mit mehreren heraussprießenden Schwertlilien oder einer Weintraube abgebildet wird (Abb. 4). Auf einem dieser Gefäße sieht man das Monogramm »MM«, Maria Magdalena (Abb. 4a) oder vielleicht »Maria Maior«, und auf einem anderen »MR«, »Maria Regina« (Abb. 4b). Beide Beinamen könnten natürlich auf die jungfräuliche Mutter Christi anspielen, wie üblicherweise *angenommen* wird, doch ebenso gut auch auf Maria Magdalena. Die Symbole beziehen sich auf das »Gefäß« oder den Träger, durch den sich die Herrscherlinie Israels und Judas fortpflanzte. Auf anderen Abbildungen sprießt eine Schwertlinie aus einer Vase (Abb. 4b, 4c). Manche Embleme zeigen Weintrauben, die die Buchstaben *IC* (»Iesu Christi« in lateinischer Sprache) und die merowingische Schwertlilie einschließen (Abb. 5).

Abb. 5: Der Weinstock von Juda

Ein weiteres bedeutsames Symbol in den Wasserzeichen ist der Bär (Abb. 6), das Tier, das in volkstümlichen Überlieferungen mit den Merowingern zusammenhing. Er ist »der Starke«, der lange Zeit geschlafen hat und von dem man annimmt, dass er bald erwachen und von seinem langen Winterschlaf wiederkehren wird. Viele Vorstellungen im Namen und in den Legenden um König Artus hängen mit dem Merowingerbär zusammen. Im Märchen erscheint er in der Geschichte »Schneeweißchen und Rosenrot«. Er wurde von einem bösen Zwerg verzaubert und muss irgendwie den Bann brechen, um seine wahre Gestalt, die des schönen Prinzen, zurückzugewinnen.

Manchmal trägt der Bär in den Wasserzeichen ein »Kreuz des Lichts«, das Symbol der wahren Erleuchtung, oder die Buchstaben *LUX* auf dem Rücken (Abb. 6a, 6b). Dieses sechszackige Lichtkreuz findet man häufig in den Wasserzeichen. Das Wort »LUX« war für die albigensischen Ketzer, deren fundamentaler Glaubenssatz die *Erleuchtung* oder die Wahrheit war, von besonderer Bedeutung. Schreibt man *lux*, das lateinische Wort für »Licht«, mit den griechischen Buchstaben Λ, V und X, dann

Abb. 6: Merowingerbär

Abb. 7: Horn des Geistes

kann das ganze Wort durch den Einzelbuchstaben X ausgedrückt werden, was zu einem Symbol für »Wahrheit« wurde.[3] Dieses Symbol, der Buchstabe X (griech. »chi«), galt als heilig, denn laut der lateinischen Übersetzungen des Buches Ezekiel 9:4

sollten mit ihm die Stirnen der geistig Erleuchteten (jener, die um Jerusalem trauerten) gezeichnet werden. Auch die Eingeweihten des Klosters am Toten Meer in Qumran waren mit diesem Symbol gezeichnet. Später übernahmen die Christen diese Sitte in den Taufriten als »Zeichen des Kreuzes«. Ich glaube, dass dieses Zeichen X ein hermetisches Erkennungssymbol der Gralshäresie und der verborgenen Kirche ist und dass es in der Geheimtradition der europäischen Kunst übernommen wurde.

Gelegentlich wird der Bär in den Wasserzeichen auch mit einer Trompete oder einem Horn abgebildet (Abb. 6c bis 6e). Das Horn ist das Symbol für ketzerische Predigten (Abb. 7). Wie das sagenhafte Horn des Helden im französischen Epos *Das Rolandslied* hat sein Klang die Kraft, selbst Felsen zu sprengen. Auf das Christentum bezogen wird der »Petrusfels«, das unnachgiebige, starre Dogma der etablierten Kirche, von der ketzerischen Predigt gesprengt. In einigen volkstümlichen Erzählungen besitzt das Horn die zauberische Fähigkeit, »die Wüste zum Blühen zu bringen«.[4]

In der europäischen Märchenerzählung »Hans der Riesentöter« finden wir ein goldenes Horn, das den Bann bricht und den bösen Riesen tötet, der im Schloss wohnt und das ganze Volk in Sklaverei gefangen hält. Die Erzählung erklärt, dass alle Menschen befreit werden und das ganze Land geheilt wird, wenn das Horn endlich geblasen wird. Man muss an die Festungsmauern Jerichos denken, die laut Überlieferung nach dem Schmettern der Trompeten fielen. In den Augen der provenzalischen Ketzer war die Inquisition der römisch-katholischen Kirche der böse Riese. Sie verbargen ihre Glaubenssätze sorgfältig vor ihren allgegenwärtigen Spionen.

Ein weiteres Symbol, das unter den ketzerischen Wasserzeichen gefunden wurde, ist das Kreuz von Lorraine (Abb. 8a). Nachdem die christlichen Ritter Europas während des Ersten Kreuzzuges die Sarazenen besiegt hatten, die die Heilige Stadt besetzt hielten, wurde der Thron Jerusalems Gottfried von Lor-

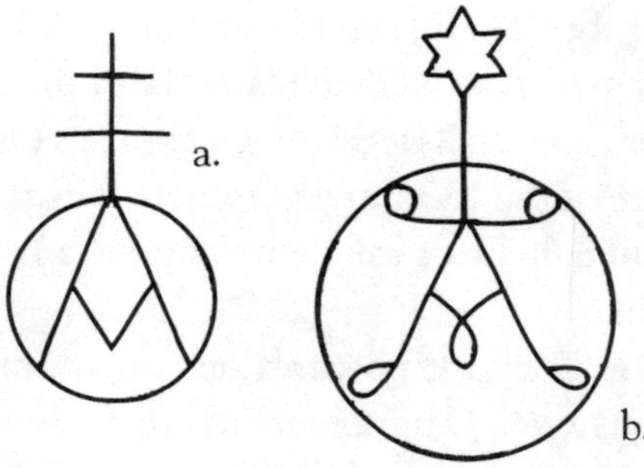

Abb. 8: Ave Millennium

raine angetragen. Wie im letzten Kapitel erörtert, war Gottfried angeblich ein Nachkomme der Merowinger, deren Nachfahren sich »Weinstock« nannten – die Blutlinie, die laut Überlieferung auf Jesus zurückging. Eins der Ziele des Ersten Kreuzzuges war es wohl, einen Sohn aus dieser königlichen Abstammung auf den Thron Jerusalems zu setzen, damit sich die Verheißungen aus Jesaja 11 endlich erfüllten. Die Politik dieser Zeit scheint den Glauben widerzuspiegeln, dass die verheißene tausendjährige Herrschaft Gottes beginnen würde, sobald die Nachkommen König Davids wieder auf dem Thron Israels saßen.

Nach der Niederlage der Sarazenen im Jahr 1099 wurde Jerusalem eine Zeit lang vom Haus Lorraine regiert. Gottfried erkrankte und starb bald. Auf ihn folgte sein Bruder Balduin I., der den Titel König von Jerusalem annahm. Die Heilige Stadt wurde später von den Sarazenen zurückerobert, und mehrere Jahrhunderte lang versuchten nachfolgende Kreuzzüge, sie wieder einzunehmen. Die Hoffnung der Ketzer auf das Tausendjährige Reich Gottes starb jedoch nicht. Später bemühte man sich, Angehörige des Adelshauses von Lorraine auf andere europäische Throne zu setzen. Die verwandte Familie Habsburg-Lorraine war berühmt für ihre durch Vermählungen herbeigeführten Bündnisse. »Nicht durch Armeen, nicht durch Gewalt, sondern durch meinen Geist!« (Sach. 4:6), so lautete das an den

»Spross«, den Erben König Davids, gerichtete Wort des Herrn. Ein weises Sprichwort ist mit dem Haus Habsburg-Lorraine verbunden: »Andere führen Kriege; du, glückliches Österreich, heirate!« Offenbar ist die Idee, dynastischen Aufbau durch Ehen zu etablieren, im Fall dieser mit dem Sangraal so eng verbundenen Familie sehr alt.

Das Kreuz von Lorraine hat statt des sonst üblichen einzelnen Querbalkens zwei. Der kleinere obere Balken symbolisiert die Schriftrolle mit der Inschrift INRI (Jesus von Nazareth, König der Juden). Laut der Evangelien (Mk. 15:26, Joh. 19:19) wurde sie auf Anweisung von Pilatus über Jesu Kopf befestigt, während er am Kreuz litt. Sie bezeugte den fundamentalen Glaubenssatz der verborgenen Kirche, dass Jesus der legitime König aus der Linie Davids war.

Jahrhundertelang hat man in Frankreich das Kreuz von Lorraine als Symbol des Rufs nach Freiheit benutzt. Eines von Bayleys Wasserzeichen zeigt eine mit dem Doppelbalkenkreuz gekrönte Kugel, die die Erde darstellt (Abb. 8a). Interessanterweise hat die Résistance während der Besetzung Frankreichs im Zweiten Weltkrieg das gleiche Kreuz benutzt, um französische Patrioten zu Sabotageakten gegen die Nazis aufzurufen. Es erscheint auch auf den Mitgliedskarten der modernen Freimaurer – obwohl es in diesem Fall auf der Seite liegt und aus zwei X hintereinander besteht. Dieses Emblem bezeugt einen ursprünglichen Zusammenhang zwischen modernem Freimaurertum und den Glaubenssätzen der Gralshäresie, die auch von den Autoren des Buches *Holy Blood, Holy Grail* wiederholt bestätigt wird. Das auf der Seite liegende Emblem scheint eine verschlüsselte Botschaft zu sein: »Die wahre Erleuchtung *liegt* auf dem Haus Lorraine und in den Glaubenssätzen der Gralshäresie.«

Die Klinge und der Kelch

Bayley glaubt, dass das AVM-Zeichen ⩓ für »Ave Millennium« oder »Dein Reich komme« steht (Abb. 8). Das innere M kann auch als Zeichen für »Maria« verstanden werden. Normalerweise halten Christen es für die Abkürzung von »Ave Maria« und glauben, dass es sich auf die Jungfrau Maria, Jesu Mutter, bezieht. Doch die indirekte Bedeutung des Symbols ist, dass sich die Verheißungen des Millenniums (des Tausendjährigen Reiches Gottes) nur erfüllen können, wenn das Λ und das V in Eintracht miteinander verbunden werden. Das Λ ist das archetypische männliche Symbol, die »Klinge«, während das V, sein »ebenbürtiges Gegenteil«, das archetypische weibliche Symbol, den »Kelch«, darstellt. Die dadurch im Himmel wiederhergestellte Harmonie wird sich in den Beziehungen auf der Erde widerspiegeln.

Augenblicklich ist unser Ideal der Heiligkeit das Paradigma eines unverheirateten Sohnes und einer jungfräulichen Mutter. Ein mögliches Resultat dieser Kombination ist die jahrhundertelange Entwertung der ehelichen Beziehungen aller »in Fleisch und Blut« verbundenen Partner. Aber Gottes Beispiel für Heiligkeit ist die Beziehung zwischen Braut und Bräutigam, wie zahlreiche Propheten und Mystiker bekundet haben. Interessant ist, dass sich dieses Symbol, das ursprünglich die mittelalterliche Hoffnung auf ein friedliches Tausendjähriges Reich ausdrückte, im modernen Freimaureremblem des Zirkels und der Reißschiene wiederholt.

Der Buchstabe M dominiert viele ketzerische Wasserzeichen. Wir haben gerade festgestellt, dass der Buchstabe M entsteht, wenn dem Klingensymbol ein V hinzugefügt wird, um das Symbol für Ave Millennium oder Ave Maria zu bilden. Oft erscheint der Buchstabe M mit einer aus seiner Mitte sprießenden Schwertlilie (Abb. 9c, 9d). Andere Muster, die mehrere M enthalten, zeigen Türme und Burgen (Abb. 10). Diese beziehen sich mög-

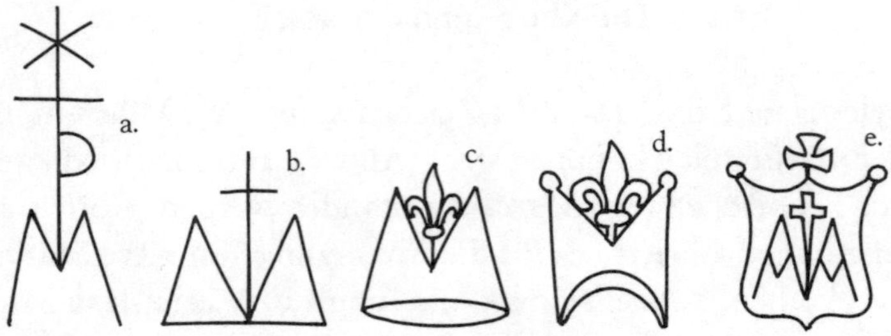

Abb. 9: Der Buchstabe M

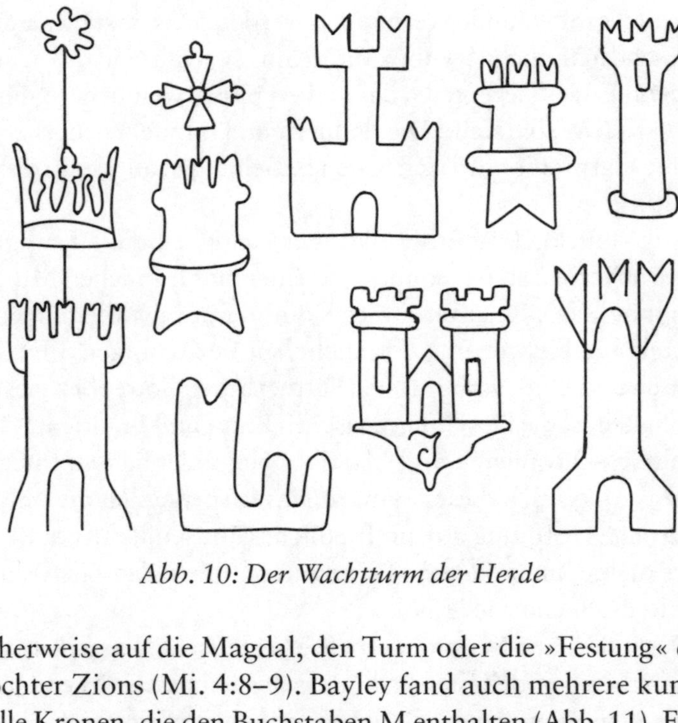

Abb. 10: Der Wachtturm der Herde

licherweise auf die Magdal, den Turm oder die »Festung« der Tochter Zions (Mi. 4:8–9). Bayley fand auch mehrere kunstvolle Kronen, die den Buchstaben M enthalten (Abb. 11). Eine von ihnen birgt außerdem den Buchstaben G (den Anfangsbuchstaben von Gésu, dem französischen Namen Jesus) sowie ein Horn, das Symbol für die ketzerischen Predigten, die den »Felsen« sprengen (Abb. 11a). Das G beherrscht auch die Mitte des

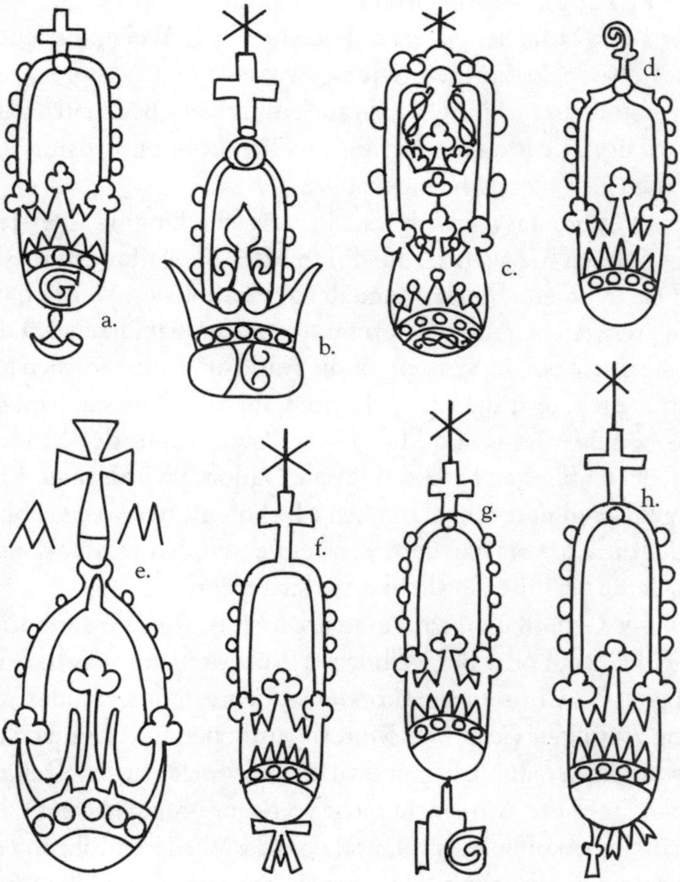

Abb. 11: Die Krone

Zirkel-Reißschiene-Emblems der Freimaurer, wobei es in diesem Zusammenhang, wie man heute annimmt, vermutlich statt Gésu *Geometrie* bedeutet. Ein weiteres Emblem enthält das *LUX*-Kreuz und die Schwertlilie der königlichen Nachfolge (Abb. 11b) sowie die Buchstaben *IC,* Iesu Christi.

Viele Wasserzeichen enthalten mehrere M, als Symbol sowohl für Maria Magdalena als auch für die Wellen des Meeres

(Latein: *mare*), wobei Miriam im Hebräischen »das Salzmeer« oder »die Dame des Meeres« bedeutet.[5] Die Wellen bedeuten das Auflösen der Formen. Wie wir wissen, kann Wasser sowohl als zerstörerische Flutwelle als auch als sanftes Bächlein auftreten. Schon die kleinsten Kräuselwellen können Erosion und letztlich Zerstörung bewirken.

Ich glaube, dass sowohl das ketzerische Dogma über Jesu Ehe als auch die Wellen, die durch *MM*, die Anfangsbuchstaben des Namens Maria Magdalena, symbolisiert werden, mit dem Sternzeichen des Wassermanns zusammenhängen. Da dieses Sternzeichen als Symbol für die Auflösung aller Formen gilt, vermute ich, dass die Ketzer hofften, ihr Glaubenssatz von der Ehe zwischen Jesus und Maria Magdalena könne den Monolithen der etablierten Kirche auflösen. Dadurch würde dann einer aufgeklärten und ganzheitlichen Mythologie der Weg geebnet, in der die Erde als Partnerin Gottes verstanden wird: als heiliges Gefäß, das die Göttlichkeit in sich trägt.

Dieser Gedanke macht heute noch Sinn. Die Wiedereinführung der Braut oder des weiblichen Prinzips in das sichtbare Paradigma des Christentums könnte die heute dominierende Trennung zwischen Geist und Materie aufheben und zugleich die verwundeten männlichen und weiblichen Seelen heilen. Der auferstandene Jesus wäre nicht mehr von seiner Braut getrennt. Die Ketzer haben offenbar geglaubt, dass die Wiedereinführung der Gemahlin das geistige Ödland fruchtbar machen und die Wüste zum Blühen bringen würde. Dies ist in den verschiedenen Gralslegenden ein immer wiederkehrendes Motiv.

Wie die Dogmen der etablierten Kirche enthielten auch die Dogmen der Ketzer einen Mythos, der ihrem Glauben ein Fundament gab. Ebenso wie der christliche Mythos war auch die Gralshäresie tief in den Verheißungen und Prophezeiungen des Alten Testaments verwurzelt. Die Ketzer verstanden die Verheißungen, die in der Heiligen Schrift mit der Dynastie Davids verbunden sind, genauso wörtlich wie die Juden – besonders die jüdischen Fundamentalisten und Zeloten zu Jesu Zeit. Die Anhänger der Gralshäresie glaubten wahrscheinlich, dass ein Herrscher aus dem Haus König Davids dereinst wieder auf dem Thron Israels sitzen und die ganze Welt in Frieden und Gerechtigkeit regieren würde.

Insofern war ihr Glaube dem Judentum eng verwandt. Der Unterschied lag darin, dass viele Ketzer des Mittelalters glaubten, der von Jesaja prophezeite »gerechte Herrscher« müsse sowohl von David als auch von Jesus herleiten. Er würde dem »Weinstock Marias« entstammen, nämlich den Merowingern. Obwohl sie dies von sich behauptete, war die römisch-katholische Kirche für die Ketzer weder das Abbild der Stadt Gottes auf Erden noch das »neue Israel«, die Erbin der Verheißungen der hebräischen Propheten. Sie hielten viele kirchliche Dogmen für falsch und standen mit hartnäckiger Treue zu ihrem eigenen Mythos der Verheißung. Vielleicht hofften sie sogar darauf, dass der »Spross aus der Wurzel Jesses« (Jes. 11:1) früher oder später einen zweiten Messias/König hervorbringen würde, der die Weltherrschaft übernehmen würde.

Verbindungen mit mittelalterlicher Alchimie

Die Symbole der mittelalterlichen Gralsketzer scheinen auch mit den Lehrsätzen der Alchimie zusammenzuhängen, die in den Schriften alter geistiger Meister gefunden wurden. Die angebliche Suche der Alchimisten nach einer Methode, durch chemische und metallurgische Prozesse Blei in Gold zu verwandeln, unterliegt einem weit verbreiteten Missverständnis. In Wirklichkeit waren die in diesen Schriften für die Metalle verwendeten Symbole eine absichtliche »Finte«, um Uneingeweihte auf die falsche Spur zu locken. Das System nahm nur *scheinbar* Bezug auf die Metallurgie; weshalb viele angehende Wissenschaftler und Goldsucher die Worte und Symbole der Alchimisten wörtlich verstanden, sich in improvisierte Küchen und Laboratorien einsperrten und so allmählich die moderne Chemie entwickelten.

Vielleicht hatten die Experimente und Formeln der mittelalterlichen Meister in Wirklichkeit auch mit der Färbung des Buntglases zu tun, aus dem in den gotischen Domen die grandiosen Fenster gestaltet wurden. Man nimmt an, dass diese Kunst während des elften Jahrhunderts im Mittleren Osten entstand, gerade rechtzeitig für die Entdeckung durch die westlichen Kreuzritter. Die Hinweise mancher Alchimisten auf die Farben der erhitzten Metalle (und der Tinkturen, die durch Kombinieren und Erhitzen der Metalle gewonnen wurden) könnten sehr wohl Beschreibungen der in der Glasmacherkunst verwendeten Prozesse sein. Nur Eingeweihte hätten die jeweiligen Formeln erkennen können.

Doch das tiefste und bestgehütete Geheimnis der frühen Meister der Alchimie war nicht chemischer, sondern theologischer, philosophischer und psychologischer Natur. Ihre Schriften offenbaren als Hauptanliegen die mystische Transformation einer »natürlichen« Person in ein geistig erleuchtetes Wesen. Die natürliche Person wurde »Blei« genannt, die transformierte Person dagegen »Gold«. Wie Gold im Feuer von Unreinheiten gereinigt wird, so wird auch der menschliche Geist im Schmelztiegel des Lebens geläutert. Zur Wegweisung dieser geistigen Transformation dienten die Heilige Schrift und gewisse geheime Einweihungsriten, die zur Erleuchtung führten. Vermittler dieser Einsicht war der Heilige Geist. Dieses System wurde als Ketzerei gebrandmarkt, weil es die etablierte Kirche umging und in seinen mystischen Dogmen die Vervollkommnung des Menschen durch Liebe und Erleuchtung lehrte. Folglich verbargen die ständig von der Inquisition verfolgten Alchimisten ihren Glauben sorgfältig hinter den rätselhaften Symbolen der Metallurgie.

Es ist aufschlussreich, dass Hiram von Tyrus, jener Sohn der

Witwe, der mit dem Bau des Salomotempels in Jerusalem beauftragt wurde (1 Kön. 7:13), ein Metallkünstler war, mit anderen Worten ein »Alchimist«. In der antiken Welt war das Wissen über Metalle, ihre Eigenschaften und Legierungen ein geheimes Vorrecht des Königshauses. Es bedeutete Macht und Reichtum. Tatsächlich war der Veredelungsprozess des Goldes von allen Staatsgeheimnissen das kostbarste. Ebenso waren auch die Formeln für stärkere Legierungen zur Waffenherstellung und glänzender Metalle für korrosionsfreie Dekorationen eifersüchtig gehütete Geheimnisse. Jener Hiram von Tyrus, der Prototyp des Alchimisten, und Tubal Kain, »der Vater all jener, die Gefäße aus Eisen und Bronze schmieden« (1 Mo. 5:22), sind fossile Bindeglieder in einer Kette, die die mittelalterlichen Alchimisten, die modernen Freimaurer und auch die letzten Nachkommen aus der Blutlinie Davids, die den Beinamen »Söhne der Witwe« für sich beanspruchten, miteinander verbindet.

Die hermetische Tradition

Sogar im Namen Hirams findet sich ein weiterer Hinweis auf den Zusammenhang zwischen mittelalterlichen Alchimisten und modernen Freimaurern. Sprachwissenschaftlich gesehen wird Hiram mit dem griechischen Hermes (Lateinisch: Merkur, Ägyptisch: Thoth) gleichgesetzt: der Götterbote und Wächter der Kreuzwege, dem »X«. Dieser »Gott der Gegensätze« wird oft mit geflügelten Füßen und dem Echionstab (dem Emblem der Götterboten) dargestellt und in den Schriften der Alchimisten häufig erwähnt. Wie das Element Merkur oder »Quecksilber« ist er schwer fassbar und wechselt ständig seine Form. Hermes ist als »Spaßvogel« oder auch als »Betrüger« bekannt, denn er beherrscht das Prinzip der Synchronizität, nach dem ein »bedeutungsvoller Zufall« augenblicklich Erleuchtung bringt. Anscheinend ist er eine Brücke zwischen Geist und Materie. Die

Alchimisten verstehen dieses Prinzip als Instrument der Transformation und Hermes wird als Lichtbringer verehrt.

Um Hermes' Bedeutung in der Weisheitstradition erschöpfend zu erläutern, wäre ein zweiter Band vonnöten. Hiram von Tyrus, der Metallexperte und Meisterarchitekt des Tempels Salomos (dessen Säulen, Granatäpfel, Lilienornamente, Netze und Gefäße im ersten Buch der Könige beschrieben werden), galt als Musterbeispiel eines erleuchteten Alchimisten unter Hermes' Führerschaft. Im Gründungsmythos der Rosenkreuzer findet sich unter anderem die Geschichte des »dreifach großen Hermes«, Hermes Trismegistos, eines legendären Alchimisten von Alexandria, der oft mit drei Speeren, seinen Strahlen der Erleuchtung, dargestellt wird. Die Eingeweihten, die seinen Lehren folgen, bezeichnet man als Hermetiker.

Wenden wir uns nun anderen rätselhaften Fossilien der Gralshäresie zu, die in der europäischen Kultur erhalten blieben. Ich habe festgestellt, dass es in der Kunst und Literatur Westeuropas schon vom finsteren Mittelalter an geradezu vor Anspielungen auf die verborgene Ketzerei wimmelt, die in der Zeit nach dem Ersten Kreuzzug (1099 n. Chr.) sogar noch häufiger werden. In vielen ehemals geheimnisumwitterten und missverstandenen Kunstwerken finden sich verborgene Anspielungen auf die Gralshäresie, die besondere Aufmerksamkeit verdienen.

Die Tarotkarten

Zu den mittelalterlichen Artefakten, die durch ihre Symbolik mit der Häresie der verlorenen Braut verbunden sind, gehören die Tarotkarten, die Vorläufer unserer heutigen Spielkarten. Die Ursprünge des Tarots gelten als unklar; Mutmaßungen über ihren Ursprung reichen von Indien bis Ägypten. Man weiß, dass schon 1392 Tarotkarten existierten, doch der früheste erhaltene Satz ist ein Spiel, das angeblich von einem Maler aus dem fünfzehnten Jahrhundert entworfen wurde, vielleicht von Andrea Mantegna (1431–1506). Die vier Farben und zweiundzwanzig »Trümpfe« der Spiele aus dieser Zeit enthalten eindeutig Symbole der Gralshäresie; insbesondere scheint das Spiel Charles VI. oder »Gringonneur-Spiel« eng mit der verborgenen Tradition verbunden zu sein. Ein Franziskanermönch, der im fünfzehnten Jahrhundert gegen die Tarotkarten als Erfindung des Teufels predigte, ging mit den zweiundzwanzig Trumpfkarten besonders hart ins Gericht: Er nannte sie »Stufen einer Leiter, die in die Hölle hinabführt«.[6]

Da die Oberhäupter der katholischen Kirche die Tarotkarten nicht etwa als amoralisch oder dekadent, sondern als *ketzerisch* verdammten, müssen sie ihre Bedeutung sehr genau gekannt haben. Ich glaube, dass die *trompes* (Trümpfe) des Tarotspiels Charles VI. eine Art Leselernkarten für einen Katechismus der mittelalterlichen Gralshäresie waren. Aufgrund der Kleidung der darauf abgebildeten Figuren konnte man diese Karten auf die Mitte des fünfzehnten Jahrhunderts datieren. Ein Jahrhundert davor hatte der toskanische Maler Giotto (1267–1337) die stilisierten Heiligenscheine um die weiblichen Gestalten, die die Tugenden Gerechtigkeit, Kraft und Klugheit darstellten, populär gemacht. Man hat noch mehrere andere Entstehungsdaten für die Karten angegeben, doch wichtiger als die Datierung ist die Deutlichkeit der Symbole in diesem Kartenspiel. Der Künstler wusste genau, was er vermitteln wollte, und setzte seine Symbole bewusst ein, um die Glaubenssätze der Gralshäresie zu verbreiten. Leider sind sechs Trümpfe des Spiels Charles VI. verloren gegangen – oder, was wahrscheinlicher ist, der Zensur zum Opfer gefallen.

Aus Südfrankreich verbreitete sich die Gralshäresie von Hof zu Hof durch ganz Europa. Ich will nicht behaupten, dass die Anhänger sämtlicher ketzerischen Sekten Europas die Glaubenssätze der Gralshäresie kannten (obwohl das wahrscheinlich für viele gilt), aber in der Provence existierten die Gralshäresie und die Ketzerei der Katharer Seite an Seite und überlappten sich zum Teil: Viele Mitglieder der mit der Gralslinie verbundenen Adelsfamilien waren Katharer. Wie wir bereits gesehen haben, waren die Inquisition und die albigensischen Kreuzzüge, die die Provence verwüsteten, Burgen niederrissen und ganze Städte ausradierten, erbarmungslos in ihrer Bemühung, die Ketzerei und die Familien, die an sie glaubten, auszulöschen.

Als im Jahr 1244 Montségur, die letzte katharische Festung, fiel, ging die Häresie in den Untergrund. Notgedrungen nahmen manche ehemalige Ketzer nach außen hin den Glauben der etablierten Kirche an. Dies war ihre einzige verbliebene Überlebenstaktik. Die Häresie des Weinstocks, das Überleben der Blutlinie des Königshauses Israels, war endgültig ausgerottet worden – so schien es zumindest. Doch im Jahr 1307 verbargen sich gewisse Elemente dieser Ketzerei immer noch in den geheimen Riten der Tempelritter, von denen viele aus provenzalischen Adelsfamilien stammten. Als der Vatikan begriff, dass sich hinter dem roten Kreuz der Tempelritter sein alter Feind verbarg, beschloss er, den ganzen Orden auszurotten. Die Tempelritter wurden wegen Häresie vor Gericht gestellt und gefoltert, damit sie der Kirche Informationen über ihre Schätze verrieten.

Ein Jahrhundert später kursierten die Tarotkarten an allen Höfen Europas. Zigeuner, Spaßmacher, Jongleure und Akrobaten (die *Joker*) trugen sie von Stadt zu Stadt. Bald benutzte man sie praktisch überall an jedem Spieltisch in Europa. Die reisenden Spielleute hatten die Rolle der Troubadoure übernommen und ihre Symbole finden sich immer noch auf unseren modernen Spielkarten.

Über die Bedeutung der Tarotkarten wird seit Jahrhunderten debattiert; zahlreiche Untersuchungen und Auslegungen bringen sie mit der Alchimie, den Geheimgesellschaften der Freimaurer und Rosenkreuzer und mit dem Okkultismus im Allgemeinen in Zusammenhang. Die Bedeutung vieler Karten gilt als unklar, doch haftet ihnen immer noch ein Hauch von Gefahr an. Gleich nach ihrem Erscheinen in Europa verdammte die Kirche sie als ketzerisch, doch niemand konnte bislang eindeutig feststellen, welche Häresie sich nun eigentlich hinter ihren Symbolen verbarg. Plötzlich wirft das Gralswissen nun ein neues Licht auf dieses Rätsel.

Ein Tarotspiel besteht aus der Kleinen Arkana, die ihrerseits aus den vier Farben (Schwerter, Kelche, Pentakel und Zepter) besteht, und der Großen Arkana (die großen Geheimnisse) oder den »Trümpfen«. Unsere heutigen Spielkarten enthalten keine Trümpfe mehr, da diese Karten am erbarmungslosesten ausgemerzt wurden, aber der Spielzug »eine Trumpfkarte ausspielen« existiert immer noch in vielen Kartenspielen. Das einzige Relikt der ursprünglichen zweiundzwanzig Trümpfe, das erhalten blieb, ist der »Joker«, der Spaßmacher oder Narr, der an die »Clowns Gottes« erinnert, denen man die Verbreitung der Glaubenssätze der albigensischen Ketzerei zuschrieb. Man findet diese Gestalt häufig auf den Wasserzeichen (Abb. 12). Der Joker ist ein »Narr für Christus« (1 Kor. 4:10): »Wir sind Narren für Christus … Wir hungern und dürsten, wir sind nackt und geschunden und wir haben keine Heimat. Wir werden verachtet und wir segnen, wir werden gepeinigt und ertragen es.« Die Verbindung zu den Ketzern, die um der Wahrheit willen verfolgt wurden, ist augenfällig. Und sogar heute noch gewinnt der Joker; er scheint eine verborgene und unwiderstehliche Macht zu besitzen. Gedanklich hängt der Joker auch mit Hermes/Merkur, dem Götterboten, zusammen, der oft aufgrund seiner Spitzfindigkeit »Betrüger« genannt wird.

Die Zigeuner gelten als Erfinder der Karten, doch ich glaube eher, dass sie diese als Wahrsageinstrument umfunktionierten, genau wie andere sie als Spielkarten umfunktionierten. Aufgrund der inneren Symbolik, die die ersten bekannten Kartensätze enthalten, bin ich davon überzeugt, dass ihr Ursprung die albigensische Gralshäresie ist. Es liegt nahe, dass die Gaukler- und Zigeunertruppen, die die Troubadoure begleiteten, durch

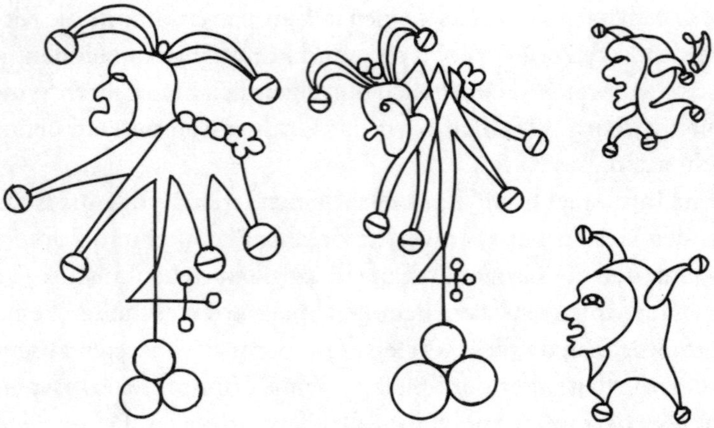

Abb. 12: Der Joker

die albigensischen Prediger, die mit ihnen reisten und sie die Glaubenssätze des »okkulten« Glaubens lehrten, von den Karten erfuhren. Noch heute versammeln sich jedes Jahr im Mai Scharen von Zigeunern in den Straßen von Les Saintes-Maries-de-la-Mer, um ihre dunkle Königin Sarah die Ägypterin zu verehren.

Der Trumpf

Das altfranzösische Wort *trompe* (Trumpf) bedeutet »Trompete« und ist dasselbe Symbol, das wir schon aus den Wasserzeichen kennen: der Trompetenschall der ketzerischen Predigten, der den Felsen der Petruskirche spaltet. In den ersten Tarotkarten illustrierten diese Trümpfe die wichtigsten Glaubenssätze und die Geschichte der verborgenen Kirche. Kein Experte dieses Fachgebiets scheint genau zu wissen, warum die Trümpfe der Tarotkarten als subversiv gebrandmarkt wurden; zum Teil, weil die ursprüngliche Bedeutung der Symbole von den vielen späteren Kopisten verwässert wurde. Nur die Maler der frühesten Kartensätze wussten genau, was sie da eigentlich illustrierten. Spätere Künstler, die die Karten überarbeiteten, ohne die Bedeutung der Symbole zu kennen, verfielen oft in planloses Raten oder bloße Spekulation über die Absicht des ersten Malers. Viele Bilder wurden dadurch verunstaltet oder falsch interpretiert, genau wie die Gralslegenden sich von der ursprünglichen Geschichte entfernten und in verschiedenste Richtungen entwickelten, bis vom Grundthema so gut wie nichts mehr übrig blieb.

Nur die ältesten erhaltenen Kartenspiele, darunter der so genannte Satz Charles VI., enthalten genügend ursprüngliche Symbole, um die in den Trümpfen verborgene Ketzerei noch zu erkennen. Wir werden uns mit diesem Spiel beschäftigen, um die Symbole zu entschlüsseln. Was können uns die in den Trümpfen Charles VI. verwendeten Symbole über den Sangraal erzählen?

Die erste Trumpfkarte ist der Einfaltspinsel oder Jedermann. In der Terminologie der Gralsgeschichte steht er für Parsifal, den uneingeweihten Sucher. Um in die Geheimnisse eingeweiht zu werden, muss er die richtigen Fragen stellen. Dieser Pfad des Suchers, der Fragen stellen muss, wiederholt sich in den Einweihungsriten der Freimaurer.

Auf diese Karte folgt der Joker, der bis heute in den modernen Spielkarten überlebt hat. Der Joker kennt die Geheimnisse. In der hermetischen Tradition ist er der Lehrer. Weder diese beiden Karten noch die beiden darauf folgenden sind noch im Spiel Charles VI. vorhanden, doch man kann ihre Symbole durch Vergleiche mit späteren Kartenspielen schlussfolgern.

Die nächste Karte sollte die Päpstin sein. Wir haben bereits erwähnt, dass Frauen in der ketzerischen Kirche die gleiche Stellung und den gleichen Rang einnahmen wie Männer. Viele galten als Nachkommen Jesu; dies war einer der Lehrsätze ihres Glaubens. Sie bezeichneten sich selbst als den Weinstock und bezogen sich damit auf den königlichen Stamm von Juda, »Gottes geliebter Pflanze« (Jes. 5:7). Auch die Textstellen aus Joh. 14, »Ich bin der Weinstock, ihr seid die Reben«, und aus Sirach 24,

»Ich blühe auf wie der Weinstock«, waren ihnen besonders heilig.

Laut *Holy Blood, Holy Grail* wählte man sorgfältig eine Anführergruppe aus und betraute diese dann mit der Aufgabe, das Geheimnis von Generation zu Generation weiterzugeben. Dieser geheime Zirkel wurde das Priorat von Zion genannt und angeblich von Gottfried von Lorraine gegründet, um die Interessen der Blutlinie zu wahren. Der Prior/Die Priorin oder »Großmeister/in« wurde von Gleichgestellten auf Lebenszeit gewählt[7] und nach der Wahl stets Jean/Jeanne getauft.[8] Diese verborgene Kirche Amors galt der Kirche von Rom als vergleichbar und ebenbürtig (obwohl sie im Gegensatz zu ihr stand!).

Vier Frauen bekleideten das Amt der Großmeisterin im Priorat von Zion[9] und waren somit dem Papst der römischen Kirche praktisch gleichgestellt. Die dritte Trumpfkarte stellt die Päpstin Jeanne dar. Sie steht der Kirche des Weinstocks vor, der Nachkommenschaft jener »anderen Maria«, ihrer königlichen Matriarchin. Diese alternative Kirche verehrt das Prinzip »sitzend zur Linken Gottes« – das weibliche Prinzip. Sie richtet sich eindeutig »gegen das Establishment«. Kein Wunder, dass diese Karte der Zensur zum Opfer fiel!

Die nächste Karte, die Kaiserin, ist ebenfalls verloren gegangen; spätere Karten zeigen sie mit einem Schild in der Hand, auf dem ein Phönix sitzt, doch man kann unmöglich feststellen, ob sich dieses Symbol auch auf der Trumpfkarte des Satzes Charles VI. befand. Sie war dem Kaiser (Farbtafel 1), der mit Reichsapfel und Zepter in der Hand auf der nächsten Karte erscheint, eindeutig »gleichgestellt/entgegengesetzt«. Darauf folgt die Karte der Papst. Er sitzt auf dem Bild zwischen zwei rot gekleideten Kardinälen. Der Papst im Spiel Charles VI. hält einen Schlüssel, eine Anspielung auf die Schlüssel des himmlischen Reiches, die nach den Evangelien Petrus anvertraut wurden (Farbtafel 2). Vermutlich hielt die Päpstin auf der verlorenen Karte den anderen.

Nun erscheinen die Liebenden. Diese Karte zeigt zwei Amoretten mit roten gekreuzten Bändern vor der Brust, die den Buchstaben X formen (Farbtafel 3). Sie zielen mit Pfeilen auf eine Parade von Paaren, alle prachtvoll in die höfische Mode der Zeit gekleidet; die Adligen Europas tanzen in einer Prozession durch die Geschichte. Diese Karte stellt die Nachkommen der Häresie dar, die paarweise über die Bühne Europas ziehen. Die Tänzer klatschen und singen im Gehen; eine weitere subtile Anspielung auf die »Früchte des Weinstocks«. Dies sind die Familien, in deren Adern durch die Jahrhunderte das Blut des Sangraal, das königliche Geblüt, fließt. Die Frau in der Mitte der Karte trägt einen großen, kunstvollen blauen Kopfputz, der wie der Buchstabe M geformt ist – M für Maria? Oder vielleicht für die Merowinger? Dieses Symbol ist keineswegs zufällig. Der eigentliche Name dieser Karte ist der Weinstock.

Die chronologische Reihenfolge der Trümpfe wird verständlicher, wenn man die sonst üblichen Positionen des Wagenlenkers und des Einsiedlers vertauscht. Ich nehme an, dass der Einsiedler, ein Mann mit einer Kapuze und einem langen Bart, als nächste Karte kommen sollte. Im Satz Charles VI. wird Peter der Einsiedler abgebildet (Farbtafel 4), dessen feurige Predigten am Ende des elften Jahrhunderts in Westeuropa zum Ersten Kreuzzug und schließlich zur Wiedereroberung der Heiligen Stadt und ihrer Heiligtümer führten. Bezeichnenderweise hält er im Spiel Charles VI. eine Sanduhr, eine deutliche Anspielung auf sein Hauptthema, dass die Zeit gekommen sei, Jerusalem von den Sarazenen zu befreien und den heiligen Tempel wieder aufzubauen. Der Erste Kreuzzug (1098–99) fand während der letzten Stunden des ersten Jahrtausends nach der Zerstörung des Tempels statt, ein Datum, das wahrscheinlich für die Ketzer, die als Schlachtruf »Ave Millennium!« wählten, von großer Bedeutung war. Die große Felsformation zur Rechten des Einsiedlers ist eine weitere Bestätigung dieser Auslegung der Karte, denn wie jedes christliche Kind weiß, bedeutet der Name Petrus »Fels«.

Da die Tugenden abstrakte, weibliche Substantive sind, wurden sie in diesem Tarotspiel durch Frauen dargestellt. Die nächste Karte zeigt die Kraft, symbolisiert durch eine Frau, die eine zerbrochene Säule in den Armen hält (Farbtafel 5). Diese Säule ist ein weiteres Indiz zur Entschlüsselung der Bedeutung der Tarotkarten. Sie ist eine Darstellung der linken Säule von Salomos Tempel mit dem »Lilienornament« im Kapitell. Wie wir bereits festgestellt haben, trägt diese Säule im hebräischen Alten Testament den Namen »Boaz«/Kraft (1 Kön. 7:21) und hängt mit dem Löwen von Juda und der königlichen Nachfolge Davids zusammen. Boaz, der Gemahl der Witwe Ruth, war der Urgroßvater König Davids.

Die herausragende Stellung der Nachkommen Judas wird im Alten Testament beschrieben: »Doch aus dem Stamme Judas, des Stärksten unter seinen Brüdern, kamen die Prinzen« (1 Chr. 5:2). Boaz kam aus dem Stamm Juda und seine direkten Nachkommen waren Obed, Jesse, David und Salomo. Und nach dem griechischen Neuen Testament erreichte diese Nachkommenschaft eintausend Jahre später in Jesus ihren Höhepunkt. Boaz, die zerbrochene linke Säule des Tempels, ist eine Anspielung auf die Linie der legitimen Könige in der Nachfolge Davids, die jetzt, ebenso wie die Säule, zerbrochen ist. Auf der Kraft-Karte des Mantegna-Tarotspiels wird diese Auslegung noch deutlicher bestätigt: Dort birgt die Kleidung der Frau mit der zerbrochenen Säule zwei Löwen, während ein dritter Löwe dicht bei ihr steht: ein Löwe für Juda, einer für Boaz und einer für Jesus – der »Dreifachstarke«! In das Säulenkapitell ist ein Gralsmuster eingemeißelt. Heute noch wird im Freimaurer-Ritual ein Satz zitiert, der auf den Mythos vom verlorenen Meisterwort zurückgeht: Bis das verlorene Wort in einem zukünftigen Zeitalter gefunden wird, »besitzt der Löwe von Juda die Kraft und wird siegen«. Die Kraft-Karte symbolisiert die Linie des Löwen von Juda und die Verheißungen, die den Nachkommen Davids gegeben wurden (Ps. 89; 2 Sam. 7:16).

Nun folgt die Karte, die in modernen Tarotspielen der Wagenlenker genannt wird, doch der Mann auf dem Gefährt im Spiel Charles VI. lenkt keinen Wagen. Er ist ein siegreich heimkehrender Ritter in voller Rüstung, der in der rechten Hand eine Streitaxt hält und auf einem Wagen voller Kriegsbeute sitzt (Farbtafel 6). Fast ähnelt es einem Leichenwagen – oder einer Stiftshütte. Sein Fuß ruht auf einem Ornament in Gestalt des Buchstaben I und das in einer Kurve verlaufende Ornament daneben formt den Buchstaben C. Dies sind die lateinischen Initialen für Iesu Christi. Diese Trumpfkarte deutet an, dass die Kriegsbeute aus Jerusalem in irgendeiner Weise mit Jesus identifiziert wird. Die Karte stellt die Rückkehr der Tempelritter dar, die Gerüchten zufolge vom Ersten Kreuzzug einen immensen Schatz aus Palästina mit nach Hause brachten. Das Freimaurer-Ritual des Königsgewölbes deutet an, dass »Reisende« unter dem Tempel Salomos in Jerusalem geheime Archive ausgruben. Somit könnte zwischen dem sagenumwobenen Tempelschatz und der Information, die in den Tempelruinen gefunden wurde, durchaus ein Zusammenhang bestehen.

Die zehnte Karte, die im Satz Charles VI. nicht mehr existiert, aber in anderen Spielen erscheint, ist das Schicksalsrad. Ich glaube, dass sich diese Karte auf das jäh wechselnde Geschick des Ordens der Tempelritter bezieht. Zwei Jahrhunderte lang sammelte der Orden großen Reichtum und erhebliche politische Macht an. Im Jahr 1307 kollaborierten König Philipp IV. von Frankreich und Papst Clemens V., um die Tempelritter und ihren Orden zu vernichten, und am Freitag, den 13. Oktober wurde in allen Dörfern Frankreichs und gleichzeitig in ganz Europa das Edikt erlassen, alle Tempelritter zu verhaften. An diesem berüchtigten Unglückstag wandte sich »das Schicksalsrad« eindeutig gegen die mächtigen Tempelritter, auf die das Schicksal bislang so freundlich herabgelächelt hatte.

Die Gerechtigkeit ist die nächste als Frau dargestellte Tugend

(Farbtafel 7). Sie hält die Justizwaage und das Doppelklingenschwert. Den Tempelrittern wurde wegen Ketzerei der Prozess gemacht. Sieben Jahre lang verhörte die Inquisition die inhaftierten Tempelritter brutal, um das Versteck ihres vermuteten Schatzes herauszubekommen.

Die nächste Karte wird üblicherweise der Gehenkte genannt und gilt als geheimnisvollste Karte des ganzen Satzes. Sie könnte auch der Gefolterte Tempelritter heißen (Farbtafel 8). Das Bein, an dem der Ritter aufgehängt ist, symbolisiert in Literatur und Kunst seit der Antike auf dezente Weise die Genitalien. Zugleich ist es eine subtile Anspielung auf das heilige Geblüt und den verkrüppelten Gralskönig Amfortas. Die Geldsäcke in den Händen des Gehenkten symbolisieren den legendären Tempelschatz. Trotz grausamster Folterungen durch die Inquisitoren verrieten die Anführer der Tempelritter den Aufbewahrungsort ihres Schatzes nicht – vielleicht weil ihr Schatz in Wirklichkeit gar nicht aus Gold bestand. Der Schatz der Tempelritter wurde »in irdenen Gefäßen« aufbewahrt – Jesu königliche Blutlinie und die andere Version der Christengeschichte, die sie in ihren Herzen trugen.

Die Trumpfkarte Tod folgt als Nächstes (Farbtafel 9). Eigenartigerweise sind jedoch die unter den Hufen des Wildesels zertrampelten Leichen ein König und derselbe Papst und dieselben rot gekleideten Kardinäle, die auf den vorausgehenden Karten abgebildet waren. Dies ist ein weiteres wichtiges Indiz dafür, dass das Tarot als albigensischer Katechismus verstanden werden will: Jacques de Molay, Großmeister der Tempelritter, prophezeite angeblich vor seiner Hinrichtung auf dem Scheiterhaufen im März des Jahres 1314, dass sowohl König Philipp IV. von Frankreich als auch Papst Clemens V. noch vor dem Ende des Jahres mit ihm vor Gottes Richterstuhl stehen würden. Beide starben tatsächlich noch vor dem Jahresende, genau wie er es vorausgesagt hatte. Die Karte zeigt den Tod der tyrannischen Gesellschaftsordnung, jener unheilvollen Allianz der Mächte, die gemeinsam die Vernichtung der Gralswahrheit und seiner Hüter betrieben hatten.

Die nächste Karte soll die Tugend der Klugheit darstellen (Farbtafel 10). Die sitzende, weibliche Gestalt gießt geduldig Wasser aus einem Gefäß in ein anderes. Die geheime Bedeutung dieser Karte besagt, dass die angeblich vernichteten Glaubenssätze aus Sicherheitsgründen in einem anderen Gefäß untergebracht wurden. Wasser ist das christliche Symbol für Geist und Wahrheit, die Glaubenssätze des »einzig wahren Glaubens«. Sie gingen nicht verloren.

Der Teufel, der als Nächstes folgt, ist eine obszöne Darstellung des männlichen Machtprinzips, das nach der Auflösung der Tempelritter und der Ausrottung der Albigenser in Europa herrschte (Farbtafel 11). Die Gestalten zu Füßen des scheußlichen Ungeheuers entfernen Steine aus seinem Weg. Es ist eine bildhafte Darstellung des »Tyrannen« des Mittelalters, der Inquisition, die gegründet wurde, um Ketzereien aufzudecken, aber dazu benutzt wurde, jegliches freie Denken zu unterbinden. Das Ungeheuer hält schwere Ketten, mit denen es die menschliche Rasse versklavt. Seine hässlichen, übergroßen Ohren symbolisieren wahrscheinlich die alles mithörenden Spione der Inquisition, die das Volk unterdrückten und in Angst versetzten. Es sind nicht die Ketzer des Weinstocks, die diesem bösen Ungeheuer dienen; seine Sklaven sind die so genannten rechtgläubigen Christen.

Die Karte der Turm zeigt die Zerstörung eines Festungsturms, der in manchen späteren Tarotspielen das Haus Gottes genannt wird (Farbtafel 12). Dies ist eine bittere Anspielung auf die Magdal-eder, die »Burg« oder »Festung« der Tochter Zions in der Verbannung. Die Karte scheint die Zerstörung der Stadt Gottes darzustellen, die die Jahrtausendhoffnung und der Traum der Ketzer war. In einer Welt, die die Wahrheit verleugnet und unterdrückt, kann sie nicht bestehen.

Die nächste Karte fehlt im Satz Charles VI., wird aber in späteren Tarotspielen der Stern genannt. Auf einigen ist ein Mädchen abgebildet, das Wasser aus zwei Gefäßen auf den Boden gießt, ein Zeichen der Hoffnung auf die Wiederbelebung des Geistes und der Wahrheit, die die Tugend Klugheit auf einer früheren Karte aus einem alten in ein neues Gefäß gegossen hat. Der Stern könnte sich auch auf das Sternzeichen des Wassermanns beziehen, das kommende Zeitalter, dessen Symbol die Auflösung des patriarchalischen Machtprinzips mit Hilfe des »Wassers« des Weiblichen (*mare* heißt »das Meer«) und des Geistes der Wahrheit verheißt. Das Wasser, das auf dieser Karte ausgegossen wird, soll in den kommenden Jahrhunderten dabei helfen, die Wüste zum Blühen zu bringen.

Auf der nächsten Karte, dem Mond, sehen wir eine Mondsichel am Himmel und zwei Männer, die in ihrem Licht Berechnungen auf Pergament zeichnen (Farbtafel 13). Der Mond ist ein weit verbreitetes Symbol sowohl für das Okkulte als auch für die Göttin. Diese Männer scheinen himmlische Dimensionen zu berechnen, eine bildliche Darstellung des geheimen Glaubens, dass die irdische Wirklichkeit die Ordnung des Kosmos widerspiegelt. Ihre Abmessungen der himmlischen Dimensionen werden in den Abmessungen des irdischen Tempels widergespiegelt. Der Architekt des wahren Tempels ist ein Teil des Gründungsmythos der Freimaurer, in deren Ritualen Hiram Abiff und der Klageruf »Gibt es denn keine Hilfe für die Söhne der Witwe?« eine Rolle spielen. Das Leitmotiv des Erbauens des wahren Tempels im Einklang mit den kosmischen Prinzipien des Gleichgewichts und des Ausgleichs der Kräfte durchdringt heute noch die Überlieferungen der Bruderschaft der Freimaurer.

Die auf der Trumpfkarte abgebildeten Männer benutzen die Zeichen Λ und V, dieselben Formen, die den Zirkel und die Reißschiene der späteren Freimaurer bilden. Zusammen formen diese Zeichen das Ideogramm ΛV, das »Ave Millennium«, das wir auch in den Wasserzeichen der Albigenser finden. Die übertriebene Mondsichel symbolisiert das Okkulte – insbesondere die mittelalterlichen »Wissenschaften« Alchimie und Astrologie. Viele Indizien deuten darauf hin, dass diese Disziplinen mit dem Bau der mittelalterlichen Dome verbunden waren. Man könnte sogar annehmen, dass diese beiden Männer eine astrologische »Fundaments-Karte« für einen Dom errechnen, den sie in Einklang mit günstigen Sternzeichen und dem Kosmos bringen wollen, wie es die Erbauer von San Miniato getan haben. Dieses Verfahren wurde von einer ähnlichen Methode mittelalterlicher arabischer Baumeister und Architekten abgeleitet.

Das Studium der Astrologie scheint ein Versuch gewesen zu sein, die Werke des Menschen mit der himmlischen Ordnung des Kosmos in Einklang zu bringen, die man in den berechenbaren Bewegungen der himmlischen Planeten und Konstellationen beobachten konnte. Dies war der Zweck der heiligen Geometrie, die in den Weisheitsschulen der Antike betrieben wurde und anscheinend auch unter den Architekten und Künstlern des Mittelalters blühte. Im Lauf der folgenden Jahrhunderte wurden diese geheimnisvollen Wissenschaften durch die brutalen Folterungen der Inquisition in den Untergrund getrieben.

Auf der Sonnen-Karte ist ein junges Mädchen abgebildet, das bei hellem Tageslicht eine Spindel hält (Farbtafel 14). Ihr Haar ist offen und sie hält ihren Faden fest, ein Symbol der Beständigkeit. Dies ist das Dornröschen, das seinen Finger an einer vergifteten Spindel verletzte und einschlief, bis endlich ein Prinz seinen Weg durch die Dornenhecke hieb, um sie von dem bösen Fluch zu erlösen. Im Zusammenhang mit den beiden vorherigen Karten Stern und Mond wird deutlich, dass das ausgegossene Wasser des Geistes und der Wahrheit zu zwei Strömen geworden sind, die die Glaubenssätze der Ketzer tragen. Einer der Ströme trägt die Geheimwissenschaften und die verborgenen Traditionen gewisser Geheimgesellschaften im Schutz der Dunkelheit (der Mond). Der andere Strom, die Märchen, trägt die

Geheimnisse bei hellem Tageslicht. Die Karte ermuntert den Sucher, in diesen Quellen nach Anhaltspunkten für die Wahrheit zu suchen. Jedem Kind wird auf dem Mutterschoß die Geschichte von der verzauberten Prinzessin erzählt, ohne dass die Zensur der etablierten Mächte sich einmischt. Patriarchalische Mächte halten Kindermärchen und Altweibergeschichten für zu unwichtig, um gefährlich zu sein. Manchmal ist das sicherste Versteck im Freien.

Nun folgt das Gericht (Farbtafel 15). Darauf blasen zwei Engel Trompete (wieder die *trompe!*) und im unteren Teil der Karte stehen Tote aus ihren Gräbern auf. Dies bedeutet jedoch nicht das Jüngste Gericht vor dem Himmelskönig, das zum römischen Kirchendogma gehört; vielmehr ist die Karte eine Illustration des Themas »Wach auf, o Schläfer!«. Diese Karte stellt den Tag der Erleuchtung dar, an dem alle Völker erwachen und ihre Eigenverantwortung und gemeinsame Bestimmung als eingeborene Kinder Gottes begreifen: Kinder eines Gottes, dessen Name Emmanuel »Gott ist mit uns!« bedeutet. Im häretischen Dogma wird nämlich die »Erweckung« verheißen und nicht das »Einschlafen«. Wie die Tarot-Trümpfe selbst sind diese Trompetenstöße Herolde des neuen Tages.

Die letzte Karte die Welt ist die Erfüllung dieser Verheißung (Farbtafel 16). Der gerechte Gebieter mit Krone, Reichsapfel und Zepter hat die Herrschaft über die ganze Welt übernommen, die im mystischen Kreis der Vollkommenheit eingeschlossen ist. Die Herrschaft Gottes besteht nun für immer.

Die Farben des Tarots

Auch die Farben des Tarots bergen Gralssymbolik, was die dahingehende Auslegung der zweiundzwanzig Trumpfkarten bestätigt. Die heutige Farbe Pik war ursprünglich ein Schwert, die männliche »Klinge«. Auf den Grabsteinen der Tempelritter ist fast immer ein Schwert zu sehen. Die Farbe Herz war in der ursprünglichen Symbolik der Karten ein Kelch. Dieser bedeutete Gral und die alternative Kirche, die unter anderem den Beinamen »Kirche der Liebe« hatte. In den albigensischen Wasserzeichen finden wir zahlreiche Herzen, was die Motive von Herz und Kelch noch enger verknüpft.

Die Farbe Karo hieß ursprünglich »Pentakel«, die Bezeichnung für einen fünfzackigen Stern, der das Geheimsymbol für einen Mann ist. Laut Henry Lincolns Buch *The Holy Place* war der fünfzackige Stern für die alternative Kirche und die Tempelritter ein besonders wichtiges Symbol. Es war der Venus gewidmet, denn die Umlaufbahn dieses Planeten, der nach der Liebesgöttin benannt wurde, beschrieb im Verhältnis zur Sonne alle acht Jahre die Form eines perfekten fünfzackigen Sterns.[10] Die fünf Berggipfel, die im Hauptgebiet der albigensischen Ketzerei ein Pentagramm bilden, spiegeln dieses Symbol auf der Erde wider. Lincoln vermutet, dass in den Augen der Tempelritter diese Berggipfel einen natürlichen Tempel zu Ehren ihrer Herrin Maria Magdalena bildeten.

Die vielleicht wichtigste aller Farben, Kreuz, war in den frühesten Versionen des Tarots eine begrünte Rute oder ein blühender Stab – ein Zepter. Dieses Symbol ist die bildliche Darstellung des »blühenden Stabes aus der Wurzel Jesses«, der messianischen Verheißung aus Jesaja 11:1, die auch in der Verwendung des Wortes »Zepter« als Anspielung auf den Messias aus dem Haus Davids anklingt, wie auf der Kriegsrolle der Schriftrollen aus den Höhlen von Qumran am Toten Meer. Das dreispitzige Kreuz unserer modernen Spielkarten ist eine deutliche Anspielung auf die Nachkommen der israelischen Königslinie und ihres gottgegebenen Herrschaftsauftrags. In unseren heutigen Spielkarten stilisiert, waren die ursprünglichen Embleme der vier Farben deutliche und ausdrucksstarke Symbole der Gralshäresie.

In dieser ganzen Erörterung dürfen wir einen wichtigen Beitrag der Albigenser nicht vergessen, nämlich dass sie darauf bestanden, die Bibel in die Alltagssprache des Volkes zu übersetzen. Die Sekte fühlte sich tief mit den Texten sowohl der hebräischen als auch der griechischen Bibel verbunden. Was uns als verworrene Verse erscheinen mag, war für sie das tägliche Brot. Dieser leidenschaftliche Einsatz, das geschriebene Wort Gottes für jedermann zugänglich zu machen, ist eines ihrer bedeutendsten Geschenke an die westliche Zivilisation. Indem sie die Evangelien zum Allgemeingut machten, säten die Ketzer aus der Provence die Samen der Freiheit, Gerechtigkeit und Gleichheit. Mit der Zeit wurden diese Samen wichtiger als der Kult um die heilige Blutlinie und kulminierten schließlich im achtzehnten Jahrhundert in der aufbrandenden Sehnsucht nach Demokratie.

Spätere Überarbeitungen der Bilder und Symbole der Tarotkarten haben ihre ursprüngliche Bedeutung verdunkelt. Ich habe mit Hilfe der noch vorhandenen Trümpfe eines der ältesten Tarotspiele versucht, sie wiederzufinden. Wenn man sie im Zusammenhang mit der Ketzerei und ihrer Verbindung zu den Tempelrittern betrachtet, ordnen sich die Symbole ganz von selbst in die richtige Reihenfolge. Mit Hilfe dieses »Leselernkarten-Katechismus« wurden die fundamentalen Glaubenssätze und die Geschichte der Ketzerei in ganz Europa von einem Hof zum anderen verbreitet. Der Ursprung und die Bedeutung des Tarots blieben den Kunsthistorikern deshalb so lange ein quälendes Rätsel, weil sie die Verbindung des Tarots zur verlorenen Braut und den engen Zusammenhang mit der albigensischen Gralsketzerei nicht erkannten.

KAPITEL VI

Ketzerkünstler und ihre Symbole

Die Tarotkarten sind nur eines von vielen Rätseln in der europäischen Kunst, die sich durch die Glaubenssätze der Gralshäresie erklären lassen. Es gibt so viele, dass man sie hier unmöglich alle aufzählen kann. In diesem Kapitel möchte ich nur einige der zahlreichen Maler herausgreifen, die seit Jahrhunderten als »rechtgläubig« galten, deren Gemälde jedoch eine Symbolik bergen, die sie unwiderruflich mit der geheimen Tradition verbinden, wenn nicht gar mit der Häresie selbst.

Zwei wichtige Glaubenssätze der alternativen Kirche waren die Verheißung der Wiedereinführung der David'schen Monarchie und das Jahrtausendversprechen einer Welt, die im Einklang mit Gott existiert. Die alternative Kirche lehrte außerdem Erleuchtung und individuelle Transformation durch das Eingreifen des Heiligen Geistes. Die Ketzer gaben nicht einfach ein Lippenbekenntnis ab; ihr ganzes Leben war der persönlichen Begegnung mit Gott gewidmet. Viele Künstler und Esoteriker verbündeten sich in ihrer Auflehnung gegen die kirchliche Gewaltherrschaft über das europäische Gedankengut mit den Ketzern. Und innerhalb dieses Bündnisses hatten sie Zugang zu denselben Geheimnissen. Sie begriffen, dass die Verleugnung und Unterdrückung des Weiblichen ihre Gesellschaft verzerrt, entstellt und ihr die Fähigkeit zur Begeisterung wie auch die Freiheit geraubt hatte. Die Werke dieser geistig Wachen, die größtenteils durch ein grenzüberschreitendes Netzwerk miteinander verbunden waren, spiegeln ihre gemeinsame Bemühung, die Frau, die vergessene Weiblichkeit, wieder ins Bewusstsein zu bringen.

Kunsthistoriker haben schon vor Jahrhunderten erkannt, dass die Meister des Mittelalters in ihren Werken Symbole verwendeten und dass nichts auf diesen Gemälden zufällig entstand. Jedes Detail sollte eine bestimmte Bedeutung vermitteln. Der einzige Streitpunkt bleibt die Frage, welche Absicht die Künstler in Wirklichkeit verfolgten. Natürlich deutete die etablierte Kirche die Symbole auf ihre Weise, doch die Gralshäresie und ihre Glaubenssätze können uns vielleicht dabei helfen, manche Gemälde unter einem anderen Blickwinkel zu verstehen.

Die Gemälde Botticellis

Seit Jahren bemühen sich die Kunsthistoriker, die Spätwerke Sandro Filipepis zu erklären. Der Nachwelt als Botticelli bekannt, wurde dieser Renaissancekünstler im Jahr 1445 geboren und starb 1510 in Florenz, jener Stadt, die im fünfzehnten Jahrhundert für die Förderung und Wiederbelebung der Kunst und der Literatur durch die Familie Medici berühmt war.

Die Werke des jungen Sandro, der 1464 in die Kunstwerkstatt des Fra Fillipo Lippi eintrat, erscheinen auf den ersten Blick völlig »rechtgläubig«. Doch seine Darstellung der Madonna mit dem Kind und den beiden Heiligen namens Johannes, das wahrscheinlich um 1485 gemalte *Bardi Madonna,* ebenso wie andere um diese Zeit und etwas später entstandene Werke, scheinen geradezu unerklärlich zu sein. Manche Kritiker schreiben diese Veränderung einer »mystischen« religiösen Erfahrung zu, die allerdings nicht überliefert ist; andere bezeichnen die Spätwerke Botticellis schlicht als »rätselhaft«. Wieder andere meinen, er sei von dem eifernden Mönch Savonarola beeinflusst worden, der über Florenz im Jahr 1490 in einer Bußpredigt ein zorniges Gottesgericht beschwor.[1]

Doch dies erklärt das Rätsel nicht, denn das Datum liegt zu spät. Schon ab ca. 1483 unterschied sich Botticellis Symbolismus von dem seiner früheren Werke. Kürzlich wurde die Vermutung laut, Botticelli sei von 1483 bis zu seinem Tod im Jahr 1510 der Großmeister des geheimen Gralszirkels, des Priorats von Zion, gewesen.[2] Diese Vermutung birgt vielleicht den Schlüssel zur Lösung des Rätsels um sein Spätwerk, denn die Glaubenssätze der Gralshäresie werfen ein neues Licht auf die geheimnisvollen Werke, die wahrscheinlich nach diesem Datum gemalt wurden.

Wir haben bereits die Bedeutung des Buchstaben X untersucht, der für die Häretiker »Wahre Erleuchtung« bedeutete. Indizien auf anderen Gemälden sprechen dafür, dass dieses Symbol bewusst eingesetzt wurde, um das Wissen der hermetischen oder esoterischen Tradition zu signalisieren. In den Werken Botticellis kommt das rote X mehrmals vor, und bezeichnenderweise, wie ich glaube, entstanden all diese Gemälde nach 1483, also nachdem er angeblich Großmeister des Priorats von Zion wurde.

Die *Madonna mit Buch* (Farbtafel 17) wurde 1483 gemalt. Fast genau in der Mitte des Bildes, auf dem Mieder der Madonna, befindet sich ein rotes X. Das Christuskind hält drei kleine goldene Speere. Man könnte zwar annehmen, dass diese die Nägel symbolisieren, unter denen er am Kreuz litt, doch wahrscheinlicher ist, dass sie das geheime Emblem der dreifachen Strahlen der Erleuchtung sind, ein beliebtes Motiv der mittelalterlichen Alchimisten und Rosenkreuzer. In einem anderen Werk, der *Madonna mit Granatapfel* (Farbtafel 18), und zwar in der Version, die Botticelli nach 1483 malte, trägt ein Engel am linken Rand des Bildes rote Bänder über der Brust. In einem früheren Gemälde zum gleichen Thema, *Madonna mit acht Engeln*, das vermutlich um 1477 gemalt wurde, stehen alle Engel mit dem Rücken zum Betrachter und es sind keine gekreuzten roten Bänder zu sehen. Anscheinend hat Botticelli in der späteren Version den Engel auf der *linken* Seite (der weiblichen Seite!) bewusst dem Betrachter zugewandt und ihm im vollen Bewusstsein der esoterischen Bedeutung das rote X über die Brust gemalt.

Ein anderer seltsamer Gegenstand auf den nach 1483 zugeordneten Werken ist der Granatapfel. Auf den Gemälden *Madonna del Magnifikat* (Farbtafel 19), *Madonna mit Granatapfel* (oder *Madonna mit sechs Engeln*) und auf ihren verschiedenen Varianten hält das Jesuskind einen teilweise aufgeplatzten Granatapfel, der aufgrund der Vielzahl seiner roten Samen ein uraltes Symbol der körperlichen Fruchtbarkeit war. In diesen Gemälden sind sie deutlich sichtbar. (Der Granatapfel hat auch im biblischen Hohelied, in dem sich die Liebenden im Granatapfelgarten treffen, eine erotische Bedeutung.) Spätere Deuter, die Botticelli für einen strenggläubigen Katholiken hielten, beharren darauf, dass der Granatapfel ein Symbol des ewigen Lebens sei. Doch ein Bild spricht lauter als tausend Worte. Dass der Granatapfel auf einigen Gemälden im Schoß des Jesuskindes liegt, legt die Vermutung nahe, dass Botticelli an die physische Fruchtbarkeit Jesu glaubte.

Die *Bardi Madonna*, vermutlich im Jahr 1485 gemalt, zeigt eine Madonna mit Kind sowie Johannes den Täufer auf der linken Seite und Johannes den Evangelisten auf der rechten. Im Hintergrund sieht man Zypressen- und Olivenlauben und Palmwedel. Schüsseln voll roter und weißer Rosen und Vasen mit Olivenzweigen voller Früchte stehen auf Sockeln. Um die Zweige sind Spruchbänder mit Zitaten aus Sirach 24:14–17 geschlungen: »Ich wuchs auf wie die Zeder auf dem Libanon, wie die Zypresse auf dem Berg Harmon, wie ein Palmbaum in En-Gedi, wie ein Rosenstrauch in Jericho, wie ein prächtiger Ölbaum auf dem Feld ... ich breite meine Äste aus wie eine Eiche ... *Ich sprieße wie ein Weinstock*« (Hervorhebung durch die Autorin). Da wir wissen, dass sich Jesu Nachkommen als Weinstock bezeichneten, können wir dieses Gemälde in einem neuen Licht deuten. Hier sieht das Jesuskind aus, als würde es gleich vom Schoß seiner Mutter herunterfallen. Alle Gestalten wirken verzerrt, besonders Johannes der Täufer, der aussieht, als litte er tiefe Trauer, während er auf das Jesuskind deutet. Auf dem Spruchband in seinen Händen stehen die Worte Ecce Agnus Dei: »Siehe das Lamm Gottes.« Für die Häretiker war Jesus das Lamm Gottes, da er, wie im Buch Jesaja vorhergesagt, von den Römern brutal geopfert und zur Schlachtbank geführt worden war. Im Buch der Offenbarung 5 ist das Lamm des Lobes und der Ehre, des Ruhmes und des Reichtums würdig und sitzt zur Rechten Gottes. Doch nach dem Glauben der Häretiker ist das Lamm nicht gleichbedeutend mit dem unsichtbaren Gott, der auf dem himmlischen Thron sitzt. Betet nur Gott allein an!

Die Bedeutung, die Johannes der Täufer für die Ketzer hatte, ist leicht zu verstehen. Erstens ist er ihr Vetter und ein Blutsverwandter von Jesus, denn die Heilige Schrift erzählt, seine Mutter Elisabeth sei die Base von Jesu Mutter Maria gewesen. Johannes der Evangelist wird von der verborgenen Kirche gleichermaßen verehrt. Wenn sie zu ihren geheimen Treffpunkten reisten, trugen die Katharer Kopien seines Evangeliums an einer um die Taille gebundenen Schnur unter ihren Kleidern versteckt. In diesem beliebtesten Evangelium begrüßt Johannes der Täufer Jesus als »Lamm Gottes« und tauft ihn im Jordan. Im Johannesevangelium (3:29) finden wir sogar das Zitat einer Erklärung des Täufers über seine Beziehung zu Jesus: »Derjenige, der die Braut besitzt, ist der Bräutigam; aber der Freund des Bräutigams, der dabeisteht und ihm zuhört, jubelt beim Klang seiner Stimme. So ist jetzt auch meine Freude vollkommen.« Diese Passage ist keine bloße Analogie. In diesem Text nennt Johannes der Täufer seinen Vetter Jesus den symbolischen Bräutigam Israels.

Die modernen Freimaurer, die viele Elemente ihrer geheimen Bruderschaft bis zu den Tempelrittern zurückverfolgen können und deren Rituale und Symbole große Ähnlichkeit mit denen der Häretiker haben, wählten ausgerechnet diese beiden Heiligen zu ihren Schutzpatronen.[3] Wie schon erwähnt, nahm jeder

Großmeister des Priorats von Zion bei seiner Ernennung den Namen Jean (Johannes) an.[4] Diese beiden Heiligen, Johannes der Täufer und Johannes der Evangelist, sind für die Anhänger der esoterischen Tradition und der alternativen Kirche eindeutig von besonderer Bedeutung.

Betrachten wir nun ein Gemälde mit dem Titel *Die heilige Maria Magdalena unter dem Kreuz* (Farbtafel 20), von Botticelli um 1500 gemalt. Hier klammert sich die verzweifelte Maria Magdalena an den Fuß des Kreuzes, an dem Jesus hängt. Auf der rechten Seite des Bildes steht ein Engel, der einen Fuchs mit dem Kopf nach unten am Schwanz hält. Dunkle Sturmwolken werden im Bild weggetrieben, und aus dem Heiligenschein in der oberen linken Ecke, in dem Gottvater sitzt und die Szene segnet, steigen Engel vom Himmel herab. Jeder trägt einen weißen Schild, der mit einem geneigten, roten X verziert ist. Es scheint fast, als habe es Botticelli großes Vergnügen bereitet, das rote X auf stets neue Weise in seinen Gemälden unterzubringen!

Auf diesem Gemälde scheinen die Engel mit den roten Kreuzen die Dunkelheit, die die Beziehung zwischen Jesus und Maria Magdalena umgibt, zu vertreiben. Der Fuchs ist ein gnostisches Symbol für fromme Betrüger. In volkstümlichen Geschichten und Bildern des Mittelalters finden wir oft einen Fuchs in Mönchskutte, der seinem arglistigen Geschäft nachgeht, das Volk zu betrügen und auszubeuten. Die Gnostiker betrachteten die Kleriker der römischen Kirche als »Füchse«. Eine der Lieblingsbibelstellen der Häretiker war Hohelied 2:15, wo von »kleinen Füchsen« die Rede ist, die die Weinstöcke im Weinberg der Braut verwüsten. Der Fuchs auf dem Gemälde symbolisiert die Lüge der etablierten Kirche, dass Jesus ehelos gewesen sei. Dieses Dogma »verwüstete« praktisch »den Weinstock«, da er die Rechtmäßigkeit der Blutlinie Davids verleugnete. Die geneigten roten Kreuze auf den Schilden der Engel, die an das Emblem der Tempelritter erinnern, bedeuten, dass der wahre »Weinstock« unter dem Schutz des Priorats von Zion und seiner Militäreinheit, den Tempelrittern, steht. Wenn man es so interpretiert, wird das Gemälde zum Spiegel der Glaubenssätze der Gralshäresie, deren oberster Hüter zur Entstehungszeit dieses Meisterwerkes angeblich Botticelli war.

Eins der ausdrucksvollsten Gemälde Botticellis ist die *Derelicta* (Farbtafel 21), das um 1495 entstand. Zahlreiche Kritiker haben versucht, die Identität der in Trauer aufgelösten Frau zu erraten, die auf der Treppe vor der geschlossenen Tür kauert, umgeben von den Fetzen ihres rosafarbenen Umhangs. Anscheinend hat niemand in der »Derelicta« die Braut aus dem Hohelied erkannt, die von den Wächtern der Mauer, die ihr den Umhang nahmen, verprügelt wurde. Sie symbolisiert das verstoßene und verwundete Weibliche, dem die volle Teilnahme am Gemeinwesen verweigert wurde. Ihr Name bedeutet in lateinischer Sprache »die Verlassene«.

Außer Botticelli gibt es noch zahlreiche andere mittelalterliche Maler, deren Werke das Wissen der Gralshäresie widerspiegeln. Bei der Untersuchung der religiösen Gemälde dieser Künstler muss man sorgfältig zwischen denjenigen unterscheiden, die die geheimen Symbole bewusst verwendeten, um die Häresie zu verbreiten, und jenen, die die Symbole lediglich kopierten, ihre Bedeutung aber nicht ganz verstanden.

Im Europa des späten Mittelalters entstanden unzählige Bilder der Madonna mit dem Christuskind, die unserer Untersuchung einen fruchtbaren Boden bereiten. Offensichtlich war das Weibliche ein Lieblingsthema der Künstler, ob sie nun »rechtgläubig« oder ketzerisch waren. Und in vielen Gemälden offenbart sich durch die Verwendung hermetischer Symbole eine esoterische oder ketzerische Auffassung Christi. Manche Künstler galten zwar als »rechtgläubig«, doch die Symbole auf ihren Bildern sprechen eine ganz andere Sprache. Auch hier liegt der Schlüssel zum Verständnis im Wissen um die Bedeutung der Symbole und Farben.

Die Gemälde Fra Angelicos

Alle Gemälde Fra Angelicos erwecken den Anschein völliger »Rechtgläubigkeit«. Bei näherer Betrachtung entdeckt man jedoch auf vielen den bewussten Einsatz esoterischer Symbole. Das sollte uns nicht weiter überraschen, wenn wir bedenken, dass dieser Mönch, ein Florentiner, in der Mitte des fünfzehnten Jahrhunderts lebte, genau zu der Zeit, als in dieser Stadt die Häresie am weitesten verbreitet war.

In einem seiner Gemälde einer Madonna mit Kind hält Maria zwei Rosen, die eine rot, die andere weiß. Rot und Weiß sind die Farben der Schwester-Braut, wobei Rot für die Leidenschaft steht und Weiß die Reinheit symbolisiert. Bei den Alchimisten symbolisierten Rot und Weiß »die Vereinigung der Gegensätze«. Für die Anhänger der etablierten Kirche waren Reinheit und Leidenschaft einander ausschließende Gegensätze, doch für die Ketzer der verborgenen Kirche wurden sie in der Schwester-Braut vereint. Deshalb erscheinen Schüsseln, Körbe, Girlanden und Kränze mit roten und weißen Rosen so häufig in den Gemälden Fra Angelicos, Botticellis und anderer Hermetiker.

Um den Farbsymbolismus etwas eingehender zu behandeln, wollen wir ein Gemälde von Piero della Francesca betrachten, gemalt um 1466, auf dem eine überlebensgroße Magdalenenfigur ein grünes Kleid trägt, die Farbe der Fruchtbarkeit (Farbtafel 22). Über dem Kleid trägt sie einen roten Umhang, der zurückgeschlagen ist, um das weiße Futter sichtbar zu machen. Dieses weiße Futter betont ihre Reinheit und widerspricht der traditionellen Behauptung, sie sei eine Prostituierte. Man kann das weiße Futter des scharlachroten Umhangs unmöglich übersehen. In mittelalterlichen Gemälden wird Maria Magdalena am häufigsten mit den Farben Rot oder Rosa verbunden (nur ganz selten ist sie in Grün gekleidet). Die Inquisition war so aufgebracht über die Gemälde, die die Madonna in Rot gekleidet zeigten, dass ihr Kunstzensor im Jahr 1649 schließlich deklarierte, alle Gemälde der Heiligen Jungfrau müssten sie fortan in Blau und Weiß gekleidet abbilden, was dem schwesterlichen und mütterlichen Aspekt des Ewigweiblichen Rechnung trägt, den Aspekt der Braut und des Fleischlichen, Sexuellen, jedoch verleugnet. Alle Gemälde einer Madonna in Rot wurden streng verboten und die »Frau in Rot« wurde gleichbedeutend mit einer Straßendirne.

Die »Trikolore« – Rot, Weiß und Blau – hat einen ähnlichen Charakter und ihre Ursprünge reichen weiter zurück als die Geschichtsschreibung. Die dreifache Göttin, die alle archaischen Religionen Europas, Afrikas und des Nahen Ostens vor der indo-arischen Invasion gleichermaßen verehrten, hatte drei Aspekte: Mädchen (Schwester), Braut (Gemahlin, Mutter) und alte Frau (Greisin oder Hexe). Ihre Farben waren je nach ihrem jeweiligen Aspekt Weiß, Rot und Dunkelblau oder Schwarz.[5] Somit vereint die dreifache Göttin in ihrem weltweiten Weiblichkeitskult alle drei Aspekte. Doch im christlichen Mythos der etablierten Kirche wird ihr Braut- oder »Fleisch und Blut«-Aspekt traditionell verleugnet.

Das vielleicht bedeutendste Gemälde Fra Angelicos, das wahrscheinlich eine verborgene Anspielung auf die Gralshäresie enthält, befindet sich an der Wand der ersten Zelle des San-Marco-Klosters in Florenz (Farbtafel 23). Dieses berühmte Wandgemälde heißt *Noli Me Tangere* (»Fass mich nicht an« oder sinngemäß: »Halte mich nicht zurück«). Der Titel stammt aus dem Johannesevangelium 20:17. Jesus steht in dem umschlossenen Garten und trägt eine Hacke über der Schulter, ein Symbol seiner Rolle als Landmann, der »Gärtner« aus dem vierten Evangelium. Zu seinen Füßen kniet die rosa gekleidete Maria Magdalena und streckt ihre Hand zu ihm aus. Unter ihrer linken Hand, diskret zwischen die Blumen ins Gras gemalt, befinden sich nebeneinander drei winzige rote X.

Das rote X, das geheime esoterische Symbol der ketzerischen

Kirche, war zugleich das freidenkerische Emblem für die Wahrheit. Es signalisierte den fundamentalen Fehler des etablierten christlichen Dogmas: die Verleugnung von Jesu Gemahlin. Das dreifache X unter der linken Hand Magdalenas bezieht sich auf die geheimen Glaubenssätze. Auf dem Gemälde deutet ihre rechte Hand direkt auf die drei X. Man könnte natürlich behaupten, dies sei Zufall. Auf einigen anderen Werke Fra Angelicos befinden sich ebenfalls im Gras verteilte rote und weiße Blumen, doch habe ich außer *Noli Me Tangere* kein Bild gesehen, in dem drei gemalte rote X nebeneinander erscheinen.

Wären diese drei kleinen X an irgendeiner anderen Stelle ins Bild gemalt worden, dann hätten sie sehr wohl zufällig entstanden sein können. Da sie aber unter die linke Hand von Magdalena gemalt sind, besteht eine deutliche Verknüpfung mit der Mutterschaft oder der *bar sinistra*, der königlichen Blutlinie, und deshalb glaube ich, dass es sich hier um einen bewussten Einsatz des Symbols handelt. Heute ist *bar sinistra* eine abwertende Bezeichnung für eine illegitime Linie. Doch die ursprüngliche Bedeutung in der Wappenkunde des Mittelalters war die mütterliche Linie des Schildträgers. Ihr Wappen befand sich auf der linken Seite des Schildes, das Familiensymbol des Vaters auf der rechten.

Den Kreuzrittern war die militärische Bedeutung des Gebrauchs von mit Wappen bemalten Schilden bekannt, die das Erkennen kommandierender Offiziere auf dem Schlachtfeld ermöglichten: Sie hatten diese Sitte im zwölften Jahrhundert bei den Sarazenen beobachtet und übernommen. Das Weibliche wurde mit der linken Seite identifiziert, das Männliche mit der rechten. Diese Terminologie wird auch in der modernen Psychologie benutzt, wo die Ausrichtung auf die linke Gehirnhälfte und die rechte Hand als »männlich« oder »rational« gilt und die Ausrichtung auf die rechte Gehirnhälfte und die linke Hand als »weiblich« oder auch »künstlerisch/intuitiv«. Das eine ist *dexter*, das andere *sinister*. Dieselbe dualistische Gedankenverbindung von »Kopf« und »Herz« wurde auch in die politische Arena übernommen, wo »rechts« konservativ bedeutet und »links« liberal.

Es sollte uns nicht überraschen, dass die Maler und Gelehrten von Florenz in den esoterischen Traditionen des Geheimkults und seiner Häresie verwurzelt waren. Immerhin baute Cosimo de Medici dort Mitte des fünfzehnten Jahrhunderts trotz des repressiven Einflusses der Inquisition seine umfangreiche Bibliothek klassischer griechischer, lateinischer und arabischer Schriften auf. Die Stadt bot anspruchsvollen Künstlern und Dichtern einen fruchtbaren Boden, sodass sie in Scharen in dieses aufgeklärte Kulturzentrum strömten. Das Studium der klassischen Literatur, Alchimie und Esoterik blühte und breitete sich unter den Intellektuellen ganz Europas aus.

Andere verdächtige Symbole in der Kunst

Eine Darstellung der »Temperamente«, gemalt von einem unbekannten Künstler und heute im Louvre ausgestellt, zeigt Maria Magdalena in der so genannten »Astarte«-Pose: Sie hält ihre Brüste in den hohlen Händen. Diese Pose findet man am häufigsten bei Statuen der nahöstlichen Fruchtbarkeitsgöttin, der Gemahlin des geopferten Sonnengottes. Dieses Gemälde ist zumindest eine kleine Überraschung!

Auf einem anderen, angeblich »rechtgläubigen« Gemälde eines anonymen deutschen Meisters des sechzehnten Jahrhunderts sehen wir Maria Magdalena mit einem schwarzen Handschuh an der linken Hand. Dies ist eine deutliche Anspielung auf die mütterliche Blutlinie und die Witwe Zion, deren Söhne schwarz und »unerkannt in den Straßen« sind (Klgl. 4:8). Auf diesem Gemälde fällt die Handfläche Marias besonders auf. In den Wasserzeichen aus der Provence erscheint die Handfläche häufig als wichtiges Symbol (Abb. 13). Ihre Botschaft lautet:

Abb. 13: Die Handfläche

»Halte am Glauben fest, an der Verheißung des Messias aus dem Haus Davids!«

Die »Palme« ist ein weiteres wichtiges Symbol für Israel und das Haus König Davids. Sie ist eine Anspielung auf jene Stelle in den Evangelien, in der das Volk Palmwedel vor Jesus ausbreitet, um ihn als Sohn Davids willkommen zu heißen, als er auf dem Esel in Jerusalem einreitet. Das griechische Wort für Palme ist *phoenix*. Sogar dieses Wortspiel birgt mittelalterliche Gedankenverbindungen mit Jesus. Vom sagenhaften »Palmvogel« wird erzählt, dass er aus seiner Asche wieder emporstieg, was ihn zu einem Symbol der Auferstehung macht. Da Bayleys Wasserzeichen nicht nur aus französischen mittelalterlichen Bibeln stammen, sondern auch aus Bibeln in verschiedenen anderen europäischen Sprachen, sollten all diese Wortspiele bei der Interpretation der Wasserzeichen in Betracht gezogen werden.

Auch der italienische Maler Carlo Crivelli (1430–1493) verwendet anscheinend bewusst esoterische Symbole in seinen Werken. Auf einigen Darstellungen der Madonna mit Kind sehen wir eine geborstene Wand, auf der eine Fliege sitzt. Ich glaube, dass der Spalt in der Wand das defekte, »rissige« Gebäude des etablierten christlichen Dogmas darstellt, während die Fliege Korruption andeutet. Über dem Kopf der Madonna

Abb. 14: Merowingerfisch

hängt ein Bündel Früchte, in dem eine grüne Gurke auffällt. Dies könnte eine Anspielung auf die Klage des hebräischen Propheten Jesaja sein, die Tochter Zions sei »wie ein Schutzdach in einem Weinberg, wie eine Hütte in einem Gurkenfeld, wie eine belagerte Stadt« zurückgelassen worden (Jes. 1:8). Auch in Bayleys Wasserzeichen finden sich Kürbisse und Gurken, die diese Klage illustrierten. Diese Symbole beziehen sich nicht auf die *offizielle* Kirche, sondern auf die verbannte Tochter Zions, die alternative, verborgene Gralskirche, die »belagerte Stadt«. Dieses Gemälde hätte die Inquisitoren eigentlich zum Zittern bringen müssen.

Auf einer weiteren Darstellung der Madonna mit Kind von Crivelli, gemalt um 1473, sehen wir eingravierte Fische zu beiden Seiten des Throns, auf dem die Madonna sitzt, eine Anspielung auf das astrologische Zeitalter der Fische. Die mittelalterlichen Hermetiker und Alchimisten verstanden Jesus als Herrn des Zeitalters der Fische im astrologischen Tierkreis[6] (siehe Abb. 14).

Auf vielen im Mittelalter und in der Renaissance entstandenen Gemälden mit Jesu Geburt sehen wir eine Grotte, eine ärmliche Hütte oder eine Höhle in einem Berghang, umgeben von verfallenen Säulen der antiken Gebäude und Tempel. Diese Gemälde illustrieren die Auffassung, dass die Geburt Christi mit der Auflösung des vergangenen Zeitalters und der Geburt eines neuen zusammenfiel. In Matthäus 2:2 berichten die drei Weisen, dass sie den Stern des Kindes im Osten aufgehen sahen. Astrologen und Priester wurden auch als »Weise« bezeichnet, und das neue Sternbild, das etwa zur Zeit von Jesu Geburt in Aszendenz kam, war die Konstellation der Fische. Ein Prachtbeispiel für die Behandlung dieses Themas vom Tod des alten Zeitalters und der Geburt des neuen finden wir in Botticellis Gemälde *Die Anbetung der Könige,* wo die primitive Schutzhütte der Geburtsszene von den zerfallenen Säulen des griechischen Reiches umgeben ist.

Die Heilige Maria Magdalena, ein vom niederländischen Meister Jan van Scorel 1528 vollendetes Bild, zeigt Maria Magdalena mit einer großen Vase oder Urne, ähnlich den Darstellungen des Grals in den Wasserzeichen. Sie sitzt in der Nähe des alten Stumpfs eines gigantischen Baumes, dessen einziger noch belaubter Zweig sich über ihren Kopf reckt. Der linke Ärmel ihres Gewandes ist mit Perlenreihen dekoriert, die lauter X formen. Den Saum des Ausschnitts ihres Kleides zieren gestickte hebräische Buchstaben, die auf ihr Heimatland anspielen. Ich glaube, die Perle wird deshalb oft mit Maria Magdalena in Zusammenhang gebracht, weil die »wertvollste Perle«, wie der Gral selbst, etwas unendlich Kostbares ist, wonach es sich zu suchen lohnt.

Ein anderer Maler, der die Perle mit Maria Magdalena in Zusammenhang bringt, ist Georges de la Tour (1593–1652). Dieser Künstler stammte aus Lunéville in der Lorraine. Er malte sechs verschiedene Versionen der *Reuigen Magdalena* (Farbtafel 24). Alle Versionen zeigen die Frau in einer weißen Bluse und einem roten Rock, die Farben der Schwester-Braut, die die Vereinigung von Leidenschaft und Reinheit symbolisieren. Sie sitzt auf einem Stuhl und betrachtet verschiedene Gegenstände – einen menschlichen Schädel, eine Kerze, einen Spiegel oder eine große Perle. In allen Versionen ist die Frau schwanger.

Ich finde es amüsant, dass der Ausdruck *sub rosa* auf etwas anspielt, was im Verborgenen geschieht. Dabei hatte der Begriff »im Zeichen der Rose« für die Eingeweihten eine ganz bestimmte Bedeutung. Wie wir gesehen haben, *ist* die Rose für sie das Geheimnis – die rote Rose der anderen Maria, jener Maria, die den Eros symbolisiert, den leidenschaftlichen *Braut*aspekt des Weiblichen, der von der etablierten Kirche verleugnet wurde. Eros ist ein Anagramm für Rose und die Rose war schon in der Antike allen Liebesgöttinnen heilig.

Die Rosenkreuzer, deren Geheimgesellschaften während des sechzehnten Jahrhunderts vermehrten Zulauf verzeichneten, obwohl ihre Ursprünge wahrscheinlich viel weiter zurückliegen, verwendeten das Symbol eines rosafarbenen Kreuzes. Die volle Bedeutung dieses Kreuzes war wahrscheinlich nur einer kleinen Anzahl Eingeweihter bekannt. Dies war nicht das offizielle Kreuz des Petrus und Jesu, jenes †, das den Ketzern als verabscheuungswürdiges Folterinstrument galt. Ihr Kreuz war das rote X der wahren Erleuchtung, das Symbol von *lux*, dem »Licht«. Doch weil die Auffassung der Rosenkreuzer von Jesu Leben und seiner Natur nicht mit der Auffassung der etablierten Kirche übereinstimmte, wurde dieses X »ausgeixt«, verdammt und verstoßen.

Die abschätzige Bedeutung, die der Buchstabe X im heutigen Sprachgebrauch hat, beweist die Macht des Siegers über die Besiegten und seine Fähigkeit, sogar die Geschichtsschreibung zu verfälschen. Zum Beispiel wird in den USA »X« als negative Bewertung eines Films mit fragwürdigem Inhalt oder als Note für eine falsche Antwort in einem Examen gegeben. Die etablierte Gesellschaft verteufelte das X und erklärte es zum Feind der Gemeinschaft. Doch in noch früherer Zeit wurde das X auf Dokumenten an Stelle einer Unterschrift verwendet. Es fällt nicht schwer, sich einen gefolterten Ketzer vorzustellen, der gezwungen wird, sein Geständnis zu unterschreiben, und stattdessen in einem letzten Akt des Trotzes mit einem X unterzeichnet. Eine solch raffinierte »Un-Information« hätten die Gefangenen des Glaubens sicher als wunderbar paradox empfunden.

Das Andreaskreuz

Wir sollten die Häufigkeit, mit der das X-Symbol im Mittelalter auftritt, und seine verschiedenen Bedeutungen nicht unterschätzen. Irgendwann wurde der Buchstabe X gleichbedeutend mit Gedankengut, das sich gegen die herrschende Ordnung richtete. Im vierzehnten Jahrhundert kursierte in Europa eine Legende um dieses Kreuz, vielleicht im Zusammenhang mit der damals sehr beliebten *Golden Legend*, die Jacobus de Voragine im dreizehnten Jahrhundert verfasste. Man sagte, dass der heilige Andreas auf einem zur Seite geneigten Kreuz mit gleich langen Balken den Märtyrertod gestorben sei. Diese Legende scheint der Versuch gewesen zu sein, das esoterische X, das in Gemälden auftauchte, zu legitimieren – jenes X, das eigentlich *lux* bedeutete. Der Heilige, der die Ehre hatte, mit dem X in Verbindung gebracht zu werden, war der Apostel Andreas, der Jesus zuerst begegnete und sofort losrannte, um seinen Bruder Petrus zu holen. Anscheinend wollte die Legende dem mit Andreas assoziierten X gegenüber dem in der Petruskirche verehrten † den Vorrang geben.

Da der heilige Andreas Jesus zuerst kennen lernte, hätte er Petrus gegenüber eine gewisse Vorrangstellung gehabt. Der Name Petrus bedeutet »Fels«; Andreas leitet sich vom Wortstamm *andros* oder »Mann« ab, ein Gegensatz, den die Häretiker bestimmt nicht übersahen. Der heilige Andreas wurde der Schutzheilige Schottlands, jenes Landes, das angeblich nach der Vernichtung ihres Ordens im Jahr 1307 der Zufluchtsort der Tempelritter wurde.[7] Noch immer finden wir in der Flagge Großbritanniens sein rotes Kreuz über dem Kreuz der etablierten Kirche.

Ein weiterer beliebter Heiliger, der mit dem X zusammenhing, war der heilige Georg, auch »Ritter des roten Kreuzes« genannt. Der heilige Georg wird unweigerlich mit einem weißen Schild dargestellt, der ein rotes Kreuz trägt. Ihm gebührt die Ehre, den Drachen besiegt und die gefangene Dame aus ihrer Not errettet zu haben. Der »Drache« bedroht stets die »Frau« (Offb. 12:6) und das rote Kreuz symbolisiert ihre Rettung (und ist heute noch das Symbol für erste Hilfe; unsere Symbole sind tief im Unterbewusstsein vergraben und kommen immer wieder hoch). Europäische Kreuzritter begegneten dem Fruchtbarkeitskult des heiligen Georg zum ersten Mal im elften Jahrhundert auf ihren Reisen zu den östlichen Städten des Byzantinischen Reiches. In den volkstümlichen Überlieferungen des Ritters vom roten Kreuz wird der heilige Georg der »Immergrüne« genannt und ist der Schutzheilige der unfruchtbaren Frauen. Das Fruchtbarmachen des Ödlands und der »verbrannten Erde« ist unweigerlich mit dem roten X verbunden!

Die beiden Heiligen des X wurden in ganz Europa verehrt. Ein dritter Heiliger, der oft einen weißen Schild mit rotem Kreuz trägt, ist der Erzengel Michael, ein weiterer Verteidiger der »Frau« (Offb. 12:7), der den »Drachen« schließlich besiegt. Michael, »das lebendige Ebenbild Gottes«, wird in der christlichen Ikonographie oft mit dem Gott Hermes assoziiert. Viele mittelalterliche Künstler nahmen Michael, Andreas oder Georg vielleicht absichtlich in ihre Gemälde auf, um einen Vorwand für das Erscheinen des symbolischen roten Buchstaben X, des »rosa Kreuzes« in ihren Werken, zu haben.

Natürlich benutzte nicht jeder Maler dieses Symbol bewusst, doch viele schlossen es wohl mit ein, um direkt unter der Nase der Inquisition ihr wahres Glaubensbekenntnis zu enthüllen. In gewisser Weise erinnert dies an den Brauch von Kriegsgefangenen, die erste Zeile des dreiundzwanzigsten Psalms oder die Nationalhymne zu morsen, um sich gegenseitig während der Gefangenschaft Hoffnung zu geben. Oder an die Worte, mit denen

Papst Johannes Paul II. im Oktober 1978 seine Amtsantrittsrede begann: »Wenn der Mond auf Tschenstochau scheint« – die erste Zeile eines sehr patriotischen polnischen Gedichts, die den polnischen Freiheitskämpfern heimlich eine ermutigende Botschaft der Hoffnung sandte. In ähnlicher Weise verkündete das rote X in der mittelalterlichen Kunst unerschütterliche Solidarität mit der ketzerischen Geheimtradition. Es scheint fast überflüssig, darauf hinzuweisen, dass sowohl den Gralsketzern als auch den Aktivisten der antikommunistischen Solidaritätsbewegung im Polen der 80er Jahre das Bildnis der Schwarzen Madonna heilig war. Seit zwei Jahrtausenden ist sie die geliebte Schutzheilige der Freiheitskämpfer!

Bestimmt hingen sowohl unter den Kunstschaffenden Europas, die die Wasserzeichen entwarfen, als auch unter den religiösen Malern viele dem konventionellen Glauben an. Und viele Troubadoure ahmten lediglich die Motive und Phrasen früherer Sänger nach. Wenn man feststellen will, welche Künstler die Glaubenssätze der Häresie bewusst verbreiteten, muss man auf die frühesten Beispiele zurückgreifen und diese so sorgfältig untersuchen, wie wir es mit den Tarotkarten getan haben. Die Indizien sprechen dafür, dass viele berühmte Maler und Dichter ihre Werke bewusst mit den Symbolen ihrer Herrin Magdalena schmückten. Und die Inquisition, die nicht genau wusste, wonach sie suchen sollte, übersah das X und rechtfertigte viele andere Symbole, indem sie sie so weit wie möglich ihren eigenen Dogmen anpasste. Dabei müsste eigentlich jeder, der Augen im Kopf hat, erkennen, dass ein Granatapfel, der zum Platzen mit hellroten Samen gefüllt ist, kein geistiges Symbol ist – besonders, wenn er in einem Schoß liegt!

Der Ursprung des roten X als abfälliges Symbol für alles, was explizit sexuellen Inhalts ist, geht anscheinend auf die verborgene Gralskirche und ihre Anhänger zurück. Offenbar verband die etablierte Kirche das rote X mit den Versuchungen und Sünden »der Welt, des Fleisches und des Teufels« – was unweigerlich in einen Topf geworfen und mit dem Weiblichen, dem Okkulten, dem »*Sinisteren*« bzw. »Linken« assoziiert wurde. Und doch wird die archaische Bedeutung des X, die Vereinigung des Männlichen und Weiblichen in einer heiligen Partnerschaft von Gleichgestellten, allein schon in seiner Form deutlich: eine Kombination (oder »Hochzeit«) des uralten und archetypischen V, dem Kelch des Weiblichen, und des Λ, der Klinge des Männlichen.

KAPITEL VII

Das Einhorn und die Dame

Die Themen der heiligen Ehe und der verlorenen Braut in der westeuropäischen Kultur haben uns zu einer genaueren Untersuchung jener Rätsel in der mittelalterlichen Kunst animiert, die durch die Glaubenssätze der Gralshäresie erhellt werden können. Zu diesen Kunstwerken müssen auch die fantastischen Einhorn-Wandteppiche aus dem späten Mittelalter gezählt werden. Es wird allgemein vermutet, dass besonders die Wandteppich-Serie *La Dame à la Licorne* ein nicht näher definiertes Dogma der Katharer illustriert.[1] Ich bin davon überzeugt, dass nichts anderes als die albigensische Gralshäresie den Künstler zu diesem subtilen Meisterwerk inspirierte – und dass er es zu Ehren der Braut gestaltete.

Fachgelehrte sind sich darüber einig, dass das Einhorn ein sagenhaftes Tier war, das in der Antike unter anderem von den Griechen Ktesias von Knidos und Aristoteles sowie von dem römischen Historiker Plinius erwähnt wurde. Niemand scheint den Ursprung des Mythos zu kennen, aber auf Wandmalereien aus der Bronzezeit (ca. 2000–1500 v. Chr.) sehen im Profil gemalte Antilopen dem sagenhaften Einhorn verblüffend ähnlich, weil das vordere Horn das hintere verdeckt und somit unsichtbar macht! Dies ist eine mögliche Erklärung für dieses mythologische, pferdeähnliche Wesen mit einem Horn mitten auf der Stirn. Im *Physiologus,* einem im dritten Jahrhundert n. Chr. in Alexandria entstandenen Bestiarium, wurden die Mythen verschiedenster Tiere beschrieben – unter anderem auch das wilde Einhorn, das kein Jäger fangen konnte. Nur eine Jungfrau konnte es zu sich locken. Man konnte es leicht fangen, sobald es mit dem Kopf in ihrem Schoß schlief. Der *Physiologus* wurde tausend Jahre lang in viele Sprachen übersetzt und seine Legenden kursierten in allen christlichen Ländern.

Die frühen Kirchenväter sahen im Einhorn eine Erscheinungsform Christi, und diese Auffassung hielt sich bis ins Mittelalter, als man glaubte, das Einhorn habe besondere Heilkräfte. Jeder Arzneimittelhändler hatte ein Pulver auf Lager, das angeblich vom gemahlenen Horn dieses sagenhaften Tieres stammte. Laut einer weit verbreiteten Geschichte konnte ein Einhorn vergiftete Gewässer wieder reinigen, indem es sein Horn hineintauchte. Auf manchen Darstellungen des Einhorns in mittelalterlichen Kunstwerken sieht man, wie es sein Horn in einen Bach oder Brunnen taucht, während andere es mit dem Kopf im Schoß eines Mädchens zeigen, das meist vor einem blumigen Hintergrund oder in einem umschlossenen Garten sitzt. Das Einhorn ist eines der meistverwendeten Symbole in den albigensischen Wasserzeichen. Allein aus diesem Grund sollten wir in den Kunstwerken und Legenden einige Beispiele für dieses Motiv näher untersuchen.

Obwohl mittelalterliche Verteidiger der offiziellen Kirche sich bemühten, der Einhornlegende eine mystische Bedeutung zu geben, spielen die Symbole des Gartens und des Einhorns mit dem Horn auf dem Schoß des Mädchens unzweifelhaft auf das Hohelied an. Linggläubige Interpreten versuchten zwar, den umschlossenen Garten mit der Jungfräulichkeit Marias, Jesu Mutter, gleichzusetzen, doch dies war ganz sicher nicht die Bedeutung des biblischen Hinweises auf den »umschlossenen Garten« aus dem Hohelied: »Du bist ein umschlossener Garten, meine Schwester, meine Braut« (Hld. 4:12) und »Ich bin in meinen Garten gekommen, meine Schwester, meine Braut« (Hld. 5:1). Das ganze Lied preist die sinnlichen Freuden – die Düfte und Geschmäcker, die Schönheit und die Klänge des »Gartens«, in dem die Liebenden vereint sind. Ihr Lager ist das Gras:

»Unser Bett ist von leuchtendem Grün« (Hld. 1:16). Wie die jüdische Tradition besteht auch die Kirche seit Jahrhunderten darauf, dass das Hohelied der archetypischen Liebenden eine mystische Allegorie sei, doch wir haben bereits gesehen, dass seine erotische Bildersprache den Gedichten aus dem nahöstlichen Ritus der Heiligen Hochzeit ähnelt. Ich bin davon überzeugt, dass die Dame im Garten der Einhorn-Wandteppiche die Schwester-Braut aus dem Hohelied ist. Dies schließt eine mystische Deutung der Wandteppiche und des Liedes keineswegs aus, sondern ging ihr voraus und gibt ihr sogar eine größere Dimension.

La Dame à la Licorne

Der Wandteppich *La Dame à la Licorne* (Dame mit Einhorn), der im Cluny-Museum in Paris hängt, rühmt das Weibliche und die Sinnesfreuden. Auf den sechs Paneelen des Wandteppichs wird die Dame vor einem roten Hintergrund gezeigt, der mit winzigen Blumen und Tieren aller Art bedeckt ist, darunter zahlreichen Hasen, die aufgrund ihres Rufes der extremen Fruchtbarkeit der Liebesgöttin heilig waren. Die Dame ist in blumenbestickten Brokat mit schmückenden Juwelen gekleidet und trägt die Haartracht des späten fünfzehnten Jahrhunderts. Sie hält einen Spiegel, ein Symbol, das meist mit Venus/Aphrodite zusammenhängt, in dem sich ein Einhorn spiegelt. Auf allen Paneelen des Wandteppichs wird sie vom Löwen (von Juda) und dem Einhorn flankiert, beides mittelalterliche Symbole für Christus.

Auf dem ersten Paneel des Wandteppichs (Farbtafel 26) hat das Einhorn den Rock der Frau angehoben und seine Vorderhufe ruhen bequem auf ihrem Schoß! Löwe und Einhorn tragen jeweils ein Wappen, das in Rot, Weiß und Dunkelblau, den Farben der dreifachen Göttin, gehalten ist (Farbtafel 27). Die Grundfarbe ist Rot, darauf sieht man drei weiße Mondsicheln auf einem dunkelblauen Band. Da der zunehmende Sichelmond ein Symbol für das »Mädchen« ist, verkünden diese Banner, dass die Dame die Schwester-Braut ist, die ihren Bräutigam im Garten erwartet.

Selbst die Banner auf dem Wandteppich sind nichts anderes als ein Echo des Hohelieds: »Sein Banner über mir ist die Liebe« (Hld. 2:4, *NIV*). In dem Lied wird die Braut zu einem Festmahl sinnlicher Freuden eingeladen und der Bräutigam hält das Banner der Liebe über sie. Manche Gelehrte vermuten, dass dieser Wandteppich als Hochzeitsgeschenk für eine ganz bestimmte Braut entworfen wurde – vielleicht für eine Tochter der Familie La Vista aus der südfranzösischen Gegend um Lyon, deren Familienwappen drei Sichelmonde waren, die jenen auf den Bannern ähnelten.[2] Ich glaube allerdings eher, dass die La Vistas mit diesem Familienwappen verbunden wurden, weil sie bereits den wunderschönen Wandteppich mit seinen auffälligen Bannern besaßen. Das gleiche Band mit drei Mondsicheln erscheint auch im Wappen von Lunéville, einer Stadt in der Lorraine.

Die Symbole auf dem Wandteppich bereiten allen fünf Sinnen ein Festmahl und rühmen jede einzelne Sinnesfreude.[3] Das erste Paneel, auf dem die Dame den Spiegel hält, ist eine Illustration des »Sehens«. Auf dem zweiten, genannt »Hören«, spielt sie eine Orgel. Auf dem dritten mit dem Titel »Schmecken« nimmt sie eine Süßigkeit von einem Teller. Auf dem vierten Paneel »Riechen« flicht die Dame einen Nelkenkranz, während ihre Zofe ein Gefäß voller Immergrünblüten hält. Der Mittelalter- und Gartenspezialist John Williamson führte eine detaillierte Untersuchung der Blumensymbolik auf den Einhorn-Wandteppichen durch, die in der Klostersammlung des Metropolitan Museum of Art in New York ausgestellt sind. Seinen Ergebnissen zufolge war die Nelke ein mittelalterliches Symbol für die Verlobung und das Immergrün ein Symbol für die Ehe.[4] Die verschiedenen Blumen und Pflanzen auf den Wandteppichen wurden so sorgfältig gewebt, dass jede einzelne klar erkennbar ist.

In seinem Buch *The Oak King, the Holly King and the Unicorn* bemerkt Williamson, dass viele Bäume und Pflanzen, die auf den Einhorn-Wandteppichen abgebildet sind, die Empfängnis fördern (Goldlack, Rosanelke, Gänseblümchen, Veilchen) oder aphrodisisch wirken (Gefleckter Aronstab, Immergrün und männliche Orchidee). Seine faszinierende Studie stützt sich auf mittelalterliche Kräuterkunde und Naturgeschichte und die damit verbundenen Überlieferungen und Legenden. Williamsons Buch beschäftigt sich zwar explizit mit den sieben in der Klostersammlung ausgestellten Paneelen der Einhorn-Wandteppiche, doch auf den Wandteppichen im Cluny-Museum findet man ganz ähnliche Pflanzen und Tiere. Man nimmt an, dass beide Wandteppich-Serien gegen Ende des fünfzehnten Jahrhunderts etwa zur gleichen Zeit gewoben wurden; höchstwahrscheinlich in der flämischen Stadt Brüssel. Die Bilder wurden vermutlich von einem französischen Künstler entworfen, doch sein/ihr Name ist uns unbekannt. Auf mehreren Paneelen dieser Wandteppiche erscheinen die Nelke (die Verlobung), das Veilchen (die Wollust), die Rose (die Liebe) und das Immergrün (die Ehe), dazu die Eiche (das Sonnenprinzip), die Stechpalme (das Mondprinzip), der Orangenbaum (der Liebesakt zwischen den Geschlechtern), der Granatapfelbaum (die weibliche Fruchtbarkeit) und die Kiefer (die männliche Fruchtbarkeit).[5]

Manche Interpreten deuten diese Paneele als Darstellungen des mittelalterlichen Liebeswerbens oder vielleicht der Sitten höfischer Liebe. Ganz eindeutig werden die Paneele in der Abfolge immer intimer. Auf dem fünften Paneel, »Berühren«, liebkost die Dame das Horn des Einhorns (Farbtafel 27). Nun hält sie das Banner selbst und der Hase zu ihren Füßen spielt mit einer winzigen roten Blume in Gestalt eines X. Dies könnte natürlich ein Versehen des Künstlers sein, doch ich bezweifle es sehr. Die Dame auf diesen Paneelen ist die Dompna der Troubadoure, die Geliebte. Natürlich ist sie auch das Urbild der Seele, deren mystischer Bräutigam Christus ist. Die Ekstase der mystischen Ehe lässt sich in der physischen Welt ahnen. Somit sollten die Wandteppiche vielleicht sowohl die transzendentale als auch die irdische Wirklichkeit widerspiegeln.

Auf dem sechsten Paneel sieht man ein dunkelblaues Zelt, dessen Eingang von Löwe und Einhorn offen gehalten wird. Beide tragen immer noch das Banner der Schwester-Braut. Die Dame hat ihr Halsband abgenommen und reicht es ihrer Zofe. Auch das Halsband wird im Hohelied erwähnt: »Mit einem einzigen Blick deiner Augen hast du mein Herz geraubt, mit einem einzigen Juwel deines Halsbandes« (Hld. 4:9). Über dem Zelt, das das Heiligtum darstellt, erscheinen die Worte *A mon seul desir* (Meinem einzigen Verlangen). Das Zelt ist die Brautkammer der Heiligen Hochzeit, in dem die Braut ihren Bräutigam erwartet: »Lasst meinen Liebsten in seinen Garten kommen und seine köstlichen Früchte schmecken« (Hld. 4:16).

Der Bräutigam Israels

Das Einhorn wird in der griechischen Version der Bibel, der *Septuaginta,* im zweiundneunzigsten Psalm erwähnt: »Mein Horn sollst du preisen wie das Horn des Einhorns; man wird mich mit frischem Öl salben.« Dieser Text bringt das Einhorn mit der Salbung des Königs in Zusammenhang und ist ein Echo jener Zeile des dreiundzwanzigsten Psalms, in der der König die weibliche Gottheit anspricht: »Du salbst mein Haupt mit Öl, mein Becher fließt über.« Vielleicht war das Einhorn ein archaisches Emblem der israelischen Könige, weil es auf diese Weise mit der Salbung des Königs zusammenhing.

Diese Zeile könnte aber auch der Ursprung der weit verbreiteten Assoziation des sagenhaften Tieres mit Jesus Christus, dem gesalbten Messias Israels, sein. Alle Prophezeiungen und Psalmen, die im Alten Testament auf den Messias aus dem Haus Davids anspielen, wurden von den frühchristlichen Ideologen auch als Anspielungen auf Jesus verstanden. Die Salbung des »Horns« oder »Hauptes« des Bräutigams/Königs war ein Teil des archaischen Ritus des *hieros gamos*. Selbstverständlich hat die mittelalterliche Kirche die sexuellen Untertöne des einzelnen, erhobenen Horns ignoriert und stattdessen die Symbolik der Stärke und Reinheit betont. Dennoch scheint es merkwürdig, dass das legendäre Einhorn angelockt wird, um seinen Kopf in den Schoß einer Jungfrau zu legen.

In einem Gedicht für das Ritual des *hieros gamos,* geschrieben im alten Sumer für die Liebesgöttin Inanna, finden wir folgende Zeilen:

> Der König geht erhobenen Hauptes zum heiligen Schoß,
> Er geht erhobenen Hauptes zum heiligen Schoß der Inanna,
> Der König kommt erhobenen Hauptes,
> Kommt erhobenen Hauptes zu meiner Königin ...[6]

Der Bräutigam/König mit dem »erhobenen Haupt« oder »Horn« sucht unweigerlich den Schoß der Braut zum Vollzug der Heiligen Ehe. Genau dasselbe tut das sagenhafte Einhorn. Man darf die erotische Bedeutung dieser Bildersprache nicht übersehen. Zwar wurden die Wandteppiche zu Beginn der Renaissance gewoben (1500 n. Chr.), doch die Geschichte des Einhorns, das seinen Kopf in den Schoß des Mädchens legt, hat ihren Ursprung in der Antike, in einer Zeit, in der die Symbolik des heiligen Königs und seiner Ehe mit der Liebesgöttin jedermann vertraut war.

Das wichtigste Attribut des heiligen Königs war seine Potenz, und seine wichtigste Aufgabe war es, sein Reich zu beschützen. Später wurde beides auf die Fähigkeit, Söhne zu zeugen, übertragen. Ohne Erben galt ein König als schwach und die Zukunft seines Reiches war unsicher. Diese physische Tatsache traf für die europäischen Könige genauso unentrinnbar zu wie für die Könige des Altertums. Zweifellos verstand die Welt des Mittelalters das erotische Wesen der Wandteppiche, immerhin hingen die Paneele, die heute in der Klostersammlung in New York ausgestellt sind, einst im Schlafgemach des Herzogs de la Rochefoucauld, dem sie im sechzehnten Jahrhundert gehörten. Sein Chateau Verteuil liegt etwa achtzig Kilometer von Albi entfernt, einst das geographische Zentrum der albigensischen Häresie.

Der Stellenwert, den Legenden und Volksmärchen in der Kulturgeschichte einnehmen, ist von großer Bedeutung. Die Hauptfrage lautet nicht: »Woher kommt diese Geschichte?« Vielmehr sollten wir fragen: »Warum war diese Geschichte so beliebt? Was löste sie in den Menschen ihrer Zeit aus? Was in dieser Geschichte hat ihre Herzen und Gedanken berührt?« Die Einhornlegende muss in den Europäern des Mittelalters etwas ganz Besonderes ausgelöst haben, denn sie erregte *gewaltige* Aufmerksamkeit.

Die Gralsketzerei und das gejagte Einhorn

Die Geschichte von der gnadenlosen Hetzjagd auf das Einhorn, das schließlich erlegt wird, könnte sehr wohl die »ketzerische« Version von Jesu Leben symbolisiert haben, zu der auch seine menschliche Männlichkeit gehörte. Die Vorstellung eines verheirateten Jesus war der etablierten römischen Kirche widerwärtig. In seiner bereits erwähnten Erforschung der Einhorn-Wandteppiche stellt John Williamson fest, dass das Einhorn ein Symbol der männlichen Potenz und Zeugungskraft war. Ich habe geschlussfolgert, dass seine große Beliebtheit und die Häufigkeit, mit der das Einhorn in den Kunstwerken auftauchte, die Verfechter des etablierten Dogmas zu dem verzweifelten Versuch zwangen, ihm »rechtgläubige« und mystische Bedeutungen zuzuschreiben, wobei sie die physischen Indizien bewusst übersahen. Ihre Erklärungen sind geradezu absurd. Eine traditionelle Interpretation des Einhorns mit seinem Kopf im Schoß des Mädchens behauptet, dass es sich bei dem Mädchen um die

Jungfrau Maria handele und dass das Einhorn Christus selbst sei, der versucht, in der Gebärmutter Marias zu Fleisch zu werden. Doch diese Erklärung übersieht die phallische Bedeutung des Einhornkopfes, sein erhobenes Horn und den Mädchenschoß. Die Dame im Garten symbolisiert ganz bestimmt die Liebesgöttin des Altertums, die in ihrem Garten sitzt und darauf wartet, ihren Bräutigam/König zu umarmen.

Wie das sagenhafte Einhorn, das lieber stirbt, als sich versklaven zu lassen, wurde auch die albigensische Ketzerei rücksichtslos verfolgt. Auf den in der Klostersammlung ausgestellten Wandteppichen sind die Einzelheiten der Legende abgebildet. Zunächst sehen wir die Jäger, die sich auf die Jagd vorbereiten. Das Einhorn auf dem zweiten Paneel kniet vor einem Bach, der aus einem Brunnen fließt. Es taucht sein Horn ins Wasser, während zahlreiche Tiere darauf warten, aus dem Strom zu trinken.

Diese Szene hat starke symbolische Zusammenhänge mit der Häresie, deren Wanderprediger als Kathari oder »die Reinen« bezeichnet wurden. In den Augen der Häretiker waren die aus der katholischen Kirche strömenden »Wasser der Wahrheit« durch das Lehren falscher Dogmen vergiftet, insbesondere jener Dogmen, die mit Jesu menschlicher Natur zu tun hatten. Das Horn symbolisiert die Potenz Jesu, also den Kernsatz des häretischen Glaubens. Logischerweise war es also das Horn des Einhorns, das in den Augen der Häretiker das vergiftete Dogma der Kirche reinigte.

In seinem großartigen Buch weist John Williamson darauf hin, dass viele der nah am Bach wachsenden Pflanzen giftig sind und somit das giftige, aus dem Brunnen strömende Wasser widerspiegeln. Auf diesem Paneel des Wandteppichs hält er die boshafte »weiße Lychnis« oder »Todesblume« für besonders bedeutungsvoll, die auch als »Teufelsblume« bekannt ist und zwischen den Beinen des in der Mitte abgebildeten Jägers einen auffälligen Platz einnimmt, wodurch sie auf seine bösen Absichten hinweist.

Auf dem dritten Paneel des Wandteppichs versuchen die Jäger, das Einhorn über einen Bach zu treiben. Und auf dem vierten verteidigt es sich, es keilt wild aus und durchbohrt einen der Hunde mit seinem Horn. In Bezug auf Jesus, der sein Schicksal angeblich freiwillig und gefasst auf sich nahm, ist dies eine seltsame Symbolik. Doch es ist eine präzise Darstellung der albigensischen Katharer, deren männliche Mitglieder eine ganze Generation lang ihr Heimatland Provence tapfer gegen die habgierigen Söldner des Vatikans und des französischen Königs verteidigten, bis sie bei Montségur der überlegenen Streitmacht unterlagen.

Das fünfte Paneel besteht leider nur noch aus zwei Fragmenten, von denen ein großes Stück fehlt. Das Einhorn hat seinen Weg in den Garten gefunden und ist umgeben von roten und weißen Rosen, die am Zaun entlang wachsen. Auf diesem Wandteppichfragment sieht man die Zofe, doch von der Herrin des Gartens ist nur die zierliche Hand zu sehen, die den Hals des Einhorns liebkost. Der Teil dieses Wandteppichs, auf dem die Dame abgebildet war, ist von allen sieben Paneelen das einzige fehlende Stück. Man muss sich fragen, ob dieser Schaden mit Absicht herbeigeführt wurde – wie so oft! Höchstwahrscheinlich hielt die Dame den generell mit der Liebesgöttin assoziierten Spiegel. Meiner Meinung nach ist es unwahrscheinlich, dass dieser Teil des Wandteppichs versehentlich zerstört wurde, während alle anderen Paneele unversehrt blieben. Vielleicht ruhten die Hufe des Einhorns in ihrem Schoß, wie in den anderen Wandteppichserien. Oder vielleicht identifizierte irgendein anderes Symbol auf dem Paneel sie so offensichtlich als Liebesgöttin, dass ein wohlmeinender Hüter des offiziellen Glaubens es zerstörte; genau wie die Tarot-Trümpfe im Spiel Charles VI., die die Kaiserin und die Päpstin darstellten, höchstwahrscheinlich aufgrund ihrer ketzerischen Symbole vernichtet wurden.

Auf dem sechsten Wandteppich der Jagdserie wurde das Einhorn brutal geopfert und sein Kadaver auf einen Pferderücken geworfen. Die Machthaber haben das wunderbare Einhorn gehetzt und geschlachtet; der Christus der Ketzer ist tot, genau wie ihre Glaubenssätze, ihre Familien und ihre Jahrtausendhoffnung. John Williamsons Forschungen ergaben, dass die auf diesem Paneel abgebildeten Pflanzen und Tiere sowohl den Tod des Einhorns widerspiegeln als auch seine Niederlage, den ihm zugefügten Verrat und seine Reise in die Unterwelt.

Wir haben bereits festgestellt, dass die in den Liedern der Troubadoure verwendete Sprache der Leidenschaft, die von der Inquisition als ketzerisch verdammt wurde, später von der Kirche »gereinigt« und zum Lob von Jesus und seiner Mutter Maria eingesetzt wurde, woraufhin sie in den Schriften der mittelalterlichen Mystiker ihren Höhepunkt erreichte. Ich finde die traditionelle Deutung der Jagd auf das Einhorn unbefriedigend, die auf dem sechsten Paneel im Tod des sagenhaften, einhornigen Tieres und auf dem siebten in seiner Auferstehung im umschlossenen Garten gipfelt. Ich glaube eher, dass diese Interpretation der Versuch war, bereits bestehende Inhalte zu »säubern« und diesen bedeutsamen ketzerischen Kunstwerken orthodoxchristliche Inhalte zuzuschreiben. Die Kirche hat immer versucht, das Einhorn mit konformen Inhalten zu deuten; aus demselben Grund wurden christliche Kirchen über ehemaligen heidnischen Tempeln errichtet und den uralten Göttinnen und Göttern christliche Namen und Legenden zugeordnet. Doch wie sehr sich die Kleriker auch um konforme Deutungen bemühten, das Einhorn ist und bleibt ein besonders exotisches Symbol für die Potenz des Bräutigams/Königs.

Die Bildersprache der Bäume auf den Wandteppichen unterstreicht die Themen Sexualität und Fruchtbarkeit. Die Eicheln und Fichtenzapfen sind bildhafte Signale der Männlichkeit. Der Orangenbaum symbolisiert den Liebesakt zwischen den Geschlechtern: Dieser Baum trägt gleichzeitig Blätter, Früchte und Blüten, und Bräute schmückten sich traditionell mit seinen Blüten. Ebenso symbolisierte der Granatapfel, »platzend vor Samen«, traditionell die Fruchtbarkeit. Die Stechpalme ist weiblich, ihre Blüten sind weiß und sie trägt rote Beeren, die Farben von Reinheit und Leidenschaft und der Schwester-Braut. Ihre Blätter sind dagegen immergrün und spitz; sie symbolisieren das Männliche. Diese traditionell mit der Weihnachtszeit verbundene Pflanze scheint sowohl die männlichen als auch die weiblichen Aspekte Gottes zu symbolisieren. In diesem Zusammenhang ist es auch interessant, dass die Stechpalme im ganzen botanischen Garten der einzige Busch ist, der durch eine Partnerpflanze befruchtet werden muss, um seine leuchtend roten Beeren hervorzubringen.

Ich glaube, dass das Einhorn auf den Wandteppichen den sexuell aktiven Jesus der Gralshäresie darstellt. Sein Ruf als Reiniger der Gewässer spricht eine deutliche Sprache: Die Katharer haben von Anfang an behauptet, ihre Glaubenssätze seien reiner – und somit dem Glauben der Apostel näher – als die der römischen Kirche. Genau wie das Einhorn wurde auch ihre Version des christlichen Glaubens niedergestreckt, verraten und brutal abgeschlachtet. Doch weil die Wahrheit ewig ist und nicht zerstört werden kann, ruht das Einhorn zuletzt im umschlossenen Garten unter dem Granatapfelbaum.

Das siebte Paneel, das nicht zur ursprünglichen Serie gehörte, fügt der Geschichte eine dramatische Wendung hinzu (Farbtafel 25). Hier ist das wundersame Einhorn von den mittelalterlichen Pflanzensymbolen der Verlobung, Fruchtbarkeit und Sexualität umgeben – einschließlich jener Pflanzen, aus denen starke und beliebte Aphrodisiaka gewonnen wurden![7] Die männliche Orchidee, als Silhouette vor dem weißen Körper des Einhorns besonders auffällig abgebildet, heißt auf Französisch *testicule de prête,* »Hoden des Priesters«. Der Gefleckte Aronstab ist ein Symbol für den Geschlechtsakt, während das Immergrün angeblich die Liebe zwischen Mann und Frau hervorruft. Die Bistorta fördert die Empfängnis, der Saft des Löwenzahns erhöht den Samenfluss, das Veilchen repräsentiert die Wollust und die Gartennelke symbolisiert die weibliche Fruchtbarkeit. All diese Pflanzensymbole des siebten Paneels wurden in Williamsons Werk sorgfältig identifiziert. Der rote Saft, der das Fell des Einhorns befleckt, stammt von den überreifen Früchten des Granatapfelbaums, unter dem es ruht, ein uraltes Symbol für die Fruchtbarkeit der Gebärmutter. Und an prominenter Stelle in der Mitte des Bildes wächst die gemeine Schwertlilie, das Vorbild für die *fleur-de-lis* oder das »kleine Schwert« der Merowinger.

Auf dem letzten Paneel ruht das Einhorn in dem umschlossenen Garten, der die Braut symbolisiert. Wie die Glaubenssätze der Häresie ist es nicht tot, sondern äußerst lebendig. Auf dem siebten Paneel verspottet es die Obrigkeit. Sie kann weder die Wahrheit noch den heiligen König töten: Beide besitzen die Fähigkeit, auch schrecklichste Folterungen zu überleben und erfrischt wieder aufzustehen! Man kann die Einhorn-Wandteppiche, die im Besitz der südfranzösischen Familien so liebevoll gehütet wurden, ohne Weiteres als Illustrationen der großen, totgeschwiegenen Häresie des Mittelalters verstehen: der Ketzerglaube an Jesu physische Potenz und an seinen Aspekt als geopferter Bräutigam/König von Israel, der auch in den Mythen des Nahen Ostens und der Kelten anklingt.

Es gibt auf den Einhorn-Wandteppichen ein weiteres Indiz, das sie eindeutig mit der Häresie in Zusammenhang bringt. Wir haben bereits die zahlreichen Symbole der Liebesgöttin aufgezählt: die Rosen, der Sichelmond, die Hasen und der Spiegel. Daneben erkennen wir das Einhorn und den Löwen als Symbole für Jesus Christus und die Könige Israels. Auf den Wandteppichen im Cluny-Museum trägt die Dame auf zwei Paneelen ein X auf den Schultern ihres Kleides, was natürlich eine zufällige Modeerscheinung sein könnte. Aber auf dem letzten der Jagd-Paneele nimmt der Buchstabe X eine zentrale Stellung ein und kann unmöglich unbewusst dort platziert worden sein.

Bei dieser Serie wurden die Buchstaben *A* und *E* in die Ecken und in die Mitte fast aller sieben Paneele eingewoben. Diese Buchstaben haben eine Menge Auseinandersetzungen ausgelöst. Ein kurzer Blick in Bayleys *Lost Language of Symbolism* könnte die Theorie widerlegen, dass dies die Initialen jenes Edelmannes seien, der die Wandteppiche in Auftrag gab, oder vielleicht die seiner Verlobten (obwohl diese Möglichkeit natürlich weiterhin besteht). So wie der Buchstabe *A* auf den Wandteppichen erscheint, ist er ein stilisiertes Abbild der Buchstaben *aleph* und *tau,* das Alpha und Omega des hebräischen Alphabets. Sie bedeuten »das Erste und das Letzte«. Dies ist sowohl ein Beiname des unsichtbaren Gottes als auch (wenn sich der Buchstabe *M* in der Mitte befindet) ein Gebet um das friedliche Millennium. Dieses Symbol ist in den Wasserzeichen des Mittelalters weit verbreitet. Auch der Buchstabe *E* wird in Bayleys Werk erklärt: Er bedeutet »der lebendige Gott«. Vielleicht wurden die Wandteppiche statt für irgendeinen menschlichen Mäzen zu Ehren des lebendigen Gottes, »des Alpha und Omega«, geschaffen.

Doch noch bedeutungsvoller als die Buchstaben selbst ist die Schnur, die sie auf dem siebten Paneel des Wandteppichs *Die Jagd nach dem Einhorn* mit dem Granatapfelbaum verbindet. Die Schnur ist so um den Baumstamm gewickelt, dass sie genau in der Mitte des Stammes, und somit in der Mitte des ganzen Paneels, den Buchstaben X formt. Und um jeglichen Verdacht auszuschließen, dass dieses X nur zufällig entstand, kommt es sogar zweimal vor! Da die Ketzer den Buchstaben X so oft als Geheimcode ihres Glaubens verwendeten, ist es nicht weiter überraschend, es in der Mitte des umschlossenen Granatapfelgartens zu finden, wo die Heilige Hochzeit gefeiert wird – im Garten der Schwester-Braut.

KAPITEL VIII

Die Braut in Volksmärchen und Legenden

Wir können das Thema der Ketzerei nicht abschließen, ohne das in den europäischen Märchen immer wiederkehrende Motiv der verlorenen Braut zu erwähnen. Doch zunächst ein Rückblick auf unsere bisherige Suche.

Wir wissen, dass der Heilige Gral das legendäre Gefäß war, das einst Jesu Blut enthielt. Wir wissen auch, dass die Gralshäresie den Glauben mit einschloss, dass einige südfranzösische Familien ihre Ahnen bis zu Maria Magdalena und Jesus zurückverfolgen könnten. Diese Behauptung hatte großen Einfluss auf die westliche Zivilisation, ob sie nun wahr ist oder nicht. Wenn man von dieser These ausgeht, wurden die leidenschaftlichen Lieder der Troubadoure im zwölften und dreizehnten Jahrhundert höchstwahrscheinlich durch einen Weiblichkeitskult inspiriert, der in Occitanien in der Provence begann. Die Inquisition brandmarkte die Lieder der Troubadoure als ketzerisch und befahl ihre Umgestaltung. Unter den wachsamen Augen der Inquisitoren wurde der Kult des Weiblichen in eine Verehrung der Jungfrau Maria umgewandelt; bald wurde angeblich *ihr* Lob gesungen und ab dem zwölften Jahrhundert war es ihr Bild, das in den europäischen Domen angebetet wurde.

Während dieses Jahrhunderts, in dem die Kreuzritter zurückkehrten und die hier untersuchten Häresien aufkamen, unternahm die Kirche von Rom den groß angelegten Versuch, »Unsere Liebe Frau«, die Domina, mit Jesu *Mutter* Maria zu identifizieren. Im Jahr 1140 wurde in Lyons in der Provence zum ersten Mal ein neu eingeführter Marienfeiertag begangen, nämlich das Fest der Unbefleckten Empfängnis. Dieses Fest förderte das Missverständnis, dass die Jungfrau Maria schon von ihren Eltern (in der kirchlichen Überlieferung Anna und Joachim) »unbefleckt« empfangen worden sei, wodurch sie jeglicher Gleichsetzung mit einem normal sterblichen Menschen entrückt wurde. Der heilige Bernhard von Clairvaux, ein Zeitgenosse dieser Bekanntmachung, erklärte das neue Fest als etwas, wovon »die Bräuche der Kirche nichts wussten und das die Vernunft nicht guthieß«.[1] Dieses falsch verstandene Dogma von der Heiligen Jungfrau, die »ohne Sünde empfangen« wurde, spiegelte die mittelalterliche, von der römischen Kirche geförderte Ansicht, dass der Geschlechtsakt sogar innerhalb der Ehe irgendwie sündhaft war. Wir sollten hier vielleicht kurz innehalten und uns fragen, wie unsere Welt wohl heute aussähe, wenn man uns stattdessen gelehrt hätte, Sex sei ein heiliger, freudiger und bedeutungsvoller Ausdruck der Liebe zwischen Partnern, so wie er im »Garten der Geliebten« seinen Ausdruck fand.

Es ist eine interessante Tatsache, dass am Ende der albigensischen Kreuzzüge, in denen der französische König und der Papst in gemeinsamer Anstrengung den ganzen südlichen Teil des heutigen Frankreichs verwüstet hatten, die überlebenden Töchter ortsansässiger Adeliger gezielt mit Söhnen aus nordfranzösischen Adelsfamilien verheiratet wurden – die vermutlich von der Gralsketzerei unberührt geblieben waren. Ich habe mir die Schlussfolgerung erlaubt, dass dies der Versuch war, die Blutlinie des Weinstocks aufzulösen. Die Aufzeichnungen der Inquisition schwiegen über diesen Teil ihrer Kampagne gegen die Häretiker im Süden und ließen sich lieber über die »Dogmen« und Sitten der Katharer und später auch die der Tempelritter als Grund für die Verfolgung aus. Die meisten modernen Gelehrten sind sich jedoch darüber einig, dass die albigensischen Ketzer, die mehreren Sekten verschiedener Glaubensrichtungen angehörten, eine lebendige und charismatische Variante des Christentums praktizierten. Der heilige Bernhard von Clairvaux sagte über die Katharer seiner Zeit, dass von allen Predigten die ihren am christlichsten seien und dass sie moralisch einwandfrei lebten.[2] Und doch wurden sie von französischen und päpstlichen Söldnern systematisch ausgerottet, mit Hilfe einer Inquisition, die offiziell zu diesem Zweck gegründet worden war.

Aufgrund der unbeschreiblich gewalttätigen Verfolgung durch die Obrigkeit der etablierten Kirche haben wir nur ein schemenhaftes Bild vom Glauben der Häretiker. Doch allmählich kommen wir dahinter, dass uns die Anhänger der Gralshäresie ein reiches Erbe an Kunstwerken und Liedern hinterließen, das wir nicht übersehen sollten. Das Volk besitzt eine Weisheit des Herzens und der Glaube der Häretiker floss in zahlreichen Versionen in seine Volkserzählungen ein. Einige können wir hier erwähnen.

Die Gralslegenden wurden im zwölften und dreizehnten Jahrhundert in Gedichtform geschrieben und kursierten an fast allen Höfen Europas. An denselben Höfen waren die Troubadoure zu Gast und dort wurden schließlich, im fünfzehnten Jahrhundert, auch die Kartenspiele mit den geheimnisvollen Tarotkarten eingeführt. Man könnte durchaus sagen, dass es eine Untergrundbewegung gab, die die Lehrsätze des albigensischen Glaubens knapp unter der Oberfläche verborgen hielt, wo die Inquisition sie nicht aufspüren konnte.

Ein klares Indiz dafür sind die Wasserzeichen in dem Papier, auf das die Bibel und andere beliebte Bücher wie *The Romance of the Rose* oder *Das Rolandslied* gedruckt wurden. Selbst diese weit verbreiteten Bücher haben eine besondere Bedeutung. Die von Jean le Meun geschriebenen Passagen in *The Romance of the Rose* sind eine alchimistische Abhandlung. Und Roland, der Neffe Karls des Großen, war der beliebteste von allen französischen Helden in der Literatur. Rolands Horn »Oliphant«, das in den albigensischen Wasserzeichen abgebildet wurde, war das Symbol der ketzerischen Predigten, denn sein Klang konnte selbst Felsen sprengen. Andere Spuren der Häresie finden wir in Form von Geheimbotschaften in den religiösen Kunstwerken Europas, die wir bereits untersucht haben. Die Anhänger der Häresie waren sehr erfinderisch!

Die schwarze Braut

Einer der stetig fließenden Ströme, der die Häresie durch die Jahrhunderte trug, war jene Sammlung von Erzählungen, die wir Volksmärchen nennen. Zu den beliebtesten gehörte das »Aschenputtel«. Zwei wichtige Aspekte des Aschenputtels sind für unsere Untersuchung von Bedeutung: Sie war ein Beispiel des »verlorenen Weiblichen«, verachtet und »im Exil« oder vielmehr verborgen, in die Küche verbannt; und ihr Gesicht war, wie ihr Name schon andeutet, mit Ruß bedeckt. Mit anderen Worten, sie war ein Echo der bereits erwähnten Figur der Schwarzen Madonna. Die »dunkle« oder »rußgesichtige« Dienstmagd erinnert an die dunkelhäutige, von der Arbeit auf dem Weinberg ihres Bruders sonnenverbrannte Braut Salomos (Hld. 1:6). Sie erinnert auch an Sarah, das dunkelhäutige Mädchen, das mit Maria Magdalena und ihren Verwandten im Boot saß. Vor allem in dem deutschen Namen »Aschenputtel« klingen die Verse aus dem Buch der Klagelieder an, die das Schicksal Jerusalems und der Tochter Zions betrauern: »Jenen, die in Purpur aufwuchsen, bleibt nur noch ein Haufen Asche« (Klgl. 4:4). Mit Hilfe der Mäuse und Vögel (die Naturelemente kommen ihr zu Hilfe!) gelingt es der verlorenen, »rußgesichtigen« Prinzessin Aschenputtel endlich, ihr Schicksal als Braut des unverheirateten Prinzen zu erfüllen, und alle Leute im Reich leben glücklich bis ans Ende ihrer Tage. In allen Märchengeschichten Europas heilt die Hochzeit unweigerlich das Ödland.

Moderne Feministinnen haben diese Erzählung auf den Kopf gestellt. Weil sie die Behauptung ablehnen, dass eine Frau ihre

Erfüllung nur durch einen Mann finden kann, übersehen sie die Pointe der Geschichte: nämlich, dass es der *Prinz* ist, der *seine* verlorene Ergänzung so leidenschaftlich sucht.

Das in früheren Kapiteln erwähnte Motiv der »Schwärze« der verlorenen Prinzessin und ihre Identität als dunkle Schwester-Braut und Tochter Zions sind zu wichtig, um sie rasch zu übergehen. Wir finden Entsprechungen dazu in den europäischen Heiligtümern der Schwarzen Madonna und in den uralten Bildwerken.[3] Die Statue *Notre Dame de Rocamadour,* die bei Toulouse im Herzen des albigensischen Gebiets steht, soll von Karl dem Großen im neunten Jahrhundert besucht worden sein, während die *Madonna von Oropa* in den Bieler Alpen wohl aus dem fünften Jahrhundert stammt. Letztere ist aus Zedernholz geschnitzt und ihr Gesicht und ihre Hände sind pechschwarz bemalt. Andere Statuen der Schwarzen Madonna sind unter anderem *Notre Dame de Valcourt* (zehntes Jahrhundert), *Notre Dame de Myans,* die Schutzheilige von Savoyen (eine Zedernholzschnitzerei aus der Zeit vor dem zwölften Jahrhundert), *Notre Dame de Montserrat* (zwölftes Jahrhundert), *Notre Dame de LaSarte* (dreizehntes Jahrhundert) und *Notre Dame sous Terre* in der Krypta der Kathedrale von Chartres. Offenbar stammen alle Plastiken der Schwarzen Madonna aus der Zeit vor der Macht der Inquisition.

In Chartres gibt es noch eine zweite beliebte Skulptur der Schwarzen Madonna. Wenn wir uns an unsere Erörterung über Boaz, die zerbrochene linke Säule des Salomotempels in Jerusalem, erinnern, ist es wohl kaum ein Zufall, dass diese zweite Schwarze Madonna von Chartres »Madonna von der Säule« genannt wird. Natürlich ist der oberflächliche Grund dafür die Tatsache, dass sie auf einer Säule steht. Doch irgendjemand muss diese bestimmte Position für sie ausgewählt haben. Könnte dies eine weitere Anspielung auf die andere Maria, Jesu Witwe, sein?

Eine der berühmtesten Schwarzen Madonnen ist die Ikone

der *Madonna von Tschenstochau,* die Schutzheilige Polens, die Papst Johannes Paul II. besonders verehrt. Angeblich hat sie während des Dreißigjährigen Krieges (1618–1648) das polnische Volk vor der Vernichtung durch die Armeen Gustav Adolphs bewahrt. Vielleicht wird eine spätere Generation ihr die Befreiung Osteuropas von der Sowjetherrschaft und dem Kommunismus zuschreiben! Die Legende erzählt, diese Ikone der Madonna sei im zehnten Jahrhundert aus Byzanz nach Polen gebracht worden. Eigenartigerweise befindet sich auf der rechten Wange der Madonna eine hässliche, klaffende Wunde. Sie ist nicht nur schwarz, sondern auch verletzt.

Zwei relevante Bibelpassagen können uns helfen, die verwundete Wange der Schwarzen Madonna zu erklären. Eine steht im vierten Kapitel des Buches Micha, nur wenige Verse nach der Erwähnung der Magdal-eder, der »Festung der Tochter Zions«, durch die die Herrschaft des David'schen Königshauses eines Tages wieder aufgerichtet werden soll (Mi. 4:8–10). Dort steht: »Mit einer Rute werden sie die Wange des Herrschers von Israel schlagen« (Mi. 4:14b). Dieser Vers wird oft auf Jesus bezogen, der von römischen Soldaten gefoltert, geschlagen, gegeißelt und mit einer Dornenkrone gekrönt wurde. Der leidende Diener aus Jesaja 53, der von den Christen als Urbild verstanden wird, und die Schwarze Madonna von Tschenstochau sind ein Paar, das gut zusammenpasst. Die symbolische Schwärze des leidenden Dieners aus Jesaja 53 wurde vom heiligen Bernhard von Clairvaux in seinem im zwölften Jahrhundert abgefassten Kommentar zum Hohelied aufgegriffen und genauer ausgeführt.[4]

Der Weg nach Golgatha, ein berühmtes Gemälde des italienischen Malers Simone Martini (1284–1344), zeigt Maria Magdalena mit einer ähnlichen Wunde auf der rechten Wange (Farbtafel 28). Auf dem Bild tragen sowohl Maria Magdalena als auch Jesus rosarote Gewänder und erscheinen somit erneut als zusammenpassendes Paar. Auf diesem Gemälde bildet das X des Kreuzes, das Jesus trägt, einen Rahmen für den Oberkörper und das leidende Gesicht Maria Magdalenas, die überproportional groß dargestellt ist – als sei *sie* und nicht Jesus die Hauptfigur der Szene. Offenbar wird das Thema des misshandelten Weiblichen nicht zufällig durch diese andere Maria symbolisiert. Es ist höchst unwahrscheinlich, dass das X in diesem Gemälde eine *unbewusste* Verwendung des esoterischen Symbols der Häretiker war.

Der zweite Bibeltext im Zusammenhang mit der Wunde der Schwarzen Madonna steht im Hohelied. Die Braut spricht von ihrer Suche nach ihrem Liebsten, der weggegangen ist: »Die Wächter überfielen mich, als sie ihre Runde machten; sie schlugen und verwundeten mich ... die Wächter der Mauer« (Hld. 5:7). Die »Wächter der Mauer« sind eindeutig die kirchliche Obrigkeit, die eine ebenbürtige Vereinigung des Weiblichen, der Braut, mit ihrem Geliebten unbedingt verhindern wollen.

Dieses archetypische Thema der voneinander getrennten Liebenden und ihrer Suche nacheinander kommt wahrscheinlich in jeder Sprache und in jeder Märchensammlung der Welt vor. Aus dem zwölften Jahrhundert stammt eine sonderbare Legende von einer dunkelhäutigen Braut aus dem Nahen Osten, die überall nach ihrem Kreuzritter-Ehemann sucht, von dem sie versehentlich getrennt wurde – ihre Suche führt sie von ihrer Heimat bis nach London. Angeblich war dies die Geschichte des Vaters des beliebten Thomas Becket, der den Märtyrertod starb und dessen Auseinandersetzung mit dem englischen König Heinrich II. detailliert belegt ist.

Thomas B. Costain, ein Schriftsteller des zwanzigsten Jahrhunderts, schrieb einen auf dieser Legende basierenden Roman. Der Name der dunklen Braut war Miriam und auch sie hatte ein Kind bei sich. Jahrelang wurde ihre Suche durch gierige Kaufleute, betrügerische Matrosen, Krankheit und Entbehrung behindert, bis sie endlich wieder mit ihrem englischen Ehemann vereint war. Sie stammte aus dem Nahen Osten und der Roman heißt *The Black Rose*. Der Held, Walter von Gurney, war ein junger Edelmann, der von seiner Reise nach China (ausgerechnet!) das Geheimnis der Papierherstellung mitbrachte, dieses bei den albigensischen Ketzern so verbreitete Kunsthandwerk. Das romantische Motiv der getrennten Liebenden gipfelt in ihrer Wiedervereinigung: Das unfruchtbare Ödland wird wieder fruchtbar. Ist es nur Zufall, dass Thomas Costain auch einen Roman mit dem beredten Titel *The Silver Chalice* schrieb? Er handelt von dem verlorenen Kelch, aus dem Jesus während des letzten Abendmahls trank. Vielleicht war Thomas Costain auch Freimaurer – oder vielleicht besaß er nur eine außergewöhnliche Intuition! Die Faszination, die von der verlorenen Prinzessin und dem Gral ausgeht, hat über die Jahrhunderte nichts von ihrer Kraft eingebüßt.

Europäische Märchen

»Aschenputtel« liegt der Glaube zugrunde, dass das Reich geheilt wird, sobald die Braut gefunden und mit dem unverheirateten Prinzen vereint ist. Dieses Motiv kehrt in unseren Märchen immer und immer wieder. Das Hauptthema ist die Suche nach der wahren Partnerin des Prinzen. Eine andere Variante finden wir in der Erzählung »Dornröschen«, die auf Englisch oft *Sleeping Beauty* heißt. In dieser Geschichte wird Prinzessin Dornröschen von einer vergifteten Spindel gestochen und fällt in einen hundertjährigen (manche sagen tausendjährigen) Schlaf. Schließlich muss sich der Prinz einen Weg durch die Dornenhecke bahnen, die rings um seine Geliebte gewachsen ist und schon ihre bloße Existenz vollkommen verbirgt. Nur durch die unbeugsame Entschlossenheit des Prinzen wird das Paar vereinigt. Das Bild des ungestümen Prinzen, der sich seinen Weg durch die schier unüberwindbare Dornenhecke bahnt, um seine verlorene Prinzessin, seine »andere Hälfte«, zu finden, ist für unsere moderne Welt besonders bedeutungsvoll. Der verwundete Mann, der mit seinem Schwert um sich schlägt, ist nicht nur verletzt und frustriert, sondern auch gefährlich. Je eher er mit seiner verlorenen, verachteten und verstoßenen weiblichen Seite wieder vereint wird, desto besser!

In einer anderen bekannten Geschichte gibt eine böse Stiefmutter den Mord an ihrer Stieftochter, der Prinzessin Schneewittchen, in Auftrag. Fast immer gibt es eine böse, eifersüchtige Stiefmutter oder eine hässliche alte Hexe, die versucht, die Vereinigung des Prinzen mit seiner weiblichen Ergänzung zu verhindern; sie will verhindern, dass die Braut *sie ersetzt*. Diese böse Mutter sieht die schöne Prinzessin in ihrem Zauberspiegel und lockt das Mädchen mit einem glänzenden, vergifteten Apfel. Nur das rechtzeitige Erscheinen des Prinzen rettet Schneewittchen vor der furchtbaren Wirkung des tödlichen Apfels.

Ein weiteres beliebtes Märchen, das voller Anspielungen auf die verlorene Braut steckt, ist »Rapunzel«. Diesmal wird das Mädchen von einer bösen Hexe, die es von seinem Vater entführt hat, in einem Turm gefangen gehalten. Rapunzel ist berühmt für ihr unvergleichlich schönes Haar und ihre wunderschöne Stimme, »die Stimme der Braut« (Jer. 33:11a), die in den Volksmärchen so oft erwähnt wird. Ein vorbeiziehender Prinz hört Rapunzel singen und überredet sie dazu, ihre goldenen Flechten herunterzulassen, damit er daran hinaufklettern und sie in ihrem Turmgefängnis besuchen kann. Hier sind die Indizien, die uns ins Auge springen, die Haare der Dame und der Turm, denn genau diese Symbole finden wir auch in den Überlieferungen der Maria, genannt Magdalena: Sie trocknete Jesu Füße mit ihrem Haar und ihr Beiname bedeutet auf Hebräisch »Turm«.

Dieselben Symbole finden wir auch in den merkwürdigen Geschichten um die heilige Barbara, ein klassisches Beispiel dafür, wie innig die Symbole und Persönlichkeiten der Heiligen und die Figuren aus den Märchen miteinander vermengt sind. Den Legenden zufolge, die die Kirche inzwischen als falsch bezeichnet, war die heilige Barbara eine jungfräuliche Märtyrerin, die Tochter eines heidnischen Edelmannes aus dem Syrien des dritten Jahrhunderts. Sie wollte Christin werden, und ihr Vater, den diese Vorstellung entsetzte, sperrte sie in einen Turm. Der Priester, der heimlich zu ihr kam, um sie im christlichen Glauben zu unterrichten, kletterte angeblich an ihren Haarflechten zu ihr hinauf. So unwahrscheinlich uns diese Geschichte auch vorkommen mag, die heilige Barbara wurde erst mit der Veröffentlichung des neuen römisch-katholischen Kirchenkalenders im Jahr 1969 entkanonisiert! Jahrhundertelang wurde sie in der christlichen Ikonographie als schöne Dame mit ungeheuer langen Haaren dargestellt, die ihren Turm in den Armen trägt.

Doch der Fall der heiligen Barbara birgt eine weitere interessante Einzelheit, die ich für wichtig halte. Ihr Name bedeutet »Fremde« und kommt aus dem gleichen Wortstamm wie das Wort »Barbar« (*barber* bedeutet »bärtig«), mit dem im klassischen Altertum jeder bezeichnet wurde, der kein Griechisch sprach. In einigen Versionen der Aschenputtelgeschichte wird die kleine, verstoßene Prinzessin »Barbarella« genannt, weil sie aus einem fernen Land kommt. Sie ist eine unbekannte und unerkannte »Fremde« in der Verbannung. In einer Fassung sagt sie: »Ich bin eine Prinzessin aus einem fernen Land. Ihr kennt mich nicht.« Vielleicht kennen wir sie doch!

Da das Wort *magdala,* wie wir wissen, auf Hebräisch »Turm« bedeutet (im Sinn von Festung oder Wachtturm), neige ich zu der Annahme, dass die Fremde mit dem wundervollen Haar aus der mittelalterlichen Ikonographie, die einen Turm in den Armen hält, in Wirklichkeit Magdalena ist. Im Hohelied sagt die Schwester-Braut über sich: »Ich bin eine Mauer und meine Brüste sind wie Türme« (Hld. 8:10). Sie beschreibt sich selbst als »ummauerte Stadt«, mit anderen Worten als Zion. Die dunkle Braut und ihre Symbole, der Turm und die herrlichen langen Haare, sind viel älter als die Geschichten um die heilige Barbara, die später erfunden wurden, um die Symbole zu erklären. Bestimmt ist sie die Schwester-Braut aus dem Hohelied und die von Micha erwähnte *Magdal-eder* – Maria, die Tochter Zions in der Verbannung.

Dieser »Intuitionssprung« findet in einem seltsamen Brauch seine Bestätigung, mit dem man in Mitteleuropa den Tag der heiligen Barbara feiert. Da ihr Feiertag auf den vierten Dezember fällt, ist der Boden meist schneebedeckt und die Laubbäume sind kahl. Die Einwohner eines Bergdorfes in Silesien (einem Gebiet zwischen Polen und der ehemaligen Tschechoslowakei) sammeln draußen im Freien kahle Zweige und stellen sie – zu Ehren der Heiligen Jungfrau des Turms – in ihren Häusern ins Wasser. Hier blühen die Zweige dann auf! Mir scheint diese Sitte eine volkstümliche Erinnerung an das Wunder des blühenden Stabes Jesses zu sein, des kahlen Zweiges der Könige von Juda, der durch die Mutterschaft der Magdal-eder wieder Blüten trug. Sie ist weder die Märchenbraut Rapunzel noch die heilige Barbara. Sie ist Maria Magdalena, die fremde Prinzessin, die über das Meer kam und deren besonderes Merkmal auf jedem mittelalterlichen Bild ihr wunderschönes Haar ist, mit dem sie einst die Füße Christi von ihren Tränen trocknete.

Als ob dies als Bestätigung der Verwechslung von Barbara und Magdalena nicht genügte, ist sie auch noch die Schutzheilige der Festungen. Auf der Liste der Berufe, deren Schutzpatronin die heilige Barbara ist, stehen Architekten, Steinmetze, Militäringenieure und Soldaten der Artillerie, die Festungen bauen und verteidigen: die »befestigten Städte« und Burgen der mittelalterlichen Geschichte. (Erinnern wir uns an den Ritterorden der Krieger-Baumeister – die Tempelritter!) Bis heute sind die Farben des Ingenieurskorps der US-Armee Rot und Weiß, ihr Emblem ist eine Burg mit zwei Türmen und der Artillerieball wird in allen US-Militärstützpunkten auf der ganzen Welt am vierten Dezember gefeiert, um den Festtag der heiligen Barbara zu ehren.

Ich habe nicht die Absicht, hier alle Märchen aus unserer Kindheit wiederzugeben. Ich möchte nur aufzeigen, wie weit verbreitet das Motiv der verwundeten, verirrten oder gefangenen Braut, der weiblichen Ergänzung des schönen Prinzen, ist. Die frühesten Fassungen der Aschenputtelgeschichte sind in Europa ungefähr seit dem neunten Jahrhundert bekannt. Genau in dieser Zeit wurden die merowingischen Könige entthront und, angeblich mit Unterstützung des Vatikans, durch die karolingischen Erben Pippins verdrängt, die sich ihres Erbes bemächtigten und die Linie auslöschten. Vielleicht hat die »Stiefmutter«, die so oft versucht, die kleine Prinzessin zu vernichten, ihren bösen Ruf verdient.

Der Kessel

Alte Legenden der keltischen Völker (aus Irland, Wales, Schottland und Frankreich) erwähnen einen magischen Kelch oder Zauberkessel. Dieses Gefäß symbolisierte das Weibliche. Es bescherte Nahrung und Segen im Überfluss, ähnlich dem »Füllhorn«, das auch mit dem Horn oder der »Trompete« des Wortes Gottes assoziiert wird – das magische Horn, dessen »Weckruf« selbst die Wüste zum Blühen bringen wird. Sowohl der Gral als auch das magische Horn der mittelalterlichen Legenden haben die Eigenschaft, dem Land und seinem Volk ewige Gesundheit, Frieden und Wohlstand zu bringen.

Der Sangraal der frühen französischen Legende wurde oft mit dem Kessel des Bran aus der bardischen Tradition von Wales verwechselt. Während der Kreuzzüge saßen die Männer des christlichen Europas ums Lagerfeuer und lauschten den Erzählungen ihrer Barden und Minnesänger, wobei ihre Lieblingsmotive vertauscht und miteinander verknüpft wurden. Allmählich wurde die weibliche Symbolik des Kelches und des Kessels diffus, doch in den Volksmärchen blieb die Figur der verlorenen Prinzessin noch lange erhalten, nachdem der Zusammenhang mit dem Gral längst verloren war. Spätere Dichter kopierten die Themen des Artuszyklus und schmückten sie aus, ohne die Glaubenssätze der Häresie zu kennen. Der Sinn der Geschichte ging verloren und wurde in späteren Erzählungen neu definiert; ganz ähnlich wie die, von späteren Kopisten gemalten, Tarotkarten viele ihrer spezifischen Gralssymbole einbüßten, die sie ursprünglich mit der Häresie verbunden hatten. Von einem albigensischen Katechismus verwandelten sich die Tarotkarten in ein Sammelbecken von Geheimwissen und universellem esoterischem Symbolismus. Und wie im Fall der Märchen und Legenden Europas gerieten auch hier unter den wachsamen Augen der Inquisition die signifikanten Anspielungen allmählich in Vergessenheit.

Versuche zur Wiederbelebung des Weiblichen

Im zwölften Jahrhundert wurden die Bemühungen, Jesu verlorene Braut wieder zum Leben zu erwecken, von der kirchlichen Obrigkeit vereitelt. Trotzdem enthielt der von den Troubadouren besungene Frauenkult die Saat eines ganz neuen Wertesystems, das seine Wurzeln in den Boden Europas senken wollte. Dieses andere Wertesystem betonte die in den Evangelien gelehrten Ideale der Gleichheit und Brüderlichkeit und förderte eine neue Bejahung der Welt, des Fleisches und des Weiblichen. Die Themen der *Carmina Burana,* jener Lieder der Vagabundendichter mit dem Motto *carpe diem,* »nütze den Tag«, blühten auf und verbreiteten sich. Wandernde Studenten und Gaukler trugen die Botschaft der Eros/Beziehung von Ort zu Ort und säten die Samen, die später, als sie aufgingen, die Mauer der kirchlichen Obrigkeit zum Einsturz brachten. Die spätere Reformationsbewegung wurde von diesem frühen Versuch, die Ketten der Tyrannei zu sprengen, inspiriert.

Ein Vermächtnis jener frühen Bewegung war, dass die späteren Protestanten das Zölibat (und manchmal sogar das männliche Geschlecht) nicht mehr zur Vorbedingung christlicher Geistlichkeit machten. Bis zum heutigen Tag überlebt das wiedererwachende weibliche Bewusstsein in unserem Verständnis der politischen Linken, die sich traditionell für die Bedürfnisse der *anawim* einsetzt, der »kleinen Leute« aus den hebräischen Schriften.

Wie wir jedoch gesehen haben, zwang das etablierte Christentum den Frauenkult, in den Kult der Jungfrau Maria einzufließen. Die mütterlichen und schwesterlichen Aspekte des Weiblichen wurden verehrt, die Aspekte der Braut jedoch unterdrückt. Die Kirche konnte eine Gemahlin aus Fleisch und Blut nicht anerkennen. Die einzige Braut Christi, die die Kirche akzeptierte, war die Kirche selbst – sowohl die gesamte Gemeinschaft der Gläubigen als auch ihr Mikrokosmos, die individuelle Seele. Die Mystiker des späten Mittelalters übernahmen die leidenschaftliche Sprache der höfischen Gedichte und die Hochzeitssymbolik des Gartens. Die Beziehung zu Jesus, dem ewigen und mystischen Bräutigam der Seele, wurde individualisiert, als die Kirche das Dogma des Weiblichen umformulierte. Lediglich eine mystische Ehe mit Jesus war erlaubt.

Viele Gemälde von der Himmelfahrt Marias und der Krönung der Madonna huldigen der Jungfrau Maria, Jesu Mutter, als Braut. Auf diesen Gemälden ist sie manchmal Jesus gegenüber, zur Linken Gottes sitzend, abgebildet. Hier wird sie als »Mutter des Alls«, als Vorbild der heiligen Mutter Kirche, verehrt. In diesem Sinn sorgte die Jungfrau Maria zwar für eine starke weibliche Präsenz in der Kirche, doch unterstand sie immer dem Ermessen der männlichen Hierarchie. Durch die Erhöhung der Jungfrau Maria zur Himmelskönigin, die über dem Weltall thront, blieb zumindest eine schöne Darstellung des Ewigweiblichen bewahrt, während Jesu Ehefrau aus Fleisch und Blut kategorisch verleugnet wurde.

Doch trotz aller Verweigerung vergaß das Volk niemals die verbannte, misshandelte Kindfrau in der Küche, die mit rußigem Gesicht die Erfüllung ihres Schicksals erwartet: die Hochzeit mit dem unverheirateten Prinzen.

KAPITEL IX

Die Wüste wird blühen

Die Legende verheißt, dass der wiedergefundene Gral die Macht hat, das Ödland zum Blühen zu bringen. Sobald der Gral dem Fischerkönig zurückgebracht wird, heilt er seine Wunde, den Ursprung der Ödnis, die sein Reich heimsucht. Wir behaupten, dass der Gral das verlorene Weibliche darstellt – die Schwester-Braut des Christentums, Jesu Gemahlin. Wie würde unsere Welt heute aussehen, wenn wir im Christentum nicht die Braut verloren hätten? Und was wird geschehen, wenn sie zurückkehrt?

Das Ungleichgewicht in unseren wichtigsten Institutionen, ausgedrückt durch einen Vatergott an der Spitze einer männlichen Dreieinigkeit Δ, hat auf die westliche Welt einen verheerenden Einfluss ausgeübt. Der wissenschaftliche Fortschritt der letzten dreihundert und vor allem der letzten fünfzig Jahre hat die geschichtlichen Ereignisse dramatisch beschleunigt und die Spaltung sowohl in der westlichen Gesellschaft als auch in der menschlichen Psyche noch deutlicher gemacht. Die drastische Misshandlung und Vergiftung unserer Erde durch ihre Kinder hängt eng mit diesem fundamentalen Fehler zusammen.

Wenn wir die Braut nicht verloren hätten, wäre das Weibliche von Anfang an eine gleichwertige Partnerin der männlichen Gottheit gewesen. Weibliche Charakterzüge und Werte wären durch die Jahrhunderte als ebenbürtig geachtet worden, wodurch sie in der Seele jedes Einzelnen, in Familien und Gemeinschaften integriert und allgegenwärtig gewesen wären. Die Verleugnung des Weiblichen als Partnerin und Freundin hat uns der Ekstase beraubt und unsere zwischengeschlechtlichen Beziehungen zu einem bloßen Schatten jener Freuden verzerrt, die das archetypische Paar im Garten miteinander teilte. Der verwundete Mann, oft verwöhnt und tief frustriert, sucht seine verlorene Ekstase überall in den falschen Werten – in Gewalt, Macht, Materialismus und der genusssüchtigen Jagd nach Vergnügen. Er versteht nicht, dass er sie nur in der Beziehung zum Weiblichen finden kann.

Es ist eine der traurigsten Wahrheiten unserer Kultur, dass der Aufstieg des verwundeten Männlichen zu emotionaler Erschöpfung geführt hat. Wenn das Weibliche nicht geschätzt wird, lebt der Mann nicht in Harmonie mit seiner Ergänzung, seiner »anderen Hälfte«. Oft kann er seine Energien nicht in eine Liebesbeziehung mit seiner Partnerin kanalisieren, da er sie nicht als gleichwertig betrachtet. Weil das Weibliche als minderwertig angesehen wird, ist der frustrierte Mann seiner gleichwertigen Ergänzung beraubt und ausgebrannt: »Wo stets die Sonne scheint, liegt unter ihr eine Wüste.« Wälder verdorren, Flüsse trocknen aus, die Erde wird rissig. Ödland entsteht.

Das Beispiel der Ganzheit

Der Heilige Gral, Jesu verlorene Braut, ist das fehlende Stück eines uralten Beispiels der Ganzheit. In der westlichen Zivilisation längst vergessen, gab es in den ältesten Kulturen der Welt ein verehrtes Mandala. Sein Ursprung waren die archetypischen Symbole für männlich und weiblich, die männliche »Klinge« und der weibliche »Kelch« oder Gral. Dieses heilige Mandala ist das Symbol der Heiligen Hochzeit. Nicht zufällig tritt dieses Symbol in den Schriften esoterischer Meisteralchimisten des Mittelalters auf, wo es gleichbedeutend mit dem »Stein der Weisen«, der geistigen Umwandlung, ist.[1] Dieses vergessene Beispiel der Heiligen Hochzeit von Himmel und Erde ist immer noch ein Mandala von Harmonie, Ganzheit und Partnerschaft.

Jüngsten Studien zufolge gab es im Neolithikum ein goldenes Zeitalter, in dem die Unterschiede zwischen dem Männlichen und dem Weiblichen nicht zu Machtkämpfen über die Ausübung der Herrschaft führten. Stattdessen waren die Beziehungen Partnerschaften, in denen die Begabungen beider Partner akzeptiert und geschätzt wurden. Diese vorgeschichtliche Zeit galt einst als mythologisch, lässt sich aber inzwischen anhand der Artefakte, die in neolithischen Ausgrabungen gefunden wurden, rekonstruieren. Die damaligen Zivilisationen verehrten eine gütige und großzügige Muttergöttin. Archäologische Funde bezeugen, dass in der damaligen Gesellschaftsordnung die Vorzüge der Frauen – Fürsorglichkeit, Zärtlichkeit und die Erziehung der Kinder – verehrt wurden; dass die Klinge zum Pflügen der Erde diente, statt mit Gewalt zu drohen; dass das Leben als heilig galt; dass Künste und Kunsthandwerk florierten und dass Kreativität ein Anlass zum Feiern war.

Merlin Stone, Marija Gimbutas und Riane Eisler, um nur einige zu nennen, haben faszinierende Forschungen über diese archaischen, mutterorientierten Kulturen und Gesellschaftsformen angestellt. Jüngsten Entdeckungen zufolge wird in zahlreichen paläolithischen und neolithischen Heiligtümern aus der Zeit zwischen 7000 und 3500 v. Chr. der Buchstabe V mit der Muttergöttin verbunden.[2] Die kulturgeschichtliche Anthropologin Marija Gimbutas, die dieses Zeichen in den Heiligtümern des archaischen Europas fand (in einem Gebiet, das die heutige Türkei, den Balkan und die Ukraine einschließt), kam zu dem Schluss, dass es in der alteuropäischen Schrift benutzt wurde und vielleicht eine Darstellung der Göttin als Vogel war.[3]

Aufgrund meines Studiums des archaischen Symbolismus möchte ich die Schlussfolgerung, dass das V einen Vogel darstellt, in Frage stellen. In Wirklichkeit ist das V das archaische Symbol für das »Gefäß« oder den »Mutterleib« allen Lebens.

Es ist der archetypische Kelch und symbolisiert die Erde selbst, den einzigen uns bekannten Planeten, der Leben hervorbringt.

Ich möchte hier von der Annahme ausgehen, dass die archetypischen Symbole des Männlichen und des Weiblichen, Λ und V, eine uralte Polarität offenbaren, die ausgeglichen werden kann und sich in der Form eines archaischen Ganzheitssymbols vereinigt. Das sichtbare Zeichen dafür ist das Hexagramm A. In der alten Überlieferung Indiens wird mit dieser geometrischen Form die Heilige Hochzeit zwischen dem Hindugott Shiva und seiner Partnerin Shakti dargestellt.[4] Aus ihrem heiligen Tanz der Gegensätze, der das Zusammenspiel positiver und negativer Energien symbolisiert, fließt Harmonie in alle Aspekte des menschlichen Lebens. Diese Harmonie spiegelt sich im Wohlbefinden der Gemeinschaft und in der Fruchtbarkeit ihrer Felder und Herden. Das Hexagramm ist offenbar aus Indien über den Mittleren Osten nach Europa gelangt.

Das Wort hat zwar noch andere Inhalte, doch ich möchte den Begriff *Eros* verwenden, um das weibliche Prinzip der Liebe und Beziehungsfähigkeit im Jung'schen Sinn zu bezeichnen – und ich möchte es mit seinem männlichen Gegenstück paaren, dem Prinzip Logos/Vernunft, das mit Macht und Licht assoziiert wird. In der asiatischen Philosophie werden diese beiden Prinzipien Yin/Yang genannt. Viele Jahrhunderte sind seit jenen unendlich fernen Jahrtausenden vergangen, als man das V der großen Göttin tief verehrte und hochschätzte. Im Lauf der Zeit wurde das Prinzip Eros/Beziehungsfähigkeit entwertet. Gelegentlich kam die Wertschätzung des Weiblichen an die Oberfläche, wurde dann aber erneut unterdrückt. Wir haben die Indizien für ein kurzes Aufblühen der »roten Rose«, der Braut, in der Provence des zwölften Jahrhunderts untersucht – bevor die Inquisition sie dazu zwang, in den Untergrund zu flüchten.

Unsere Anbetung eines ausschließlich männlichen Gottesbildes ist sowohl verzerrt als auch gefährlich. Nach dem Prinzip »Wie im Himmel, so auf Erden« bewirkt die Vorherrschaft und der Vorrang des Männlichen in der Gesellschaft die Gründung von Institutionen, die auf dem »männlichen« Modell Δ basieren, wo sich die Macht an der Spitze konzentriert, während die Massen weiter unten gefangen sind und ausgebeutet werden. Dies ist das Modell der Tyrannei und Unterdrückung. In einer Gesellschaft, die das Weibliche gleichermaßen schätzt, werden Kinder gehegt und Witwen getröstet; bildende Künste, Literatur, Musik und Tanz werden gefördert; die Kindheit verläuft glücklich, die Arbeit ist produktiv und die Menschen leben in Harmonie.

Interessanterweise breitete sich in den Jahrhunderten vor der Geburt Christi, nach Jahrtausenden voller Kriege und der Verwüstung durch seine beiden Begleiter Pest und Hungersnot, im Mittelmeerraum in den Ländern der griechischen und römischen Großreiche ein Kult der Isis, der »Königin des Himmels«, aus. Marie-Louise von Franz, eine Spezialistin und Interpretin der Werke des Psychologen C. G. Jung, führt das Aufkommen dieses Göttinnenkultes auf die Tatsache zurück, dass der männliche Modus des Bewusstseins sich selbst ausbrennt.[5] Das heißt, letzten Endes erschöpft er sich durch seine Konzentration auf die eigenen, intellektuellen »Logos«-Errungenschaften. Früher oder später braucht er eine Ruhepause von seiner fieberhaften ziel- und zweckorientierten Aktivität. Im Weiblichen, im Schatten und in der Nacht, sucht er Ruhe und Geborgenheit.

In ihrem Buch *Alchemy* bemerkt Marie-Louise von Franz, dass am Ende jeder patriarchalischen Zivilisation ein »enantiodromia« steht – mit anderen Worten, die Macht des »ausgebrannten« männlichen Prinzips wird einer »Göttin« übergeben, um sich dann später in einer anderen Ära erneut zu behaupten und neue Ideen und kulturelle Ausrichtungen einzubringen. Die erschöpften Bilder der alten Methoden haben ausgedient, und neue Archetypen werden gefunden, um die Botschaft zu vermitteln.

Dieses Phänomen können wir in der frühchristlichen Kirche

beobachten, als die Kirchenväter die von Jesus auf den Straßen gepredigte »Frohe Botschaft« institutionalisierten und sie in Regeln, Rituale und schriftliche Abhandlungen zwängten.[6] Davor hatten die christlichen Gemeinden das weibliche Prinzip der Beziehungsfähigkeit ausgeübt: Geistige Einigkeit hatte alle Schranken der Stände und Geschlechter aufgelöst; Frauen und Sklaven nahmen an allen Aspekten des Lebens in der Gruppe teil und es war ihnen sogar erlaubt, zu predigen und zu prophezeien. Diese Freiheit und Gleichheit, die die christliche Botschaft Frauen, Sklaven und Ausländern entgegenbrachte, wurde bereits hundert Jahre nach ihrer Einführung von den führenden Männern in Frage gestellt, bis schließlich neue Richtlinien des moralischen und religiösen Lebens ausgearbeitet wurden. Die Ära der gleichberechtigten Partnerschaft war nur von kurzer Dauer und wurde sowohl in der Kirche als auch in der gesamten Gesellschaft von der Rückkehr zur männlichen Vorherrschaft und der entsprechenden Unterordnung der Frau abgelöst.

Das hierarchische Modell Δ der patriarchalischen Institution, in dem der autokratische Herrscher oder die Oligarchie an der Spitze alle Entscheidungsfähigkeit und Macht besitzt, verliert in unserer modernen Welt im Zuge des wachsenden weiblichen Bewusstseins seine Lebenskraft. Diese Institutionen lehren, dass strenger Gehorsamkeit die höchste aller Tugenden sei, aber unter dem »weiblichen« Einfluss des freien Denkens, der Kreativität, der Intuition und des Verständnisses für Zusammenhänge bröckeln sie allmählich ab. Aufgrund dieser Wiederauferstehung des Weiblichen tauchen die Dinge, die Frauen traditionsgemäß am meisten interessieren – Erziehung und Förderung der Kinder und die allgemeine Verbesserung der Lebensqualität –, allmählich wieder auf der Tagesordnung auf. Unter dem Einfluss dieses wieder auflebenden weiblichen Prinzips besteht die Hoffnung, dass die Menschen doch noch erleuchtet werden und lernen, das einmalige Geschenk zu schätzen, das dieser »Wasser tragende« Planet Erde birgt. Die »Stimme der Braut« (Jer. 33:11a) wird endlich gehört.

Das Zeichen, mit dem Winston Churchill im Zweiten Weltkrieg die Entschlossenheit der Alliierten zum Sieg ausdrückte, war der Buchstabe V. Durch irgendeine unerklärliche Schaltung des Unbewussten ist dieses Symbol seither das universelle Zeichen jeder demokratischen Bewegung auf dem ganzen Erdball. Ob bewusst oder unbewusst, das V, der »Kelch«, ist eine Anrufung der Göttin. Er steht für das weibliche Prinzip von Eros/Beziehungsfähigkeit. Aber das »V« kann nicht allein stehen. Eine Gesellschaft, die auf dem Modell ∇ aufgebaut ist, wird unvermeidlich zusammenbrechen! Um die Leben erhaltende Balance des A zu erreichen, braucht sie stets den Ausgleich des Logos-/Vernunft-Prinzips, das sich in Gesetz und Ordnung, Disziplin und Zurückhaltung zeigt.

Die Herrscher der patriarchalischen Gesellschaft, die »Wächter der Mauer« (Hld. 5:7), die sich abmühen, ihre Macht und den Status quo zu verteidigen, verstehen ihre eigene Verletztheit nicht, die der Verleugnung ihres weiblichen Gegenparts entspringt. Es gibt eine interessante Geschichte über den großen Thomas von Aquin (1225–1274), der die katholische Doktrin artikulierte und definierte und einer der wichtigsten Architekten der »Mauer« des heutigen Establishments war.[7] Der heilige Thomas ist der Schutzheilige des plötzlichen Todes. Man sagt, dass sich dieser gelehrte Priester kurz vor seinem Tod nicht mehr dazu fähig fühlte, sein Werk, die *Summa Theologica*, weiterzuschreiben, und er erklärte sogar, alle seine Schriften seien wie Stroh! Kurze Zeit später, auf einer Reise, schlug er mit dem Kopf heftig gegen einen Ast und fiel von seinem Esel. An diesem Abend fühlte er sich nicht wohl und übernachtete in einem Kloster in den österreichischen Alpen. Die Mönche überredeten ihn, sein Bett zu verlassen, um sie an den Früchten seiner Weisheit teilnehmen zu lassen, und er wollte sie nicht enttäuschen. Das Thema, das er für seinen Vortrag wählte, war das

Hohelied, und während er die Zeilen »Komm, meine Liebste, lass uns in die Felder hinausgehen« (Hld. 7:12) erläuterte, starb er plötzlich.

Die Bibelstelle, die dieser Heilige am meisten schätzte und zum Thema seiner letzten Auslegung wählte, war das Hohelied der Heiligen Hochzeit! Wie schade, dass diese Episode in Vergessenheit geriet, während die *Summa Theologica* heute noch in Priesterseminaren auf der ganzen Welt gelehrt wird – obwohl der Verfasser selbst sein eigenes Werk vor über acht Jahrhunderten zurückwies! In ihrer Besessenheit, an der Macht zu bleiben und die Ordnung aufrechtzuerhalten, haben die »Wächter der Mauer« jahrhundertelang verhindert, dass die Braut eine gleichwertige Partnerin wurde. Die Entwertung des Weiblichen muss rückgängig gemacht werden; nicht auf Kosten des Männlichen, sondern indem es endlich als lang ersehnte Ergänzung anerkannt wird: als die verlorene Schwester-Braut. Zusammen müssen sie in die Felder gehen, pflügen, säen und ernten.

In den Psalmen des Alten Testaments steht ein uraltes Versprechen: »Wer in Tränen sät, wird in Freuden ernten ... und sie sollen jubelnd zurückkommen unter der Last ihrer Garben« (Ps. 126:5–6). Diese Passage prophezeit die Rückkehr Israels aus dem babylonischen Exil. Es ist wieder an der Zeit, »Babylon« zu verlassen, jenes Symbol für ein Reich, das die Sonne und die Macht anbetet, und in das Gelobte Land zurückzukehren, »wo Milch und Honig fließt«, wo das männliche und das weibliche Prinzip als gleichwertige Partner geehrt werden und wo das A der Bauplan der Ganzheit ist.

Der männliche *Logos* hat seit Jahrhunderten zur Rechten Gottes auf dem Thron gesessen, er wurde in christlichen Gebeten verehrt und im christlichen Bewusstsein verherrlicht und er hat die westliche Zivilisation zur »Rechtshändigkeit« erhoben. Es ist Zeit, dem Göttlichen den Eros, die Aspekte der Braut wiederzugeben. Wir haben den göttlichen *Logos* kennen gelernt – das in Jesus Fleisch gewordene Wort. Nun müssen wir mit der

Dame des Gartens Zeit verbringen und uns ihrer Güte, ihrer Zärtlichkeit, ihrer Fürsorge und ihrem Mitgefühl für die *anawim* erfreuen. Diese kleinen Leute, die »Rosinen Gottes«, sind von den unerbittlichen Sonnenstrahlen des vorherrschenden männlichen Prinzips versengt und ausgedörrt.

Zeichen des heraufdämmernden Zeitalters

Man hat uns darauf hingewiesen, dass allmählich das Sternbild des Wassermanns aufsteigt und bald die Fische als dominierendes Sternzeichen des Zeitalters ersetzen wird. Das Symbol des Wassermanns sind zwei parallele Wellenlinien: ≈ . Die Bedeutung dieses Zeichens ist die »Auflösung der Formen«, doch überraschenderweise symbolisiert es nicht das Wasser. Astrologen erklären uns, dass der Wassermann ein »Luftzeichen« sei. Die Formen, die sich unter seinem Einfluss vielleicht auflösen werden, sind unsere patriarchalischen Institutionen der Regierung, der Kirche und sogar der Familie. Und die auflösenden Wellen sind die symbolischen Wasser des Heiligen Geistes, des Geistes der Wahrheit. Diese Wahrheit schwebt auf den Wellen der Lüfte, auf den Wellenlängen der Massenkommunikation und der freien Presse, die unsere Erde zu einem planetaren Dorf gemacht haben. Allmählich reißen sie die künstlichen Grenzen von Nationen, Rassen und Glaubensbekenntnissen nieder und erlauben es jedem Individuum, sich selbst mit dem Rest der Schöpfung als Einheit, als »Fleisch vom selben Fleisch« zu begreifen. Die Raumfahrt der letzten Jahrzehnte hat es uns ermöglicht, unseren Planeten »mit Abstand« zu sehen, wie er wirklich ist: als eine Welt ohne Zäune, ohne Mauern. Die Wahrheit schreitet voran!

Die Anhänger der Gralshäresie glaubten, dass die Wiederbelebung und Wertschätzung des Weiblichen der Schlüssel zum Jahrtausendversprechen des Friedens und der Gerechtigkeit sei.

Vielleicht hofften sie auch, dass der Aufstieg des zukünftigen Wassermann-Zeitalters eine Zeit der Befreiung bringen würde, dass die patriarchalischen Gesellschaftsstrukturen eines Tages durch die Wellen des Wasserträgers aufgelöst würden, sodass eine neue kulturelle Ausrichtung entstehen kann. Die Esoteriker und Künstler des Mittelalters waren geradezu durchdrungen von Astrologie. Ihre wissenschaftlichen Studien von Philosophie, Medizin und Astronomie führten zur Gründung von Geheimgesellschaften. Ihre Abhandlungen waren oft symbolisch formuliert, damit sie ihre geheimen Künste in relativer Sicherheit praktizieren konnten. Gute Beispiele hierfür findet man in den Texten der Alchimisten der Renaissance und des Mittelalters, die astrologische Symbole benutzten, um ihre Entdeckungen in den Bereichen Philosophie und Psychologie zu erläutern.

Wie schon gesagt, war die Alchimie nicht primär eine Suche nach einer metallurgischen Formel, um Blei in Gold zu verwandeln. Das Hauptthema in den Texten alter Meisteralchimisten ist die Umwandlung einer natürlichen Person in eine geistig erleuchtete Person. Diese Texte erinnern uns an die Evangeliumslehrsätze vom Dienst am Nächsten und dem Opfer. Der Schmelztiegel ist das Leben selbst und das Ziel ist die Vereinigung mit Gott. Der umgewandelte Mensch findet den »Stein der Weisen«, oft gleichgesetzt mit Weisheit oder der »wertvollsten Perle«. In manchen alchimistischen Texten wird diese Weisheit durch das Symbol ✡˙ ausgedrückt. Der Punkt über dem Zacken repräsentiert die Anwesenheit Gottes.[8] Auch hier finden wir wieder die heilige »Vereinigung der Gegensätze« und das Hexagramm als Symbol der Heiligkeit/Ganzheit.

Die Symbole der Alchimisten wurden sowohl in den albigensischen Wasserzeichen als auch von den Rosenkreuzern, den Freimaurern und den esoterischen Künstlern verwendet, wie wir in früheren Kapiteln erörterten. Viele dieser Symbole werden in unserem Jahrhundert von Spezialisten für mittelalterliche Zivilisation und von Astrologen wieder zum Leben erweckt. Doch viele Gelehrte haben offenbar das wichtigste Verbindungsglied übersehen: die Gralshäresie und ihr Geheimnis der verlorenen Braut.

Die jüdisch-rabbinische Überlieferung lehrt, dass die Bundeslade, die auf dem Berg Zion im Tempel Salomos im Allerheiligsten aufbewahrt wurde, nicht nur die Steintafeln der Zehn Gebote enthielt, sondern auch »einen Mann und eine Frau in intimer Umarmung in Form eines Hexagramms«.[9] Diese Überlieferung drückt die wichtigste Grundlage der hebräischen Gesellschaft aus; die Steintafeln symbolisieren die Prinzipien des Bundes, und das Hexagramm steht für das *hieros gamos,* die intime Vereinigung der Gegensätze. Die Bedeutung des Hexagramms wird in dem hebräischen Wort *shalom,* »Friede und Gesundheit«, zusammengefasst. Es ist auch heute noch das Gebet des Universums.

Jüngste Erforschungen des weiblichen Gottesaspektes in der hebräischen Tradition haben ergeben, dass das Allerheiligste die Hochzeitskammer war, in der die Vereinigung Yahwes, des unsichtbaren Allmächtigen, mit seiner weiblichen Ergänzung, der Schechina, vollzogen wurde.[10] Jüdischen Legenden zufolge wurde die Verbindung Yahwes und der Schechina (oder der Matronit, wie sie oft genannt wird) mit der Zerstörung des Tempels gewaltsam gelöst, und Jahwe kehrte in den Himmel zurück, um allein zu regieren. Inzwischen durchstreifte seine Braut im Exil die Erde, wie die Gemeinde Israels in der Diaspora[11] – oder wie die Magdal-eder und das Aschenputtel!

Wir finden diese Schwester-Braut, die immer noch nach ihrem verlorenen Bräutigam sucht, im Hohelied wieder: »Ich bin schwarz, aber schön wie die Zelte aus Zedernholz« (Hld. 1:5). Die Braut erklärt weiter, dass ihre dunkle Hautfarbe das Resultat ihrer Arbeit auf dem Weinberg ihrer Brüder in der Sonnenhitze sei. Sie ist sonnenverbrannt, dunkelhäutig, weil sie dem Sonnenprinzip dient. Wie wir bereits feststellten, wurde das Hohelied einst als Hochzeitslied verstanden. Die heiligen Schriften Israels haben es bewahrt, es wurde von späteren Generationen geliebt und verehrt und vom Judentum ins Christentum übernommen. Bis zum dreizehnten Jahrhundert wurde die Braut oft mit Maria Magdalena verbunden. Und das heilige Zeichen A blieb in der rabbinischen Tradition das wichtigste Symbol für die Heilige Ehe, eine Verheißung von Harmonie und Wohlbefinden.

In vielen Legenden über den verwundeten oder verkrüppelten König oder Gott, einschließlich des Fischerkönigs Amfortas in der *Parzival*-Dichtung, ist die Wunde am Fuß oder Oberschenkel eine in westlicher Kunst und Literatur gebräuchliche Metapher für die Genitalien. Die Wunde des verkrüppelten Königs kann nur dann heilen, wenn seine weibliche Ergänzung gefunden wird. Diese Wiedervereinigung ist die Quelle des Segens, der Freude und Fruchtbarkeit, die sich aus der Hochzeitskammer in die Familien ringsum und in die Gemeinde ausbreitet. Getrennte Partner werden durch ihre Wiedervereinigung geheilt, denn in Wirklichkeit hat ihre Trennung ihre Wunden bewirkt!

Der Bauplan des Tempels

»Erinnert sich irgendjemand noch an die frühere Herrlichkeit dieses Hauses?«, fragt der hebräische Prophet Haggai. Er stellt diese Frage im Jahr 520 v. Chr. Der Tempel Salomos auf dem Berg Zion ist eine Ruine. Nach ihrem siebzigjährigen Exil in Babylon, der Stadt, die gleichbedeutend mit heidnischer Sonnenanbetung ist, sind die Juden nach Israel zurückgekehrt. Das an Haggai gerichtete Wort Gottes lautet, dass der Tempel wieder aufgebaut werden soll und dass der Segen wieder fließen wird, sobald das Fundament des Tempels gelegt worden ist – nicht *nachdem* der Tempel vollendet wurde, sondern sobald die Arbeit *begonnen* wird! Wenn wir den Bauplan des wahren Tempels verstehen – das heilige, Leben spendende Gleichgewicht männlicher und weiblicher Energien, das dem Kosmos innewohnt und in der Symbolik antiker Weisheit enthalten ist –, dann wird der Segen wie ein sanfter Fluss auf die ausgedörrten Länder der Erde fließen. Wie in den Verheißungen Jesajas wird die Wüste blühen. Universeller Frieden und Gesundheit können wieder einkehren, wenn unser Bewusstsein den Bauplan des Tempels erfasst hat. A ist dieser Bauplan.

Ein interessanter Glaubenssatz des esoterischen Wissens ist, dass das Symbol der kulturellen Dynamik eines jeden neuen Zeitalters als Keim schon »bereitliegt«, während das vorherige Zeitalter allmählich abstirbt. Die Evangelien berichten, dass Jesus in der Nacht, in der er im Garten Gethsemane verhaftet und zum Verhör in die Antoniusfestung gebracht wurde, von den dort stationierten römischen Soldaten gefoltert und mit einem Dornenkranz gekrönt wurde. In die Bodensteinplatten der Antoniusfestung, und zwar ausgerechnet in jenem Saal, in dem Jesus der Überlieferung nach gefoltert wurde, ist das Emblem der Heiligen Hochzeit eingemeißelt und darüber schwebt eine Taube mit ausgebreiteten Flügeln.[12] Angeblich sollen Soldaten der römischen Garnison das Emblem dort eingemeißelt haben, vielleicht im Zusammenhang mit einem beliebten Spiel wie Dame oder Mühle. Doch aus welchem Grund das Symbol auch in den Stein gemeißelt wurde, befand es sich wohl kaum nur durch Zufall ausgerechnet zu dieser Zeit an diesem Ort. Dieses Emblem war ein Symbol des kommenden Zeitalters, des Zeitalters der Partnerschaft und Ganzheit, das im Keim bereits in Jesu Lehren vorhanden ist, die die Evangelisten niederschrieben.

Man weiß, dass die Alchimisten genau das gleiche Zeichen als Symbol für den Stein der Weisen benutzten, das Ziel ihrer Bemühungen um die Umwandlung. Wahrscheinlich wussten sie nicht, dass sich dieses Zeichen auf dem Boden des Raumes befand, in dem der Bräutigam/König Israels der Überlieferung nach gefoltert wurde. Es ist eher anzunehmen, dass sie aufgrund ihres Wissens um Geometrie und heilige Symbolik das Hexagramm gewählt haben, dessen immanente Bedeutung Ganzheit und Partnerschaft ist. Das Symbol ✡ fasst die ersten Worte des Alten Testaments im ersten Buch Mose 1 zusammen: »Am Anfang schuf Gott den Himmel und die Erde … und der Geist Gottes schwebte über den Wassern.« Die Anwesenheit Gottes, die die Kurzschrift der Alchimisten durch einen kleinen Punkt ausdrückt, wird auf dem Emblem auf dem Boden der Antoniusfestung durch die Taube dargestellt.

In den Texten der Alchimisten kann der allein stehende Stern »Chaos« bedeuten, während das Hinzufügen des Punktes oder der Taube dem Symbol die Bedeutung »Kosmos« verleiht. Dahinter steht der Gedanke, dass die Anwesenheit und Führung des Heiligen Geistes dem erschaffenen Universum Sinn und Zweck verleiht, eine teleologische Weltsicht, die tief in der jüdisch-christlichen Tradition verwurzelt ist. Die Taube des Heiligen Geistes, die auf dem Boden der Antoniusfestung in Stein gemeißelt wurde und über dem A des *hieros gamos* schwebt, ist ein Symbol der Ganzheit und der spirituellen Umwandlung für *alle* Zeitalter.

Vielleicht ist es bedeutungsvoll, dass die mittelalterlichen Anhänger der geheimen Glaubenssätze beschlossen, das Kreuz nicht zu verehren. Stattdessen betrachteten sie es als ein Folterinstrument, das keinerlei Huldigung verdiente. An seiner statt ehrten sie das X der Erleuchtung, das ⩓ – das Jahrtausendversprechen – und die Taube des Heiligen Geistes.

Die Taube, das Lamm und der Fisch

Die Taube ist eines der bekanntesten und beliebtesten aller christlichen Symbole und wird als Zeichen des Heiligen Geistes verstanden. Der Heilige Geist wurde erst durch seine Übersetzung in das lateinische *spiritus sanctus* männlich. Das hebräische Wort für den Geist ist weiblich. In den antiken Kosmologien war der Geist immer weiblich, und die Taube war der Vogel, der das weibliche Prinzip symbolisierte. Wir sollten sowohl diese Taube als auch zwei weitere uralte Symbole für Jesus, nämlich den Fisch und das Lamm, näher untersuchen. Diese Symbole tauchen in der christlichen Ikonographie immer wieder auf und sind für unsere Gesichte der verlorenen Braut von besonderer Bedeutung.

Als Johannes Jesus im Jordan taufte, öffnete sich der Himmel und die Zuschauer waren bestimmt ziemlich überrascht, als eine Taube auf Jesus herabflog. Ganz offensichtlich hatte diese Taube eine symbolische Bedeutung. In der antiken Welt waren die Tauben der Göttin heilig, also: Venus, Aphrodite, Isis und Sophia. Es sind Vermutungen angestellt worden, dass dieses Zeichen in der Evangeliumserzählung andeuten sollte, Jesus sei eine Inkarnation oder ein »Kind« der Sophia, der heiligen Weisheit, gewesen. Diese Auffassung war allen gnostischen Sekten in den frühchristlichen Jahrhunderten gemeinsam.

Als die Pharisäer Jesus um ein Zeichen baten, erklärte er ihnen, dass er ihnen lediglich das Zeichen Jonas (Mt. 16:4) geben würde. In Anbetracht der gegenwärtigen heißen Diskussion darüber, welche Worte nun tatsächlich von Jesus stammen und welche später von begeisterten Aposteln, Interpreten und Rechtfertigern hinzugefügt wurden, sollten wir vielleicht dieses »Zeichen Jonas« näher betrachten. Nach der Auferstehung hat man dieses Zitat vielleicht als Prophezeiung der drei Tage interpretiert, die Jesus im Grab verbrachte, angekündigt durch die drei Tage, die der Prophet Jona angeblich im Bauch des Wals gefangen war. Doch es gibt noch eine andere mögliche Auslegung. Auf Hebräisch bedeutet Jona »Taube«.[13] Was wäre, wenn Jesus tatsächlich gesagt hätte, er würde nur das Zeichen Jonas geben, und was wäre, wenn sich die Gemeinde zwar an diese Aussage erinnerte, sie aber falsch verstand und später ausschmückte?

Vielleicht wollte Jesus in Wirklichkeit sagen, dass er im Zeichen der Taube gekommen sei. Seine Jünger müssen das bereits gewusst haben, da im Markusevangelium steht, der Geist sei während seiner Taufe in Form einer Taube auf Jesus herabgeschwebt (Mk. 1:10).

Das anbrechende Zeitalter der Fische

Somit könnte man behaupten, dass der charismatische Heiler und Lehrer unter dem Zeichen der Taube getauft, als Fisch erzogen und als Lamm geschlachtet wurde (Jes. 53:7). Um diese radikale Aussage zu verstehen, muss man wissen, dass nach dem astrologischen Tierkreiskalender der Antike zu Jesu Lebenszeit das Zeitalter der Fische anbrach. Allmählich machte sich die hellenisierte Kultur des Mittelmeerraumes den charismatischen jüdischen Wanderprediger zu eigen und er wurde zum »*Kyrios*«, dem Träger oder Herrn des neuen Zeitalters.[14] Die Anfangsbuchstaben des Satzes »Jesus Christus, Sohn Gottes, Erretter« ergaben das griechische Wort ICHTHYS (Fisch), und bald zeichneten seine verfolgten Anhänger das Zeichen eines Fisches in den Sand, um sich einander als Anhänger der neuen Religion zu erkennen zu geben.

Innerhalb von vierzig Jahren füllten sich die schriftlichen Zeugnisse mit Anspielungen auf Fischer: Menschenfischer, deren Netze zerrissen; die Brotlaibe und Fische; die 153 Fische im Netz; Petrus der Fischer. Trotz neuerlicher ökonomisch orientierter Erklärungen war es kein Zufall, dass Katholiken traditionell jeden Freitag Fisch aßen; seit Jahrhunderten wird das Christentum mit dem Fisch assoziiert. Auf das astrologische Zeitalter des Widders folgte das Zeitalter von Jesus Christus, dem Gottessohn, dem Fisch; und die Beinamen der früheren Götter wurden auf ihn übertragen: »Herr«, »Lichtbringer«, »Hirte«, »Bräutigam« und »getreuer Sohn«.

Zusammenhänge zwischen den Nomadenstämmen aus der Zeit der Patriarchen und dem Tierkreiszeichen Widder wurden auch an anderer Stelle beobachtet. Die hebräischen Schriften sind voller Hinweise auf das Hüten der Herden und die Opferung makelloser Lämmer und spiegeln damit einen alltäglichen Aspekt der nomadischen Kultur zur Zeit des Alten Testaments wider. Im Johannesevangelium erklärt Johannes der Täufer Jesus zum Lamm Gottes. Es war üblich, Jahwe im Tempel ein Lamm als Opfer darzubringen. Während ihrer Begegnung am Ufer des Jordan begrüßt Johannes der Täufer seinen Vetter mit dieser Bezeichnung (Joh. 2:29). In Jesaja 53 wird der leidende Diener Jahwes mit dem Lamm verglichen, das zur Schlachtbank geführt wird. Und der Autor der Offenbarungen, der Jesus als Lamm Gottes bezeichnet, hebt das Bild des geschlachteten Lammes dramatisch hervor.

Nach dem Tod des Gotteslammes Jesus brachten fromme Juden nur noch vier Jahrzehnte lang ihre Turteltauben und Lämmer im Tempel als Opfer dar. Der Brauch endete mit der Zerstörung des Tempels am neunten August des Jahres 70 n. Chr. Von da an konnten die Juden ihre Religion nicht mehr so ausüben, wie ihre heiligen Schriften es vorschrieben. Man könnte daraus schlussfolgern, dass das Zeitalter des Widders nun offiziell zu Ende war; das Zeitalter der Fische, das Jesus »das kommende Zeitalter« nannte, hatte bereits begonnen. Jesus könnte als Brücke zwischen den beiden Zeitaltern gelten.

Ich könnte mir gut vorstellen, dass die Eingeweihten aus den Weisheitsschulen des Römischen Reiches im ersten Jahrhundert allmählich in Jesus von Nazareth die Fleischwerdung ihrer uralten Mythen des sterbenden und wieder auferstehenden Gottes erkannten. Dieser Glaube war der Ursprung des christlichen Dogmas von der Fleischwerdung, der Geburt der Sonne/des Gottessohnes – des fleischgewordenen *Logos*. Die Formulierung dieser platonischen Auffassung ist nicht hebräischen, sondern griechischen Ursprungs. Zahlreiche frühchristliche Schriften erklären Jesus zur »Sonne der Gerechtigkeit« und zum »Licht der Welt«.

Möglicherweise halfen diese »erleuchteten« Eingeweihten bei der Entwicklung des Christentums zum doktrinären Glaubenssystem, damit die allem zugrunde liegenden Werte der Zivilisation weiterhin bewahrt blieben. Chaotische Veränderungen und der Austausch zwischen verschiedenen Kulturen führten im ersten Jahrhundert n. Chr. zu sozialen Konflikten. Ganz offensichtlich suchten die Menschen nach einem Brennpunkt, einem Fokus für ihr »neues Zeitalter«. Jesu Institutionalisierung als charismatischem jüdischen Propheten/König, als Herr des astrologischen Zeitalters der Fische wird den Eingeweihten der Mysterienschulen des ersten Jahrhunderts zugeschrieben. Vielleicht planten sie sogar den Symbolismus für die Ankunft des Zeitalters der Fische und dessen kulturelle Dynamik im Voraus und warteten dann auf jemanden, der als Träger oder »Gefäß« dieser Symbole in Frage kam. Jedenfalls müssen sie in der historischen Person Jesus von Nazareths einen mächtigen Boten des heraufdämmernden Zeitalters erkannt haben. Durch Jesu Ernennung zum »Christos« (Messias/Gesalbter) und zum »Kyrios« gelang es ihnen, den populären Kult und die Botschaft des jüdischen Wunderwirkers mit dem aufsteigenden astrologischen Zeitalter der Fische zu verknüpfen.

Auf den ersten Blick scheint dieses Vermischen jüdischer und griechischer Einflüsse vielleicht weit hergeholt, doch dürfen wir nicht vergessen, dass Israel nach den Eroberungszügen Alexanders des Großen fast dreihundert Jahre lang unter griechischer Herrschaft stand und anschließend von Rom besetzt wurde, nachdem römische Legionen die vormals griechischen Provinzen erobert hatten. Es wäre absurd, zu behaupten, dass die jüdische Kultur und Denkweise von dieser jahrhundertelangen kulturellen Vermischung unberührt blieben. Ein Beispiel für die Vermengung kultureller Einflüsse ist eine berühmte, im sechsten Jahrhundert erbaute jüdische Synagoge bei Beth Alpha, auf deren Boden ein Mosaik des astrologischen Tierkreises zu sehen ist – und zwar unter Verwendung derselben Symbole wie in der europäischen Kunst des Mittelalters.

Wer hat zuerst die Initialen ICHTHYS verwendet, um den künstlichen griechischen Beinamen »Jesus Christus, Sohn Gottes, Erretter« abzukürzen? Wer hat zuerst das Bild eines Fisches benutzt, um Jesus und die christliche Bewegung zu symbolisieren – ein Symbol, das schon sehr früh auf die Mauern der Katakomben vor den Toren Roms gezeichnet wurde? Sowohl Tertullian (gestorben ca. 230 n. Chr.) als auch Clemens von Alexandria (gestorben 215 n. Chr.) haben den Fisch als geeignetes Symbol für Jesus verwendet und der heilige Augustinus setzte diese Sitte fort.[15] Manche Kirchenväter bezeichneten ihre Gemeindemitglieder als *pisciculi*,[16] »kleine Fische«. Das Taufbecken wurde *piscina* genannt, und Tertullian sagt über christliche Eingeweihte: »Wir werden wie Fische im Wasser geboren.«[17]

Das Fisch-/Fischer-Motiv durchdringt zwar das Frühchristentum, doch in den Evangelien hat Jesus sich selbst niemals als Fisch oder Fischer bezeichnet, sondern als Hirte, als Bräutigam und als Erbe des Weinbergs. Es waren seine Jünger, die zu »Menschenfischern« ernannt wurden.

In der zweiten Hälfte des ersten Jahrhunderts waren das Symbol des Fisches und Jesu Identifikation als Herr des Fische-Zeitalters fest im christlichen Denken und Dogma etabliert. Fisch war die Mahlzeit, die die Frühchristen miteinander teilten, wenn sie in ihren Häusern zusammenkamen. Viele Elemente des frühchristlichen Dogmas und der Liturgie, insbesondere das eucharistische Kultmahl aus Brot und Wein und der Taufritus der Einweihung, entstammen vielleicht dem Versuch, den historischen Jesus, »Sohn Gottes«, an die vor allem aus den Mysterien-Kulten des Tammuz, Mithras und Dionysos entlehnten, hellenistischen religiösen Sitten anzupassen. Es dauerte noch einige Jahrhunderte, bis man Jesus »Herr« nannte und ihn damit über den Kaiser stellte, doch schließlich wurde ICH-

THYS, der Fisch, als Herr des Zeitalters zur Rechten Gottes inthronisiert.

Was auch immer Jesu ursprüngliche Absicht gewesen sein mag – als das Johannesevangelium geschrieben wurde, war die Hellenisierung des charismatischen jüdischen Gemeindeleiters bereits fest verankert. Jesus war nicht nur »Rabbi«, wie ihn seine Freunde in Jerusalem nannten, sondern auch »Kyrios«. Das Matthäusevangelium, das um 80–85 n. Chr. geschrieben wurde, begründet diese »Herrschaft« bereits mit der Erzählung von den Astrologen – den Weisen oder Königen –, die »seinen Stern gesehen« hatten (Mt. 2:2). Sie kamen aus dem Osten und knieten nieder, um dem neugeborenen König der Juden zu huldigen.

Moderne Astrologen nehmen an, der Stern dieser biblischen Verse sei eine Anspielung auf die aufsteigende Konstellation der Fische. Doch auch hier begegnen wir wieder dem einen großen Fehler im Fundament des Christentums, den die Frühkirche übersah: Das Symbol des Tierkreiszeichens der Fische besteht aus *zwei* Fischen, die zusammen schwimmen, meist in entgegengesetzte Richtungen. Auch *Pisces,* der lateinische Name des Tierkreiszeichens, ist die Mehrzahl des Wortes Fisch. Doch im Christentum gab es statt zwei Fischen nur einen – Jesus Christus, ICHTHYS, den »eingeborenen *Sohn*« Gottes, sitzend zur Rechten des Vaters auf dem Thron. Die Braut/Ergänzung dieses Sohnes war in dem Chaos, das auf die Kreuzigung folgte, unbeabsichtigt verloren gegangen. Vielleicht war den Kirchenvätern gar nicht bewusst, welcher Schaden durch das Verschwinden der Braut entstanden war. Als man ihnen diesen Verlust später bewusst machte (möglicherweise erst im fünften oder sechsten Jahrhundert), müssen sie jedenfalls geglaubt haben, dass es bereits zu spät sei, die verlorene Ehefrau wieder einzusetzen, deren Spuren verwischt worden waren, um ihr Leben zu schützen.

Die Evangelien berichten, dass Jesus kam, um die Verheißungen des jüdischen Volkes zu erfüllen und ein neues Begreifen der unaufhörlichen Gegenwart Gottes in den Gemeinden zu predigen – bei den Armen, Unterdrückten und Ausgestoßenen. Die radikalen Inhalte dieser Botschaft wurden deutlich, als Jesus die Tische der Geldwechsler im Tempel umstieß und damit am Status quo des elitären Kultes korrupter Priester rüttelte – jener »Hirten, die statt der Schafe sich selbst auf die Weide treiben« (Ez. 34, Jer. 23). Der Jesus der Evangelien ist ein Held, der gegen die etablierte Gesellschaft angetreten ist, eine Verkörperung des Geistes der Weisheit, der die Armen mit Güte und Mitgefühl behandelt, und ein Verfechter der Gerechtigkeit. Im Leben eines echten Christen ist dieser Jesus das Vorbild.

Der zur Rechten Gottes thronende Jesus, der Sieger, Herrscher, Herr des Universums und Gegenstand christlicher Anbetung am *Sonntag*, ist eine männliche Sonnengottheit aus der östlichen Tradition Ägyptens (Ra), Griechenlands (Apoll), Roms (Jupiter und Sol Invictus) und Persiens (Zarathustra und Mithras). Es gibt jedoch einen anderen Jesus, den charismatischen Heiler, der in Sandalen durch die Straßen der israelischen Städte ging, die Kranken pflegte und eine Botschaft der Vergebung und der Beziehungsfähigkeit predigte; dessen Taufe vom Zeichen der Taube begleitet wurde; der in Bethanien gesalbt und aufgrund eines römischen Erlasses als Aufrührer gekreuzigt wurde. Es ist dieser Jesus, der stets die Flucht ergriff, wenn das Volk ihn zum König machen wollte – und dessen Tod am Kreuz die Verletztheit eines Gottes zeigt, dessen Propheten überall auf der Welt verachtet und abgeschlachtet werden.

Seite an Seite mit dem etablierten Christentum, das vom Petrusstuhl gepredigt wird, existiert eine andere Geschichte, eine verborgene Überlieferung, die seit Jahrhunderten als ketzerisch gebrandmarkt und in den Untergrund getrieben wurde. Im Schatten jener Gemeinden, die an die hohe Christologie, an Jesus als himmlischen, allmächtigen König und Wolkenreiter glaubten (Letzteres war ein antiker Beiname für Baal, den Sonnengott von Kanaan), gab es Gläubige, die Jesus als Freund und Bruder liebten und ein einfaches Evangelium der geheilten Beziehungen und der geistigen Umwandlung lehrten. In der niedrigen Christologie der frühen ebionitischen Christengemeinde finden wir die Fortführung der ursprünglichen Christengemeinde Jerusalems unter der Leitung Jakobus', Jesu Bruder.[18] Doch nachdem die Lehren von Paulus und den späteren Kirchenvätern den jüdischen Rabbi/Messias in einen universellen Erretter-Gott verwandelt hatten, erklärte die etablierte Kirche die Ebioniter schließlich zu Ketzern – welche Ironie des Schicksals![19]

Wir haben die Glaubenssätze der alternativen Überlieferung untersucht, jener verborgenen, häretischen Kirche, die lehrte, dass Jesus ein vom Geist erfüllter, charismatischer Lehrer und der Messias Israels war. Letzten Endes war es meine Suche nach diesem anderen Jesus, die mich zum Geheimnis des christlichen Mythos um den Heiligen Gral führte. Meine Liebe und Verehrung für diesen Jesus trieb mich dazu, mich für die Wiedereinsetzung seiner Braut auszusprechen.

Der Wasserträger

In Anbetracht der Tatsache, dass jetzt das neue Zeitalter des Wassermanns anbricht, scheint es ein Glücksfall, dass die lateinischen Zahlen für das Jahr 2000 (und somit für die Anfangsziffern aller Jahre des ganzen Millenniums) die Buchstaben MM sind, die Initialen Maria Magdalenas und die Doppelwellen des Wassermann-Symbols. Maria Magdalenas Haar ist auf den Gemälden fast unweigerlich offen und fließt in den parallelen Wellen des Wassermann-Symbols ihren Rücken hinab. Ich finde es geradezu unheimlich, dass ausgerechnet das Fenster in der Kathedrale von Chartes, auf dem Maria Magdalena abgebildet ist, von den »Wasserträgern« gestiftet wurde; hierzu wird keine nähere Auskunft angegeben.

Wer waren diese mittelalterlichen Wasserträger? Waren sie Mitglieder irgendeiner mittelalterlichen Zunft? Warum beschlossen sie, ausgerechnet das Bild Maria Magdalenas zu stiften und nicht das irgendeiner anderen Heiligen? Oder ist diese Inschrift eine weitere verschlüsselte Andeutung der Hoffnung auf die Wiedereinsetzung des weiblichen Prinzips und der Braut im kommenden Zeitalter des Wassermanns? Dem Buch der Offenbarung zufolge wird die Hochzeit des Lamms endlich das Fließen des Wassers in der Wüste bewirken. Das Fenster wurde im wichtigsten Heiligtum der Schwarzen Madonna eingesetzt, wo sich auch eines der frühesten Beispiele (um 1150) eines Jesse-Baums befindet. Diese Bilder, die in der mittelalterlichen Kunst dieser Zeit wie Pilze aus dem Boden schossen, hoben Jesu menschliche Abstammung in der Thronfolge der Könige von Juda hervor.

Auf einer der märchenhaften Fensterrosen in Chartes sieht man das Baby Jesus auf dem Schoß seiner Mutter, umgeben von seinen Ahnen, den Königen Judas aus der Linie Davids. Auch hier wird die Ahnenfolge der legitimen Erben Davids betont. Auf diesem Fenster sind die Gesichter derjenigen israelischen Könige, die »Gott treu blieben«, ebenso schwarz wie das Gesicht der Madonna, die das Jesuskind auf dem Schoß hält. Die Gesichter der Könige, die Gott ignorierten, sind dagegen weiß. Alle mittelalterlichen Künstler folgten einem wichtigen Grundsatz: »Nichts ist ohne Bedeutung.« Dies gilt sowohl für sämtliche auf ihren Werken abgebildeten Details als auch für das grundsätzliche Verständnis dieser Künstler für die Wirklichkeit. Die »Schwärze« dieser Figuren scheint sich auf die Weisheit derer zu beziehen, die willige Diener Gottes sind.

Die kleine Seejungfrau

Meine siebenjährige Freundin Sarah machte mich auf eine merkwürdige Besonderheit in den ersten Minuten des Disney-Films *Ariel, die kleine Seejungfrau* aufmerksam. Das Gemälde, das das kleine Fisch-Mädchen Ariel von einer versunkenen Galeone geborgen hat und bei ihren Schätzen aufbewahrt, ist *Die reuige Magdalena,* gemalt im siebzehnten Jahrhundert vom französischen Künstler Georges de la Tour. Der Disney-Film ist eine Bearbeitung der Originalgeschichte von Hans Christian Andersen, doch im Film hat die Geschichte ein glückliches Ende – nämlich die Hochzeit des Prinzen und seiner Braut. Die kleine Seejungfrau hat nur einen Wunsch: aus dem Ozean aufzusteigen und den Prinzen zu heiraten. Vielleicht stellt sie den *zweiten* Fisch aus dem Symbol der Fische dar, jenen vergessenen und verlorenen Fisch, der seit zweitausend Jahren in unserem Unbewussten versunken ist!

Sowohl die böse Seehexe als auch Ariels liebevoller Vater König Poseidon versuchen, ihre Vereinigung mit dem Prinzen zu verhindern. Die Seehexe intrigiert, um ihre Stimme zu stehlen, und raubt dem Mädchen somit die Möglichkeit, mit dem Prinzen zu kommunizieren. (Wurde nicht »die Stimme der Braut« gestohlen, als man ihre Geschichte zur Häresie erklärte und ihre Ehe verleugnete?) Wieder einmal ist das Thema des Märchens das Weibliche, das aus den Tiefen der Vergessenheit aufsteigt, um seine Erfüllung als wahre Partnerin des Männlichen zu finden. Und wieder einmal ist es der Prinz, der sich in tiefster Not befindet: Als ihn Ariel während des Sturms rettet, ist er ein dem Tode naher Schiffbrüchiger. Es ist auch der Prinz, der auf der verzweifelten Suche nach seiner verlorenen Schwester-Braut von der bösen Seehexe grausam betrogen wird. Sein trauriges Elend entspringt der Trennung von seiner Geliebten.

Doch ich habe eine Frage: Wer hat ausgerechnet das Bild der *Reuigen Magdalena* für den Disney-Film ausgewählt und es in Ariels Schatzhöhle gehängt? Hat der Künstler bewusst die Seejungfrau mit der Magdalena assoziiert? Oder war es nur Zufall, ein weiteres Prachtbeispiel der Synchronizität?

Eine noch wichtigere Frage bezieht sich auf die Wahl des Namens Ariel für die kleine Seejungfrau, die in Andersens Originalgeschichte keinen Namen hat. Denn Ariel ist ein anderer Name für Jerusalem und wird im Buch des Propheten Jesaja (Jes. 29:1–2) als Synonym für die »belagerte Stadt« verwendet. Es ist das symbolische Äquivalent der »verzweifelten Witwe Zion« aus dem Buch der Klagelieder und der »Magdal-eder« aus Micha 4:8. Ariel symbolisiert den verlassenen Rest des Gottesvolkes. Vielleicht hat der Erzähler den Namen tatsächlich unbewusst gewählt, doch er spricht Bände. Die wahre Identität Ariels ist die verlorene Braut. Das »Fisch-Mädchen« versucht, als Partnerin/Ergänzung des schönen Prinzen in unser Bewusstsein aufzusteigen. Das Symbol des versinkenden Zeitalters der Fische zeigt *zwei* Fische, nicht einen! Die Fische des astrologischen Symbols schwimmen in entgegengesetzte Richtungen und erinnern sehr an das asiatische Yin/Yang-Zeichen, das uralte Symbol für den Ausgleich der Gegensätze.

Auf den Wasserzeichen aus der Provence hält die Seejungfrau den Spiegel der Venus/Aphrodite in der Hand, jener Liebesgöttin, die ihre andere Identität ist. Dieser Spiegel erscheint auf mehreren Gemälden von Georges de la Tour mit dem Titel *Die reuige Magdalena* und auch auf dem ersten Paneel des Wandteppichs *La Dame à la Licorne*. Ich glaube, er symbolisiert die Auffassung, dass der materielle Kosmos sich im Weiblichen verkörpert (das Wort *Materie* stammt vom lateinischen *mater*/Mutter ab) und dass er das Spiegelbild des Göttlichen ist, was als »andere Hälfte« oder Gegenstück des Geistigen verstanden wird. Die physische Welt verkörpert die unsichtbare Schöpferkraft des Kosmos »im Fleisch«. In diesem Sinne »fängt« der materielle Kosmos (der in den antiken Kosmologien weiblich war) den Geist im Spiegel ein und hält ihn darin fest, wodurch er sichtbar wird; genau wie das Meer den Himmel oder der Mond das Licht der Sonne reflektiert. Vielleicht erklärt dies, warum die Liebesgöttin mit einem Spiegel assoziiert wird. Es bedeutet keineswegs, dass sie eitel ist, sondern geschieht, weil sie das Spiegelbild der unsichtbaren positiven Energie des Kosmos ist.

Die kleine Seejungfrau mit dem Spiegel aus dem Disney-Film ist eine verkleinerte Darstellung der Königin des Meeres, der archetypischen Göttin. Doch sie ist keine Mutterfigur, sondern stellt die »andere Maria«, die Schwester-Braut, dar. Das Volk hat die merkwürdige Angewohnheit, seine Märchen in Form von Archetypen zu erzählen. Vielleicht sollten wir uns nicht wundern, wenn sich diese Formen wiederholen!

Die Wiedereinsetzung der verlorenen Braut

Um das in Maria Magdalena verkörperte weibliche Prinzip wiederherzustellen, muss man begreifen, dass ihre wahre Identität die Braut ist, nicht die Prostituierte. Die wirkliche Maria Magdalena wurde in den Evangelien nie von Jesus verstoßen, obwohl die Kirche sie später als Prostituierte bezeichnete. Sie war die große Liebe seines Lebens. Genau wie in den Märchen hat der schöne Prinz sie zweitausend Jahre lang gesucht und sich darum bemüht, sie wieder zu ihrem rechtmäßigen Platz an seiner Seite zu erheben. Er symbolisiert den Hirte-/Bräutigam-Aspekt der Gottheit – sie den der Braut: »Man wird dich nicht länger ›verstoßen‹ noch dein Land ›verlassen‹ nennen, sondern du wirst ›meine Geliebte‹ genannt werden und deine Länder ›die Vermählten‹« (Jes. 62:4).

Nach fast zweitausend Jahren ist es endlich an der Zeit, die Fakten ins rechte Licht zu rücken und die Jesus-Geschichten der Evangelien durch die Wiedereinführung seiner Gemahlin zu vollenden. Unsere vergiftete Umwelt, unsere misshandelten Kinder, unsere versehrten Kriegsveteranen, unsere selbstzerstörerischen Familien und verlassenen Ehepartner, sie alle schreien nach der Wiedereinsetzung der Braut Christi. Vielleicht lässt sich ihr Schmerz am besten durch das Bild einer weinenden Madonna ausdrücken. Zahlreiche Heiligenbilder der Madonna haben in jüngster Zeit die Aufmerksamkeit der Medien erregt, indem sie Tränen vergossen und allen wissenschaftlichen Erklärungen trotzten. Sicherlich weint sie um ihre Kinder, die *anawim* Gottes.

Die Heilige Schrift hat nie behauptet, Jesus sei nicht verheiratet gewesen; sie hat es lediglich vermieden, seine Gemahlin speziell zu erwähnen. Doch wie wir gesehen haben, wäre die körperliche Gefahr, die seiner Familie drohte, Grund genug gewesen, die Ehe aus den Aufzeichnungen zu streichen. Man hat es bei der Erinnerung daran belassen, wie seine Geliebte zu seinen Füßen saß und jedem seiner Worte hingebungsvoll lauschte (Lk. 10:39) und wie sie seine Füße mit ihren Tränen salbte und mit ihrem Haar trocknete (Joh. 12:3). Die archetypische Braut hat ihren Platz bereits eingenommen und ein neues Bewusstsein senkt seine Wurzeln in uns hinein. Die Stimme der Braut wird endlich im Land gehört.

Als ich mir 1985 vornahm, die Gralsketzerei zu widerlegen, hatte ich nicht die geringste Ahnung, wohin mich meine Reise führen würde. Während ich Beweismaterial aus Geschichte, Kunst, Literatur, Psychologie und Mythologie zusammentrug, kristallisierten sich allmählich die Argumente für die Existenz der verlorenen Braut heraus. Überall fand ich Spuren des verlorenen Weiblichen und des Ungleichgewichts der Gegensätze, die in den Metaphern des Ödlands, des verkrüppelten Königs und der Madonna mit dem gebrochenen Herzen zum Ausdruck kamen.

Auf meiner Suche nach dem Gral begegnete ich Mythen und Legenden aus vielen Ländern. Ein besonders zauberhaftes Beispiel war eine uralte Abbildung der ägyptischen Göttin Maat. Sie wird oft als riesiger Vogel dargestellt, der die ganze Welt in vollendetem Gleichgewicht hält. Gleichzeitig hält sie eine Feder, mit der sie die Waage zur einen oder anderen Seite neigen könnte. Weil sie nicht möchte, dass das Universum in Ungleichgewicht gerät, hält sie die Feder in alle Ewigkeit fest.

Leider hat sich die Waage während der letzten viertausend

Jahre zur Seite des Männlichen geneigt und dadurch auf allen Ebenen das Gleichgewicht zerstört. Seit Jahrtausenden haben Propheten und Weise die menschliche Gemeinschaft dazu ermahnt, mitleidig, gütig und versöhnlich zu sein, so wie auch Gott diese Eigenschaften ausdrückt. Vielleicht wird in diesem neuen Zeitalter das »wassertragende« Prinzip, das Weibliche, genügend Einfluss ausüben, um die Feuer zu löschen, die in den zweitausend Jahren des männlichen *Logos* entfacht wurden, und die Wüste allmählich wieder fruchtbar machen. Es geht eindeutig um ein neues Bewusstsein. Sobald die Schwester-Braut als Geliebte des *Logos* wieder in das himmlische Paradigma aufgenommen ist, wird die Verletzung geheilt; denn wie wir gesehen haben, ist der Grund für die Wunde kein anderer als die Entfremdung und Trennung dieser beiden Archetypen.

Mittelalterlichen Legenden zufolge ging der Gral verloren, weil seine Hüter sich als unwürdig erwiesen. Allmählich verstrickten sich die katholische Kirche und die verborgene Kirche der Liebe so heftig in ihren Machtkampf und wurden so »Klingen-orientiert«, so sehr darauf bedacht, zum Alleinherrscher und erwählten Vermittler der Botschaft Gottes erklärt zu werden, dass beide die Botschaft verloren. Die Kleriker beider Bewegungen bestanden darauf, dass ihre eigene Auffassung vom Mythos des »Auserwähltseins« die richtige war, und glaubten, nur sie seien die Bevorzugten, das einzig wahre Werkzeug des göttlichen Willens. Beide Fraktionen griffen zum Schwert der rücksichtslosen Machtpolitik, um ihre Ziele zu erreichen, und zerstörten dadurch die Botschaft, die sie eigentlich vermitteln wollten. Diese Botschaft war die Liebe. Letzten Endes konnte beim Lärm ihrer aufeinander schlagenden Schwertklingen keiner der beiden Gegner das Wort Gottes hören.

Jetzt steigt das Weibliche auf, um die Botschaft zu bringen. Wie die Prinzessin Dornröschen, die endlich durch den Kuss ihres Prinzen erweckt wurde, kann sie nun die Botschaft von Eros/Beziehungsfähigkeit bringen. Die Frage der legitimen Blutlinie ist letzten Endes irrelevant, außer in ihrem Zusammenhang mit Jesu Menschlichkeit. Trotz des seit Jahrtausenden vorherrschenden Mythos vom dominanten Mann wird das wieder auferstandene weibliche Bewusstsein weiterhin auf eine gleichwertige Partnerschaft zustreben.

Es bleibt abzuwarten, was das patriarchalische christliche Establishment tun wird, wenn sich herausstellt, dass die Legenden der verlorenen Braut wahr sind. Möglicherweise wird der Vatikan weiterhin abstreiten, dass Jesus verheiratet war. Doch es ist auch möglich, dass die Kirchenväter angesichts der Beweise die Zeit für gekommen halten, die Braut voller Freude und Dankbarkeit aufzunehmen. Vielleicht lassen sie landauf, landab die Kirchenglocken läuten, um ihre sichere Rückkehr zu verkünden und sie zu Hause willkommen zu heißen! Vielleicht werden sie sogar endlich das Hochzeitsmahl des Lamms feiern. Dann werden die Stimmen von Braut und Bräutigam wieder im Land gehört und die Wüste *wird* blühen!

> Die Wüste und das dürre Land werden jubeln,
> die Steppe wird sich freuen und blühen.
>
> —Jes. 35:1

EPILOG

Die heilige Wiedervereinigung

Gehüllt in die Nebel der Zeit
wartet sie einsam im Garten,
verschleiert, ihr Name verwischt,
die verlassene Rose.
Die verlorene Ergänzung von Logos, dem Wort,
Sohn des Vaters,
Vernunft und Gerechtigkeit,
der ewige Er.
Vergessener Eros,
die Leidenschaftliche,
die ewige Sie,
niedergeworfen auf den Boden.

»Die Braut ist so dunkel –
doch schön –
wie die Zelte aus Zedernholz.
Starrt sie nicht an, weil sie dunkel ist,
denn die Sonne hat sie verbrannt.
Sie hat in den Weinbergen ihrer Brüder gearbeitet;
doch in ihrem eigenen nicht.« (Hld. 1:5–6)

Die Braut,
von ihrer Fron
in der sengenden Sonne ausgedörrt,
dunkel, ausgetrocknet, verdorrt.
Schwarze Madonna,
Mutter der bedrängten Armen,

der Rosinen Gottes,
verbrannt von den unerbittlichen Strahlen
des Logos, Sieger, Richter und Schwert.
Männliches Bild eines allmächtigen Gottes,
erhoben auf dem Himmelsthron –
allein.

Voll Verlangen suchte sie ihn,
doch die Wächter überwältigten sie,
schlugen und verwundeten sie,
die Wächter der Mauer.
Ihre Not spiegelt nun
Tschenstochaus Ikone,
eine Wunde auf ihrer Wange,
die Misshandelte, Verlassene –
die Derelicta.

Noli me tangere:
»Halte mich nicht zurück.«
Jahrhundertelang das Echo:
Noli me tangere.

Der Auferstandene,
geliebt und verherrlicht –
unberührbar,
der schöne Prinz,
Löwe von Juda und Lamm Gottes,
sitzend zur Rechten des Vaters,
regiert auf seinem Thron –
allein.

Doch nun, endlich, sucht er nach ihr.
Er ruft nach ihr.
Er kennt den Namen der Rose.

Erschöpft und ausgedörrt,
im Elend,
hört sie ihn ihren Namen rufen.
Sie rührt sich, hebt den Kopf, sieht sich um.
»Wer spricht?«

Ihr Herz schlägt schneller.
»Kann es sein?
Kehrt er endlich zu mir zurück?«

Der Garten, in dem er sie zurückließ,
ist nun ein Ödland –
vernarbt, vertrocknet, verdörrt.
Bäume sind verkümmert,
Ströme fließenden Wassers
nur noch ein Rinnsal.
Dornenhecken
umgeben den Garten,
versperren ihm den Weg.
Mit dem Schwert der Wahrheit
muss er sie zerschlagen,
um seine Liebste zu erreichen.

Endlich findet er sie,
noch immer hält sie ihren Alabasterkrug.
Ihre Freudentränen fallen ihm zu Füßen.
Zum zweiten Mal trocknet sie sie mit ihrem Haar.
Doch nun ergreift er ihre Hand.
»Komm, Geliebte; es ist Zeit.
Gehen wir zusammen zum Weinberg
und sehen nach, ob die Reben blühen.« (Hld. 7:3)
Nun Hand in Hand,
gehen sie durch den Wüstengarten.
Und wo ihre Füße hintreten,

wächst ein Veilchen aus der Erde,
hebt eine Anemone den Kopf.
Hinter ihnen
sprießen Knospen aus dürrem Gezweig.
»Nicht mehr wirst du ›verstoßen‹ genannt
und deine Länder ›verlassen‹,
sondern du wirst ›Geliebte‹ heißen
und deine Länder ›vermählt‹.« (Jes. 62:4)

Er flüstert ihren Namen,
genießt den Geschmack
und erfreut sich an der Braut seines Verlangens.

Maria.

DANK

Ich möchte meiner Familie und meinen Freunden danken, die mich unterstützt und ermutigt haben – besonders meinem Mann, unseren fünf Kindern und meinen Eltern, die mich während der schwierigen Geburtswehen dieses Buches begleiteten. Sie haben sich von Anfang an an meiner Suche beteiligt.

Viele Freunde waren mir ein ständiger Born der Liebe und Inspiration, vor allem Mary Beben. Ohne ihre Hilfe wäre dieses Buch nicht geschrieben worden. Seit fast zwanzig Jahren ist sie meine geistige Verwandte – Lehrerin, Kritikerin und Freundin. Sie hat mich gelehrt, meine Ausrichtung auf den »Logos« zum Teil zu zähmen und meine »verlorene Weiblichkeit« anzunehmen. Ich möchte ihr für ihre Kameradschaft auf der Suche nach der verlorenen Braut danken.

Auch Sue Gehringer, Anne Requa, Sandi Schneider und Mary Findlay haben an dem Abenteuer teilgenommen. Anfangs ahnten wir nicht, wohin uns das unaufhörliche Wort Gottes führen würde. Als wir 1978 der Schwarzen Madonna zum ersten Mal begegneten, wussten wir nicht, welche Tiefen wir auf unserer Suche nach dem vernachlässigten weiblichen Aspekt Gottes würden ausloten müssen. Sie musste uns erst bei der Hand nehmen und in die finstere Nacht und die Wüste führen, bevor wir begriffen, dass unser heute übliches Gottesbild unvollständig ist. Jetzt danke ich ihr für die Abkürzung, die den Abgrund überwand.

Viele Leute halfen mir, indem sie den ersten Entwurf meines Manuskripts lasen und konstruktive Kommentare dazu abgaben. Besonders danken möchte ich meiner Mutter Margery Leonard, meiner Freundin Mary Beben und meinen Lektoren Barbara Hand Clow, Brandt Morgan und Barbara Doern Drew vom Verlag Bear and Company für ihre sorgfältige Kritik, die viele Zeit und die guten Ratschläge, mit denen sie mich großzügig beschenkten. Ihre Vorschläge wurden dankbar angenommen. Herzlich bedanken möchte ich mich auch bei Angela Werneke, Art-Direktorin des Bear Verlages und Gestalterin des Buches, sowie bei Lee Lawson für ihr inspiriertes Umschlaggemälde. Niemand hatte treuere und wunderbarere Weggefährten als ich.

FUSSNOTEN

KAPITEL I

1. Michael Baigent, Richard Leigh und Henry Lincoln, *Holy Blood, Holy Grail* (New York: Little, Brown & Co., 1983), 286. Erstveröffentlichung unter *The Holy Blood and the Holy Grail* (London: Jonathan Cape, Ltd., 1982).
2. Arthur E. Waite, *The Hidden Church of the Holy Grail* (London: Rebman, Ltd., 1909).
3. Baigent, Leigh und Lincoln, 306.
4. Edith Filliette, *Saint Mary Magdalene, Her Life and Times* (Newton Lower Falls, MA: Society of Saint Mary Magdalene, 1983), 39.
5. Harold Bayley, *The Lost Language of Symbolism* (Totowa, NJ: Rowman & Littlefield, 1974), Band 1, 168–177. Erstveröffentlichung in Großbritannien: Williams and Norgate, 1912.
6. Marjorie M. Malvern, *Venus in Sackcloth* (Edwardsville, IL: University of Southern Illinois Press, 1974).

KAPITEL II

1. Merlin Stone, *When God Was a Woman* (New York: The Dial Press, 1976), xii. [deutsch: *Als Gott eine Frau war,* München 1988]
2. Jonathan Smith, »Wisdom and Apocalyptic«, aus *Visionaries and Their Apocalypses,* Herausgeber Paul D. Hanson (Philadelphia: Fortress Press, 1983), 104.
3. James Barclay, *The Mind of Jesus* (New York: Harper & Row, 1960), 186.
4. Elisabeth Schüssler Fiorenza, *In Memory of Her* (New York: Crossroads, 1988), xiv.
5. F. Edward Hulme, *Symbolism in Christian Art* (London: Swan, Sonnenschein & Co., 1891), 200.
6. Barclay, 198.
7. Ibid.

8. Marvin H. Pope, *Song of Songs, Anchor Bible Series* (Garden City, New York: Doubleday & Co., 1983), 19.
9. Ibid.
10. Samuel Kramer, *The Sacred Marriage Rite* (Bloomington, IN: University of Indiana Press, 1969), 88.
11. Helmer Ringgren, *Religions of the Ancient Near East,* Übers. John Sturdy (Philadelphia: Westminster Press, 1973), 11, 42.
12. Ibid., 101.
13. Ibid., Kapitel 1, S. 1–48, enthält eine detaillierte Erörterung und Ausschnitte aus der Dichtung dieser sumerischen Riten.
14. Siehe Raphael Patai, *The Hebrew Goddess* (Hoboken, NJ: KTAV Publishing House, 1967), für eine komplette Erörterung des Glaubensabfalls des jüdischen Volkes.
15. Bayley, 169.
16. David R. Cartlidge und David L. Dungan, *Documents for Study of the Gospels* (Philadelphia: Fortress Press, 1980), 61. Eine sehr knappe Erörterung des gnostischen Verständnisses und der Praktiken der symbolischen »Heiligen Hochzeit« und der »Brautkammer«.
17. Denis de Rougement, *Love in the Western World,* Übers. Montgomery Belgion (New York: Pantheon Books, 1956), 21. [deutsch: Die Liebe und das Abendland]

KAPITEL III

1. Robert Graves, *King Jesus* (New York: Farrar, Straus and Giroux, Minerva Press, 1946), 293.
2. Alexander Cruden, *Cruden's Unabridged Concordance* (Grand Rapids, MI: Baker Book House, 1973), 582.
3. James Robinson, Herausg., *The Nag Hammadi Library* (San Francisco: Harper & Row, 1988). Dieser Band enthält die englischen Übersetzungen dieser beiden gnostischen Evangelien.
4. Ibid., »The Gospel of Philip,« 135–136.
5. Ibid., 138.
6. S. G. F. Brandon, *Jesus and the Zealots* (New York: Charles Scribner's Sons, 1967).
7. Ibid., 39.
8. Ibid.
9. Ibid., 344.
10. Jean Daniélou, *The Dead Sea Scrolls and Primitive Christianity,* Übers. Salvator Attanasio (New York: New American Library, 1962), 106.
11. Morton Smith, *Jesus the Magician* (New York: Harper & Row, 1978).

12. Brandon, 294.
13. Baigent, Leigh und Lincoln, 107.
14. Hulme, 29.
15. Ibid.

KAPITEL IV

1. Baigent, Leigh und Lincoln, 394.
2. Ibid., 114.
3. Ibid., 268.
4. Zoé Oldenbourg, *The Massacre at Montségur,* Übers. Peter Green (New York: Pantheon Books, 1961), 42.
5. Ibid.
6. Die angeblichen Merowinger-Genealogien des Priorats von Zion wurden im Werk von Michael Baigent, Richard Leigh und Henry Lincoln, *The Holy Blood and the Holy Grail*, veröffentlicht (London: Jonathan Cape, Ltd., 1982).
7. Frederick Goldin, Übers. *Lyrics of the Troubadours and Trouvères* (Garden City, New York: Anchor Books, Doubleday & Co., 1973), 217.
8. Wayland Young, *Eros Denied* (New York: Grove Press, 1964), 210.
9. de Rougement, 85.
10. Meg Bogin, *The Women Troubadours* (New York: Paddington Press, 1976), 58.
11. Baigent, Leigh und Lincoln, 395.
12. Louis Charpentier, *The Mysteries of Chartes Cathedral* (Northhamptonshire: Thorsons Publishers, Ltd., 1972).
13. Ibid., 147.
14. Fred Gettings, *The Secret Zodiac* (London: Routledge & Kegan Paul, 1987).
15. Henry Lincoln, *The Holy Place* (New York: Brown & Little, Arcade Books, 1991), 69.
16. Barclay, 9.
17. Patai, 178.

KAPITEL V

1. Alle in diesem Kapitel behandelten Wasserzeichen wurden dem Werk Harold Bayleys, *The Lost Language of Symbolism*, entnommen (Totowa, NJ: Rowman & Littlefield, 1974).
2. Bayley, Band 1, S. 1.
3. Ibid., 26.
4. Ibid., 120.

5. Cruden, 582.
6. Richard Cavendish, *The Tarot* (New York: Crescent Books, 1975), 17.
7. Baigent, Leigh und Lincoln, 217, 219.
8. Ibid., 159.
9. Ibid., 131.
10. Lincoln, 69.

KAPITEL VI

1. Michael Levy und Gabriele Mandel, *Complete Paintings of Botticelli* (New York: Viking Penguin, Inc., 1985), 109. Erstveröffentlichung: Italien, Rizzoli Editore, 1967.
2. Baigent, Leigh und Lincoln, 131.
3. Arthur E. Waite, *A New Encyclopedia of Freemasonry* (New York: Weathervane Books, 1970), Band 2, S. 455.
4. Baigent, Leigh und Lincoln, 159.
5. Robert Graves, *The White Goddess* (New York: Farrar, Straus & Giroux, 1966), 472.
6. Siehe John Michell, *The Dimensions of Paradise* (San Francisco: Harper & Row, 1990). Erstveröffentlichung in London: Thames and Hudson, Ltd., 1988.
7. Michael Baigent und Richard Leigh, *The Temple and the Lodge* (New York: Little, Brown & Co., 1989). Dieses Buch erklärt die Anwesenheit der Tempelritter in Schottland.

KAPITEL VII

1. Alain Erlande-Brandenburg, *La Dame à la Licorne* (Paris: Éditions de la Réunion des Musées Nationaux, 1979), 67.
2. Ibid., 66.
3. Ibid., 13–59. Alain Erlande-Brandenburg, Kustos des Cluny Museums, interpretiert die ersten fünf Paneele des Wandteppichs als Darstellung der fünf Sinne.
4. John Williamson, *The Oak King, the Holly King and the Unicorn* (New York: Harper & Row, 1986), 199–226.
5. Ibid.
6. Kramer, 63.
7. Williamson. Williamson identifiziert jede Pflanze auf dem Wandteppichpaneel und erklärt ihre mittelalterlichen Bedeutungen.

KAPITEL VIII

1. de Rougement; 111.
2. Ibid., 82.
3. Siehe Zsolt Aradi, *Shrines of Our Lady around the World* (New York: Farrar, Straus & Young, 1954), zu Beschreibungen und Einzelheiten der Heiligtümer der Schwarzen Madonna in Europa.
4. Bernard of Clairvaux, *On the Song of Songs,* Übers. Kilian Walsh (Kalamazoo, MI: Cistercian Publications, 1976), »Sermon 25«, 56–57.

KAPITEL IX

1. Herbert Silberer, *Hidden Symbolism of Alchemy and the Occult Arts* (New York: Dover Publications 1971), 399.
2. Riane Eisler, *The Chalice and the Blade* (San Francisco: Harper & Row, 1988), 72.
3. Ibid.
4. Barbara Walker, *Woman's Dictionary of Symbols and Sacred Objects* (San Francisco: Harper & Row, 1988), 69.
5. Marie-Louise von Franz, *Alchemy* (Toronto: Inner City Books, 1980), 62.
6. Ibid., 65.
7. Ibid., 180–181. Marie-Louise von Franz erzählt diese Geschichte des heiligen Thomas von Aquin.
8. Silberer, 187.
9. Ibid., 399.
10. Patai, 178.
11. Ibid.
12. Samuel Terrien, *The Golden Bible Atlas* (New York: The Golden Press, 1957), 73.
13. Cruden, 582.
14. Michell. Michell erörtert das Geheimwissen der klassischen Antike, einschließlich der Kanons der heiligen Zahl, und die Einflüsse dieser uralten Weisheitstradition auf die Gründung des Christentums als Religion des spätrömischen Reiches.
15. Hulme, 203.
16. Ibid., 204.
17. Ibid., 205.
18. Brandon, 217.
19. Ibid.

BILDNACHWEIS

Die Tarot-Trumpfkarten stammen aus dem Spiel Charles VI. und sind ein Nachdruck aus *The Tarot, How to Use and Interpret the Cards,* 1976. Sie erscheinen mit freundlicher Genehmigung des Autors Brian Innes.

Madonna mit Buch, Madonna mit Granatapfel, Madonna del Magnifikat, Die Heilige Maria Magdalena, Noli Me Tangere und *Der Weg nach Golgatha* erscheinen mit freundlicher Genehmigung von Scala/Art Resource, New York.

Die Heilige Maria Magdalena unter dem Kreuz erscheint mit freundlicher Genehmigung des Fogg Art Museums, Harvard University Art Museums.

Derelicta erscheint mit freundlicher Genehmigung von Alinari/Art Resource, New York.

Die reuige Magdalena erscheint mit freundlicher Genehmigung des Metropolitan Museum of Art © 1978, eine Stiftung von Mr und Mrs Charles Wrightsman.

Die Einhornjagd, Paneel VII, »Das gefangene Einhorn«, erscheint mit freundlicher Genehmigung des Metropolitan Museum of Art © 1937, eine Stiftung von John D. Rockefeller Jr., Die Klostersammlung.

La Dame à la Licorne, Paneele »Sehen« und »Berühren« erscheinen mit freundlicher Genehmigung von Giraudon/Art Resource, New York.

REGISTER